개발자에겐 **상식**
비전공자에겐 **고급지식**

개발자
상식

개발자가 되기 전에
알았어야 할 것들

개발자
상식
개발자가 되기 전에
알았어야 할 것들

지은이 박민경 **1판 1쇄 발행일** 2022년 7월 22일 **2쇄 발행일** 2023년 3월 16일

펴낸이 임성춘 **펴낸곳** 로드북 **편집** 홍원규 **디자인** 이호용(표지), 심용희(본문)

주소 서울시 동작구 동작대로 11길 96-5 401호

출판 등록 제 25100-2017-000015호(2011년 3월 22일) **전화** 02)874-7883 **팩스** 02)6280-6901

정가 25,000원 **ISBN** 978-89-97924-97-4 93000

책 내용에 대한 의견이나 문의는 출판사 이메일이나 블로그로 연락해 주십시오.

잘못 만들어진 책은 서점에서 교환해 드립니다.

이메일 chief@roadbook.co.kr **블로그** www.roadbook.co.kr

" 오늘도 열공 중인 개발자 취준생을
응원합니다 "

▍저자 서문

"개발을 하기 위해 필요한 개념은 컴퓨터 공학 책에 쓰여있는
딱딱한 지식이 아닙니다."

코딩을 처음 시작할 때 개발자들은 '어떻게 이런 많은 기술을 익히고 외우고 적용하지'라는 생각을 하곤 하였습니다. 또, 컴퓨터공학과를 졸업했음에도 제대로 할 줄 아는 언어 하나 없다고 생각하며 좌절감에 빠지기도 하였습니다. 시간이 지나고 보니 이런 상황이 나에게만 벌어지는 일이 아니라는 것을 깨닫게 되었습니다. 개발자 또는 IT 기획자가 되고 싶지만 개발 용어와 개념이 난해하고 어렵다고 느껴 막막함을 느끼는 입문자 분들을 보며 모두가 그런 시절이 있었음을 알려주며 용기를 주고 싶다고 생각하여 이 책을 집필하게 되었습니다.

이 책을 한 줄로 정의하면 "개발자가 되기 위해 기본적으로 알아야 할 IT 기술, 환경에 관한 넓고 얕은 지식 책"이라고 할 수 있겠습니다.

어렵게 머리를 싸매며 읽어야 하는 부담스러운 IT 책이 아닌, 개발자가 알아야 하는 잡다하지만 꼭 필요한 개념과 용어를 인문 도서처럼 술술 읽을 수 있게 설명하였습니다. 개발자가 되기 위해 알아야 하는 개념은 두꺼운 책에 쓰여있는 딱딱한 지식이 아닙니다. 문제를 찾아 해결하기 위한 일련의 과정과 그 속에서 필요한 '키워드'와 '개념'입니다. 언어, 프레임워크, 디자인 패턴, 개발도구, 클라우드 등등 넓고 얕은 지식을 통해 검색하는 능력을 키우고 해결하고자 하는 문제를 스스로 찾아갈 수 있도록 하는 청사진이 되어 줄 책을 만들고자 하였습니다. 그리고 주니어 개발자들이 접하기 쉬운 실수와 난해한 용어들을 위주로 개념을 전달하기 위해 노력했습니다. 특히 대충은 아는데, 말로 표현하기 어려울 때 또는 다른 사람과 협업하는 데 있어 의사소통에 어려움이 문제가 있는 독자라면 이 책을 읽고 난 뒤에는 훨씬 수월하게 개발 관련 지식들을 전달하고 있는 모습을 발견할 수 있을 것입니다.

개발을 시작하는 지인들에게 항상 하는 말이 있습니다. "코딩을 하는 것은 운전을 하는 것과 같아서 처음부터 못하는 것이 당연하며 서서히 익숙해지는 것이다." 이 책을 읽고 개발자가 되기 위한 발을 내딛는 모든 독자 분들을 진심으로 응원하며 개발을 하면서 자괴감이나 낙담에 빠지는 일은 없었으면 좋겠습니다.

이 책을 집필할 수 있도록 용기와 칭찬을 아낌없이 주신 임성춘 편집장님께 감사의 말씀을 드리고 항상 옆에서 응원해주는 사랑하는 가족과 친구들에게 감사의 마음을 전합니다.

2022년 7월
박민경

1. 왜 이 책을 기획하였나?

개발자가 되기 위해 코딩을 열심히 공부하다 보면 과연 내가 '어디까지 알아야 하지?' '무 엇을 더 공부해야 하지?' 하는 고민에 빠지곤 합니다. 드넓은 개발의 세계에서 어쩔 수 없 는 경우이기도 하지요. 이런 고민을 하는 독자들에게 베이스캠프 같은 책을 만들고 싶었 습니다. 길을 잃지 않고 내가 무엇이 부족한지, 무엇을 더 채워야 할지 바로미터 같은 책 의 역할을 할 수 있도록 만들었습니다.

개발자가 '코딩만 잘하면 되지' 하고 생각할 수 있겠지만, 코딩이라는 기술의 늪에 빠져 있 다 보면 더 넓은 개발의 세계를 보질 못하게 됩니다. 또한 이 책은 개발의 넓은 세계뿐만 아니라 어떻게 개발 트렌드를 놓치지 않고 성장할 수 있는지 여러 방법까지 다루고 있어 성장하는 개발자가 될 수 있도록 도움을 주고 있습니다.

IT 기술이 빠르게 변화하듯 개발자 상식은 시대에 따라 변할 것입니다. 지금의 상식이 잠 깐 사이 필요없는 지식이 되어버리곤 하죠. 이때 그 시기를 관통하는 개발자 상식을 계속 해서 개정해서 많은 독자의 사랑을 받는 것이 이 책의 목표입니다.

2. 누가 보면 좋은가?

2-1 개발자가 되기 위해 공부하고 있는 취준생이 주독자층입니다. 어떤 것을 공부해야 하는지 방향을 설정하고 기술을 선택하는 데 도움을 받을 수 있습니다.

2-2 주니어 개발자도 이 책을 보고 자신의 상식 수준을 확인할 수 있습니다.

2-3 개발자뿐만 아니라 기획자를 포함한 개발 문외한도 읽을 수 있게 쉽게 작성했습니 다. 개발은 개발자만 하는 것이 아닙니다. 디자이너나 기획자, 심지어 고객까지도 포 함되어 외계어를 남발하는 개발자들과 대화하고 원하는 결과를 이끌어내야 하는 경 우가 많습니다. 이 책은 비전공자도 쉽게 읽을 수 있도록 서술되어 있습니다. 비전공 자에겐 고급 지식이 될 수 있습니다.

2-4 개발자가 되기 위해 면접을 보기 전에 자신이 부족한 점이 무엇인지 체크할 수 있는 용도로 가볍게 읽어볼 수 있습니다.

3. 무슨 내용을 담고 있나?

1장
개발자가 누구인지 그들의 문화는 무엇인지 알아봅니다. 또한 개발자를 크게 프런트 엔드, 백엔드, 데브옵스로 나누어 포지셔닝을 해보았습니다.

2장
개발자들의 주요 기술 스택인 언어에 대해 알아봅니다. 개발자가 첫 언어를 선택하는 것은 무척 중요한 일입니다. 언어별 특성을 잘 파악하고 나에게 맞는 언어를 선택하는 기준을 줄 수 있습니다.

3~4장
라이브러리나 프레임워크 그리고 언어의 간단한 속성을 알아봅니다. 언어를 사용하는 사람마다 같은 의도라도 문장이 다르듯이 프로그래밍 언어도 마찬가지입니다. 좋은 코드를 위한 조건들을 알아봅니다. 리팩토링이니 코딩 컨벤션, 클린 코드, 디자인 패턴과 같은 이야기를 합니다.

5~6장
소스코드가 실행될 때 일어나는 일들을 알아봅니다. 알고리즘이나 운영체제, 네트워크, 데이터베이스를 넓고 얕게 알아보지만, 개발자라면 반드시 정리가 되어 있어야 할 내용들로 채웠습니다.

7장
개발자들이 개발하는 서비스의 종류가 무엇인지, 웹이냐 앱이냐 그것이 문제인 경우가 많습니다. 선택의 기로에서 차이점을 알고 잘 선택할 수 있는 가이드를 제공합니다.

8장
개발자들의 필수 도구인 깃을 조금 자세하게 설명하였습니다. 잔디를 심는다는 표현을 하는데, 모든 개발이 깃에 의해 이루어진다고 봐도 과언이 아닙니다.

9장
요즘 유행하는 클라우드에 대해 알아보았습니다. 클라우드를 이해하지 못하고서는 요즘 개발의 세계를 이해할 수 없습니다.

10~11장
성장하는 개발자가 되기 위해 무엇을 해야 하는지, 미래의 기술들이 무엇이 있는지를 알아봅니다.

특별 부록
개발 용어 정리 | 300여 개의 개발 용어를 정리하였습니다. 찾아보기 쉽게 정렬하여 필요한 용어를 쉽게 찾고 읽어볼 수 있고, 시간 날 때마다 한 번씩 읽어보면서 내가 모르는 용어들은 좀 더 학습을 해보는 것도 추천합니다.

4. 책을 읽다가 궁금한 점이 있다면?

책을 읽으면서 궁금한 점은 네이버 카페에 가입하시면 누구나 질문을 하여 답을 구할 수 있습니다. 이 책에서 제공되는 특별부록, 개발자 포지셔닝 로드맵 등의 자료를 다운로드 할 수 있습니다.

목차

3장. 라이브러리 프레임워크, 그냥 툴인가요?

8장. 깃은 선택이 아닌 필수

9장. 클라우드와 분산환경

10장. 성장하는 개발자가 되기 위한 필요충분 조건

개발자에겐 **상식**
비전공자에겐 **고급지식**

개발자
상식

개발자가 되기 전에
알았어야 할 것들

1장

개발자들은 뭔가 다르던데,

개발자들은

개발 문화

de + velop

'개발' 지식을 쌓아 나가기 위한 항해를 시작하기 전, 먼저 '개발'이라는 용어에 대해 짚고 넘어갈까 합니다.

흔히 말하는 '개발자'는 어떤 일을 하는 사람일까요? "웹을 만드는 사람, 앱을 만드는 사람, 소프트웨어를 만드는 사람?" '개발'이라는 용어의 뜻을 살펴봅시다. 영어로 'develop'인데, 'velop'은 "닫혀 있다"라는 뜻이고, 'develop'은 '이탈, 반대'라는 뜻으로 접두어 'de-'와 만나 "닫힌 것을 열어 제친다"라는 뜻이 됩니다. 단순히 소프트웨어를 만드는 사람을 의미하는 것이 아닌, 사람들에게 필요한 제품, 시스템, 서비스를 창조해내고 개선하고 디자인하고 발전시키는 사람을 바로 '개발자'라고 합니다. 그러므로 '개발'을 한다는 것은 여러 유기적인 지식을 연결해 하나로 조합하고, 문제를 해결할 수 있다는 것을 말합니다.

그럼 어떠어떠한 것을 알고 있어야 '좋은' 개발자가 될 수 있을까요? 그 첫 번째 항해를 함께 시작해봅시다.

1. 매력적인 직업, '개발'

먼저 '개발'이라는 직업을 말하기에 앞서 코더^{Coder}, 프로그래머^{Programmer}, 개발자^{Developer}의 차이에 대해 살펴보겠습니다.

[그림 1-1]

코더, 프로그래머, 개발자의 차이

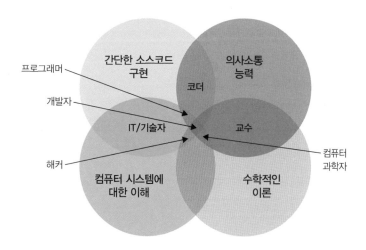

출처
http://www.hanselman.com/

- **코더**: 갓 입문한 프로그래머로서 필요한 소스코드를 검색이나 책을 통해 가져다 쓰고, 주어진 지시에 대한 구현이 가능합니다.
- **프로그래머**: 능숙한 코딩이 가능하며, 필요한 소스를 단순히 가져다 쓰는 정도가 아닌 노하우를 가지고 상황에 따라 최적의 소스코드를 구현할 줄 알며 오류에 대처할 수 있습니다.
- **개발자**: 폭 넓은 전문가로서 서로 다른 시스템에 대한 지식이 뛰어나며, 다양한 언어를 사용할 줄 알고, 서로 다른 언어와 시스템을 이해하고 설명할 수 있습니다.

위 설명만 보면, 영화에서 흔히 볼 수 있는 천재적인 기질을 타고난 '진짜 프로그래머'는 '개발자'라는 영역에만 국한되어 보입니다. 과거에 컴퓨터 산업이 폭발적으로 성장하고 전문화되면서 많은 프로그래머가 필요했고, 그 결과로 '프로그래머'의 몸값이 올라갔습니다. 그렇기 때문에 자연스레 '프로그래머'라는 영역으로 뛰어드는 사람이 많았으며, 이 무렵 천재 프로그래머 일화가 많이 등장했다고 합니다. '10대 나이에 엄청난 게임을 개발했다'든지, '회의 중 100개가 넘는 버그를 모두 처리해서 놀라게 했다'든지 하는 일화였습니다.

천재적인 프로그래머가 평범한 프로그래머보다 몇 배나 더 높은 생산성을 보였다는 허술한 연구까지 나왔다고 하니, 그 시절 '진짜 프로그래머' '천재 프로그래머'에 대한 환상은 지금보다 훨씬 만연했을 것으로 보입니다. 여러분이 생각하는 '진짜(또는 천재) 프로그래머'의 이미지는 어떤가요? 따로 코딩 공부를 하지 않아도 바로 코딩을 할 줄 알고, 1,000줄이 넘는 코드를 버그 하나 없이 짤 수 있으며, 사람보다 컴퓨터를 좋아하고, 다른 일에는 일체 관심 없는 사람의 이미지가 떠오르지 않나요?

하지만 실제로 존재하는 '현실의 개발자'는 '코더 → 프로그래머 → 개발자'의 단계를 거치며 성장하게 됩니다. 아무리 천재라고 해도, 아무도 '1+1=2'라는 개념을 알려주지 않았는데, 바로 미분과 적분을 할 수 있는 사람이 드문 것처럼 말이에요. 다른 사람이 작성한 코드를 보고 그대로 '복사하고 붙여넣기'하거나, 예제를 조립해서 돌아가는 프로그램을 만드는 '코더' 단계를 거쳐 프로그램 언어와 오류 처리에 익숙해지고, 그 속에서 노하우를 얻으며 여러 개발 지식을 쌓아 '개발자'가 되어 가는 것이죠.

'개발'이라는 직업이 매력적인 이유

닷컴 버블(1955~2000년) 붕괴 이후 소프트웨어 '개발자'라고 하면 3D(Difficult, Dirty, Dangerous) 직종으로 분류하기도 했고 대우가 좋지 않았던 시절도 있었습니다. 하지만 지금은 어떤가요? 전공자부터 비전공자, 기획자, 디자이너까지 '개발'을 배우기 위해 노력하는 사람이 많아진, 아주 매력적인 직업이 되었습니다. 이렇게 '개발자'라는 직업에 열광하는 이유가 무엇일까요?

무에서 유를 창조할 수 있다

"코로나19 현황을 한 번에 보여줄 수 있는 웹을 만들고 싶어"라는 아이디어가 떠올랐다면, 컴퓨터로 이 아이디어를 바로 창조해낼 수 있는 것이 개발자입니다. 새로운 아이디어를 사람들이 이용할 수 있는 서비스로 세상에 내놓을 수 있다는 것. 정말 매력적이지 않나요?

사람들이 겪고 있는 크고 작은 문제를 해결해 줄 수 있다

보통 소프트웨어를 개발할 때 개발자 본인이 겪는 문제보다는 사람들이 겪고 있는 문제를 파악하여 요구사항을 정의하고 이를 해결하기 위해 개발을 시작하게 됩니다. 내가 만든 소프트웨어가 사람들의 불편함을 해결해 주었을 때 그 뿌듯함은 말해 무엇할까요?

시간적, 공간적 제약 없이 자유롭다

하드웨어가 필요 없는 순수 소프트웨어를 개발할 때는 노트북 한 대와 인터넷이 되는 곳이 있다면 어디든 개발을 시작할 수 있습니다. 그래서 특히 IT직군은 재택 근무가 자유롭고, 자율 출퇴근 환경이 꾸려져 있는 경우가 많습니다.

복잡한 것을 단순하게 만드는 마법사다

우리가 배달 앱에서 음식을 배달할 때, 그 뒤에서 일어날 과정을 생각해 본 적이 있나요? 버튼을 눌러 원하는 페이지로 진입하고, 또 다시 버튼을 눌러 메뉴를 장바구니에 담고 결제하면 주문 내용이 가게로 전달되는 과정이 굉장히 간단해 보이지 않나요? 이 과정을 가능하게 하기 위해서는 사용자의 반응을 전송하고 이를 데이터베이스에 담고 서버로 보내고 하는 과정이 필요합니다. 사용자들이 이용하는 서비스를 최대한 간단하게 만들기 위해 개발자는 복잡한 것을 '추상화'하는 과정을 반복하게 됩니다. 마치 마법사가 마법으로 어려운 일을 가능하게 하는 것 같지 않나요?

[그림 1-2]
배달 앱에서 음식을
주문하는 과정

디지털 세계의 미래가 내 손 안으로 들어온다

거의 모든 사람이 컴퓨터와 스마트폰, 그리고 인터넷을 사용합니다. 최근에는 기계가 기사를 쓰고 그림까지 그리는 4차 산업혁명의 시대가 도래하기도 했죠. 많은 일이 아날로그에서 디지털로 변해왔습니다. 개발 직군은 바로 이 '디지털 시대'의 중심이 되는 직업이라고 할 수 있고, 가장 빠르게 혁신하고 있는 분야에 서 있는 것이 '개발자'라고 할 수 있습니다.

'개발'이라는 직업이 어려운 이유

하지만 '개발'과 'IT'가 핫^{hot}한만큼 동시에 맞닥뜨려야 할 문제도 많습니다. '핫'하고 수요가 많다는 것은 그만큼 성취하기가 어렵다는 뜻도 됩니다. 많은 사람이 개발을 배우는 도중 중간에 포기하는 경우가 많습니다. 그만큼 러닝커브가 높고, 알아야 할 개념이 많고 넓으며, 알아야 하는 개념의 관계성이 복잡하기 때문이죠. '스택오버플로우^{Stack Over Flow}'라는 유명한 해외 개발자 커뮤니티가 있는데 스택오버플로우의 창시자 '제프 앳우드^{Jeff Atwood}'는 "개발의 고수가 되는 데 수십 년이 걸린다"라고 말하기도 했습니다. 도대체 무엇이 그렇게 '개발'을 어렵게 만드는 걸까요?

> 러닝커브(Learning Curve)
> 학습 곡선이라고 하며 무언가를 습득하는 데 드는 시간(학습비용)을 말한다.

기술의 변화에 빠르게 적응해야 한다

스택오버플로우의 창시자 제프 앳우드는 하나의 기술에 정통하려면 12개월 정도가 걸린다고 했습니다. 그렇지만 12개월 후 그 기술에 정통했다고 해서 그 기술을 계속 활용할 수 있을까요? 소프트웨어 분야에 대한 기술은 아주 빠르게 변화하는 분야 중 하나입니다. 특히 웹 개발의 트렌드와 개발의 패러다임은 거의 매 시즌마다 바뀌고 있는 상황입니다. 불과 몇 년 전까지만 해도 jQuery라는 기술을 사용하는 개발자를 많이 볼 수 있었는데 이제는 jQuery를 사용한다고 하면 구식 기술을 사용하는 개발자라는 인식이 팽배해진 것처럼요.

"Hello World!"와 실제 개발의 간극은 크다

처음 개발 언어를 배울 때 시작하는 예제가 콘솔에 "Hello Word!"라는 문구를 화면에 띄우는 것입니다. 하지만 개발을 경험해본 독자라면 "Hello Word!"를 화면에 찍는 것만으로는 아무것도 할 수 없다는 것을 알고 있을 겁니다. 우리가 배우는 예제의 소스코드는 길어봐야 100줄 정도이지만 실제 실무에서 쓰이는 소스코드는 몇 천 줄에서 몇 만 줄까지 가는 경우도 있고 그 속에는 다양한 기술이 서로 섞여 있어 소스코드를 보는 것조차 힘든 경우가 있습니다.

논리적인 생각 구조에 익숙해져야 한다

코딩도 결국 사람이 하는 일이기 때문에 논리적으로 설계한 코드에 치명적이 결함이 있을 수도 있습니다. 일례로 2015년 '우버'에서 신입 개발자의 실수로 서버가 15분 정도 다운된 적이 있었는데, 이 사태로 수십만 달러의 손실을 입었다고 합니다. 내가 짠 코드의 구조에 구멍이 없으려면 평소에 논리력을 갖추기 위해 노력해야 합니다. 하지만 우리가 사는 현실 세계가 동작하는 방식과 컴퓨터가 어떤 작업을 수행하는 '흐름^{Flow}'은 많이 다릅니다. 그렇기 때문에 프로그래머가 갖춰야 할 덕목 중 하나인 '논리력'을 갖추는 일도 쉬운 일은 아닙니다.

집요함과 끈기가 필요하다

많은 영화에서 보면 프로그래머가 타닥타닥 몇 줄의 코드를 작성하면 놀라운 일이 벌어지곤 하지만, 현실은 이와 많이 다릅니다. 아주 단순한 오류라도 눈에 보이지 않아 몇 시간을 헤매는 경우도 있고, 어떤 오류인지 감조차 잡히지 않기도 하고, 오류 해결 방법이 검색해도 나오지 않아 몇 날 며칠을 개념 정립에 허비하는 경우도 다반사입니다. 따라서 개발자는 문제를 해결할 때까지 집요하게 파고 들고, 오랜 시간 컴퓨터 앞에 앉아 있어야 하는 능력(?)도 갖추어야 합니다.

그래서 '개발'을 잘 하려면 어떻게 해야 하죠?

어떤 현상이나 동작 원리에 대한 논리적인 흐름을 설계해보자

예를 들어, 사과를 자동으로 깎아주는 기기가 있다고 합시다. 그리고 여러분이 이 기기에 들어가는 소프트웨어의 소스코드를 만드는 개발자가 되었다고 상상해봅시다.

1. 기기에 사과가 있다. → 기기를 동작시킨다.
2. 기기에 사과가 없거나 사과 깎기가 끝났다. → 기기를 멈춘다.
3. 기기에 사과가 아닌 다른 물체가 있다. → 경고 메시지를 보낸다.

이런 식으로 내가 설계할 프로그램의 동작구조를 논리적으로 생각하는 습관을 들여봅시다. 아주 미미하지만 효과가 있을 겁니다.

검색력을 키우자

코딩을 할 때 인터넷이 없으면 코딩하지 못하는 개발자가 대부분일 것입니다. 그 이유는 개발을 하면서도 계속 구글에 검색을 해야 하기 때문이죠. 제 경우도 자주 사용하는 언어이고, 아주 단순한 함수인데도, 자주 잊어버려 구글에 끊임없이 검색하며 코딩을 합니다. 검색력을 키우려면 키워드를 알아내는 안목이 있어야 하며 이는 경험과 얕고 넓은 지식이 있을 때 빠르게 가능해집니다.

인내심, 끈기, 집요함이 필요하다

개발자의 실수가 실제 서비스로 이어졌을 때는 크고 작은 손실로 이어질 수 있습니다. 그렇기 때문에 항상 경각심을 갖고 내가 해결해야 할 문제를 반드시 해결하고야 말겠다는 강한 책임감이 필요합니다. 또 아주 넓은 개발 지식을 흡수하기 위해서는 인내심과 끈기, 그리고 집요함이 필요합니다.

개발은 배우는 것이 아니라 익숙해진다는 마음가짐이 필요하다

개발은 마치 운전하는 것과 비슷하다고 생각합니다. 하루 아침에 잘 되지 않고 꾸준히 익숙해지는 과정이라는 얘기입니다. 개발을 하기 위해 필요한 지식 중에는 글이나 말로 이해하기 어려운 지식이 존재합니다. 이를 '암묵지 Tacit Knowledge'라고 하는데, '암묵지' 지식은 반복과 경험을 통해 서서히 익숙해지는 방법 밖에 없습니다. 개발자들이 퇴근 후에도 매일 공부에 힘쓰는 이유가 바로 여기에 있습니다.

재능과 열정 없이도 코딩하는 사람들

개발을 하다 보면 흔히 말하는 능력치가 높은 '개발 덕후'를 종종 만나게 되는데, 재능도 열정도 없는 자신과 비교하며 자책할 때가 올 수도 있습니다. '나는 개발 덕후도 아니고, 그렇다고 코딩을 엄청 잘하는 것도 아닌데, 코딩을 계속해도 될까' 하는 의문이 생길 수도 있습니다. 이런 독자를 위해 힘을 북돋아 줄 기사 몇 구절을 발췌했습니다.

출처
https://medium.com/
@WordcorpGlobal

- 장고^{Django} 창시자 제이콥 카플란모스^{Jacob Kaplan-Moss}는 "천재 프로그래머에 대한 고정관념은 정말 위험합니다. 프로그래밍 입문의 벽을 높이고 입문 프로그래머에게 겁을 주기 때문입니다. 우리는 이러한 태도를 버려야 합니다. 프로그래밍은 배워야 하는 많은 기술이 있을 뿐입니다. 그렇기 때문에 재능을 필요로 하지 않으며 보통의 프로그래머가 된다고 해서 전혀 창피하지 않아도 됩니다"라고 했고 그의 트위터 프로필에는 "진짜 프로그래머가 아닙니다"라고 쓰여 있습니다.

- 부트스트랩^{Bootstrap} 창시자 제이콥 손튼^{Jacob Thornton}은 컴퓨터를 싫어하고 뉴욕 맨해튼에 있는 뉴스쿨에서 사회학 공부를 하려고 했다고 합니다. "제가 고용된 직업에 제 자신은 조금의 자질도 없었고 매일매일 해고 위기를 겪었습니다"라고 하며 .send( )를 빼먹어서 애태우던 시절을 언급했습니다. 그리고 그의 트위터 프로필에는 "컴퓨터 루저"라고 쓰여 있습니다.

- PHP 창시자 라스무스 러도르프^{Rasmus Lerdorf}는 "저는 프로그래밍을 싫어하고 프로그래밍을 좋아하는 사람들이 이해가 되지 않습니다"라고 했습니다.

- 샘 레드와인^{Sam Redwine}은 "소프트웨어와 대성당은 공통점이 있다. 먼저 만든 후에, 기도합니다"라고 했습니다.

[그림 1-3]
소프트웨어와
대성당의 공통점

이렇게 IT 분야에서 한 획을 그은 대단한 개발자도 자책하던 순간이 있었습니다. 오류 없이 처음부터 코딩하는 것이 아니라 "코딩 후 기도한다"는 우스갯소리도 하면서 말입니다. 재능과 열정이 없어도 '좋은' '대단한' 개발자가 되는 길은 생각보다 멀리 있지 않습니다.

2. 소프트웨어 개발팀과 개발자와의 소통

소프트웨어 개발 프로젝트를 위한 팀

개발자가 되고 싶은 사람 중 흔히 하는 착각이 있습니다. 바로 프로그래밍'만' 잘하는 사람들이 모이면 대단한 소프트웨어를 만들 수 있을 것이라는 생각입니다. 하지만 소프트웨어는 특별한 가치를 창조해내기 위한 도구일 뿐이고 완전한 소프트웨어를 만들기 위해서는 여러 도메인 지식(특정 분야의 지식)이 필요합니다. 그래서 소프트웨어 개발을 위해 하나의 '팀'을 꾸리게 되는 것이죠. 소프트웨어 개발 프로젝트를 위한 '팀'에 어떤 구성원이 필요하며 어떤 역할을 맡는지 살펴봅시다.

- **프로젝트 관리자**PM, Project Manager: 프로젝트의 큰 그림을 관리하는 책임을 가진 프로젝트 총괄자로서 의사결정을 주도하고 일정, 예산, 리스크, 각 팀의 역할 등을 관리합니다.
- **프로젝트 관리 조직**PMO, Project Management Office: 큰 규모의 프로젝트인 경우 PM 혼자 모든 관리를 총괄할 수 없게 되는데, 이럴 때 프로젝트 관리를 하는 조직인 PMO를 꾸리는 경우도 있습니다.
- **프로젝트 리더**PL, Project Leader: 프로젝트 관리자의 아래 포지션이며 각 개발 영역의 리더입니다. 해당 영역의 팀원이 업무를 잘 수행할 수 있도록 이끄는 역할을 합니다.
- **소프트웨어 아키텍트**SA, Software Architect: 이 포지션도 큰 규모의 프로젝트의 경우에 투입됩니다. 소프트웨어 개발의 큰 그림을 그리고 고수준의 설계적 결정을 수행하고, 코딩 표준, 도구, 플랫폼 등의 표준을 지시하는 역할을 합니다.
- **업무 분석가**BA, Business Analyst: 업무의 요구사항을 정확하게 분석하는 역할로 해당 분야의 도메인 지식을 많이 필요로 하는 역할입니다.

- **디자이너**^{Designer} : 고객의 요구사항에 따라 UI/UX 디자인을 하며 고객들이 바라보는 화면을 설계하는 역할을 합니다.
- **퍼블리셔**^{Publisher} : 디자이너가 작업한 화면을 개발할 수 있게 퍼블리싱하는 역할로, 그림을 소스코드에 반영하기 위한 스타일 가이드를 작성하고 직접 코딩을 하기도 합니다.
- **개발자**^{Developer} : 화면 설계서 혹은 사양 설계서와 개발 가이드를 전달받아 직접 소스코드를 작성하는 주체가 되며 소프트웨어 프로젝트에서 가장 많은 인력 자원을 차지합니다.
- **테스터**^{Tester} : 개발자가 개발한 소스코드를 테스트하는 역할로 개발자가 직접 하기도 하지만 전문 QA^{Quality Assurance} 테스터가 따로 테스트를 하기도 합니다. 개발된 소프트웨어에 이상은 없는지, 버그가 없는지, 산출물의 품질은 좋은지, 사용자에게 불편한 점은 무엇일지 등을 찾아주는 역할을 합니다.

> **퍼블리싱(Publishing)**
> 웹 디자인과 웹 프로그래밍의 중간 단계로 디자이너가 전달한 디자인 시안을 웹 브라우저에서 볼 수 있도록 웹 문서화하는 코딩 작업을 말한다.

물론, 모든 프로젝트에 위 역할이 모두 필요한 것은 아니고 조직의 규모와 운영 방식, 성향 등에 따라 팀 구성원은 달라질 수 있습니다. 하지만 확실한 것 하나는 여러 지식을 가진 사람들이 필요하고, 균형 잡힌 팀이 다양한 의견을 공유했을 때만이 성공적인 팀워크를 이뤄낼 수 있다는 점입니다.

좋은 개발 문화

좋은 개발 문화^{DR, Developer Relations}는 무엇일까요? 단순히 팀워크가 좋다든지, 실력 있는 개발자가 많이 모여 있는 곳이라든지 등 사람마다 생각하는 정의가 다를 것이라고 생각합니다. 어쩌면 '좋은 개발 문화'라는 것 자체가 없을 수도 있죠. 하지만 좋은 문화가 있다고 하는 기업에는 공통적인 특징이 분명히 있습니다. 그 기업들이 모두 같은 문화를 가지고 있다는 것을 뜻하는 것은 아닙니다. 각각 다른 문화를 가지고 있고, 그들이 형성하고 있는 좋은 문화는 개발로 만들어내는 산출물이 시장을 형성해나

가는 과정에서 비롯된다고 생각합니다. 좋은 개발 문화를 가지고 있다고 하는 대표적인 기업으로는 구글, 라인, 우아한형제들, 파이콘, 당근마켓 등 무수히 많습니다. 그렇다면 이런 기업의 특징은 무엇일까요?

❶ 개발 주기와 변동성이 짧고 팀원들이 모두 이에 대해 유연하게 대처할 수 있다.

❷ 고품질 코드와 코드 리뷰/테스트의 필요성을 인지하고 실천하기 위해 노력한다.

❸ 팀원들이 해당 기업만의 '핵심가치'에 대해 인지하고 있고 이를 실현하기 위해 노력한다.

❹ 각 파트의 지식을 서로 공유하고 근간이 되는 기술 개발에 대해 능동적이고 진취적으로 참여한다.

❺ 팀원들은 결과에 대한 책임감과 자부심, 전문성이 있으며 개인의 실력 향상이 소프트웨어 품질 향상을 가져온다고 믿는다.

❻ 팀원의 역량을 서로 고취시킬 수 있는 문화가 형성되어 있다.

애자일 방법론

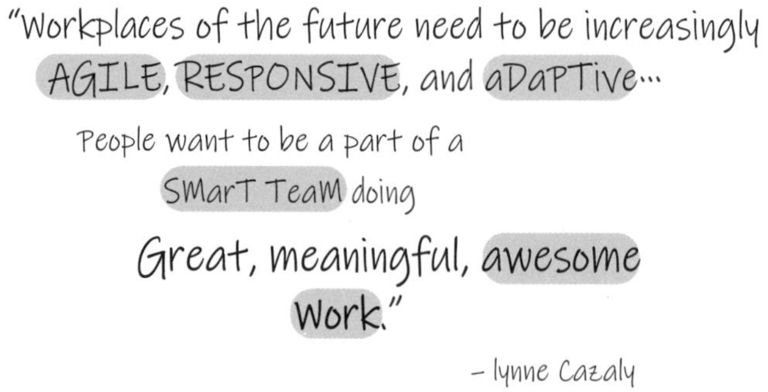

"Workplaces of the future need to be increasingly AGILE, RESPONSIVE, and aDaPTive…

People want to be a part of a SMarT TeaM doing

Great, meaningful, awesome Work."

– lynne Cazaly

[그림 1-4]
린 카잘리(lynne Cazaly)
의 말

미래의 직장은 점점 더 민첩하고 대응적이며 민첩해야 합니다. … 사람들은 스마트 팀의 일원이 되어 훌륭하고 의미 있고 멋진 일을 하고 싶어 합니다.

1990년대를 지나면서 소프트웨어 시장이 확장되었고, 그 결과로 IT 사용자들이 IT에 관심 있는 소수의 사용자가 아닌 일반 대중들로 바뀌기 시작했습니다. 비즈니스 사이클이 짧아졌고 사용자들의 욕구와 트렌드도 매우 빨리 변했습니다. 이렇게 바뀐 트렌드로 인해, 소프트웨어 개발의 불확실성이 높아짐에 따라 예전의 전통적인 개발 방법과 다른 개발 방법이 등장했고 가장 대표적인 것이 '애자일 Agile'입니다. 'Agile'이라는 단어는 날렵한, 민첩한, (생각이) 재빠른, 기민한이라는 사전적인 의미가 있습니다. 2001년 '애자일 소프트웨어 개발 선언문'에서 애자일이라는 개념을 본격화했고 그 내용에는 4가지 가치와 12가지 원칙이 담겨있습니다.

비즈니스 사이클
(Business Cycle)
일정 기간 동안의 경제 활동의 변동성을 나타낸다. 새로운 제품이 출시되고 트렌드가 넘어가는 주기를 말한다.

4가지 가치

❶ 공정과 도구보다 개인과 상호 작용을 가치있게 여긴다.

❷ 포괄적인 문서보다 작동하는 소프트웨어를 가치있게 여긴다.

❸ 계약 협상보다 고객과 협력을 가치있게 여긴다.

❹ 계획을 따르기보다 변화에 대응하는 것을 가치 있게 여긴다.

12가지 원칙

❶ 가치 있는 소프트웨어를 조기에 지속적으로 제공함으로써 고객을 만족시키는 것을 최고 우선순위로 한다.

❷ 개발 작업 후반부라도 요구사항 변경을 기꺼이 수용한다. 애자일 프로세스는 변화를 활용해 고객의 경쟁력에 도움이 되게 한다.

❸ 2주에서 2개월 주기로 작동하는 소프트웨어를 자주 제공하되, 더 짧은 시간 단위를 선호한다.

❹ 프로젝트 전반에 걸쳐 비즈니스 담당자와 개발자가 매일 함께 작업해야 한다.

⑤ 동기가 부여된 개인들을 중심으로 프로젝트를 구성한다. 구성원이 필요로 하는 환경과 지원을 제공하고, 담당 업무를 완수할 것임을 신뢰한다.

⑥ 개발팀에 그리고 팀 내부에서 가장 효과적, 효율적으로 정보를 전달하는 방법은 대면 대화다.

⑦ 작동하는 소프트웨어가 진척의 주된 척도다.

⑧ 애자일 프로세스는 지속 가능한 개발을 장려한다. 스폰서와 개발자, 사용자들이 일정한 속도를 계속 유지할 수 있어야 한다.

⑨ 기술적 탁월성과 좋은 설계에 대한 지속적인 관심으로 기민함을 향상시킨다.

⑩ 아직 하지 않은 작업량을 최대한 세분화하는 기술은 필수적이다.

⑪ 최고의 아키텍처, 요구사항 및 설계는 자율구성팀에서 비롯된다.

⑫ 팀은 정기적으로 더 효과적인 방법을 찾아서 반영한 다음, 그에 따라 업무 활동을 조율하고 조정한다.

그리고 애자일 개발 프로세스 내에서도 여러 가지 방법론이 등장하는데 익스트림 프로그래밍, 스크럼, 크리스털 패밀리, 익스트림 모델링 등이 있으며 테스트 주도 개발^TDD, 스프린트^Sprint 등에 대한 개념도 애자일 방법론에서 등장했습니다([표 1-1] 참고).

과거에는 요구사항 분석 → 설계 → 개발 → 테스트 → 배포 형태로 소프트웨어 개발 프로세스가 진행되었지만 최근 트렌드는 전혀 다릅니다. 해결해야 하는 문제가 구체적이기보단 모호하고, 그에 따른 해결 방법도, 변수도 매우 많습니다. 그렇기 때문에 이 애자일 선언을 새겨 놓는다면, 다양한 변수에 유연하게 대처하고 고객의 요구사항이 변경되어도 실패하지 않는 소프트웨어 개발자가 될 수 있을 것입니다.

테스트 주도 개발
(Test-Driven Development)
매우 짧은 개발 사이클을 반복하는 소프트웨어 개발 프로세스다.

스프린트(Sprint)
매우 크지 않은 작업(task)을 적당한 기간 동안 집중해서 수행하는 것을 말한다.

[표 1-1]
애자일 방법론의 종류

종류	내용
익스트림 프로그래밍 (XP, Extreme Programming)	고객과 빠르게 소통하며 개발하는 방법론이며, 의사소통, 단순성, 피드백, 용기, 존중 등을 가치로 내세우고 있다.
짝 프로그래밍 (Pair Programming)	두 사람이 짝이 되어 한 사람은 코딩을, 한 사람은 검사를 수행하는 방법이다.
테스트 주도 개발 (TDD, Test-Driven Development)	테스트 케이스를 먼저 작성하고 이를 통과하는 코드를 개발하는 방법이다.
스크럼(Scrum)	반복적이고 점진적인 개발 방법으로, 소프트웨어 개발 반복 주기가 종료될 때마다 부분적인 결과물이 만들어지는 방법을 말한다. 이 반복 주기를 스프린트(sprint)라고 하며 주로 1~4주로 구성된다.

개발자에게 소통 능력이 필요한 이유

대부분의 개발자는 동일 분야 개발자 또는 다른 분야의 사람과 일을 함께 합니다. 앱을 하나 만들 때도 디자이너, 기획자 등의 여러 이해관계자와 함께하게 됩니다. 개발자가 다른 전문가의 도움을 받지 않고 혼자 개발을 한다면, '개발'은 잘 할 수 있을지 몰라도 잘 팔리는, 사람들이 좋아하는 앱을 만들 수 있을까요? 앱의 필요성과 기능 등을 정의하는 '기획'과 사용자들에게 편리함을 주는 화면 '디자인'이 빠진 앱이 상용화 단계로 이어지는 경우는 거의 본 적이 없는 것 같습니다.

개발자들이 만드는 것이 논리를 따르는 소스코드일지라도, 개발해야 하는 서비스는 굉장히 인간 중심적이어야 합니다. 결국 소프트웨어도 사람의 편리함을 위한 도구일 뿐이기 때문이죠. 그렇기 때문에 가끔은 코딩을 놓고 기획자, 디자이너, 사용자, 투자자, 이해관계자의 요구(needs)를 정확하게 파악해야 할 필요가 있습니다. 그렇기 때문에 개발자에게 '소통 능력'은 선택이 아닌 필수입니다.

여기서 말하는 소통 능력은 다른 직업군의 소통 능력과는 조금 다릅니다. 물론 직업군마다 다르겠지만 보통 소통 능력은 다른 사람을 설득하고, 본인의 주장을 관철하는 능력을 말합니다. 하지만 개발자에게 필요한 소통은 그보다 약간 다른 능력을 말합니다.

- 애매한 이야기 속에서 지엽적이지 않은 본질을 파악하는 능력이다.
- 컴퓨터 논리 체계 같은 추상적인 개념을 상대방이 이해할 수 있도록 쉽게 풀어내는 능력이다.
- 다른 이해관계자의 입장을 이해할 수 있는 능력이다.

위 소통 능력이 갖춰졌을 때야 비로소 다른 팀원과 협업이 가능해지고, 배려와 협력이 원활하게 이루어져, 조직 문화와 팀워크가 발휘될 수 있습니다. 이는 팀의 성공과도 직결되는 부분이기도 합니다.

개발자가 소통하는 법

'개발자'라고 하면 '의사소통이 잘 되지 않는 직업군'이라는 인식이 팽배하다는 것을 아나요? 〈오늘도 개발자가 안된다고 말했다(2021년)〉라는 제목의 책도 있을 정도니까 말이죠. 에이프릴 웬젤^{April Wensel}의 "Tech has a Toxic Tone Problem"이라는 유명한 에세이의 내용을 인용해보면 소프트웨어 엔지니어가 일반적으로 소통 능력이 좋지 않은 경향은 다음과 같은 이유로 설명된다고 합니다.

출처
https://compassionatecoding.
com/blog/2016/8/25/tech-has-
a-toxic-tone-problemlets-fix-it/

- 전문 지식을 갖고 있기 때문에
- 인간 관계보다 컴퓨터와 더 많은 시간을 썼기 때문에
- 전통적으로 성격이 프로그래밍과 가까워서

하지만 위 에세이에서 제기한 이런 이유는 문제점이 있으며 특히나 마지막 문장 같은 경우는 명백한 고정관념이라고 얘기합니다. 이런 문제점을 핑계로 개발자들이 멀쩡한 사람처럼 행동하지 않을 구실로 삼을 수 없다고도 덧붙입니다.

이 책의 번역서는 〈프로그래밍 심리학〉이라는 제목으로 2013년에 출간되었다.

> "프로그래밍에서는 엄청나게 똑똑할지 몰라도 자신의 지적 능력을 사용해서 자신의 사회적 행동이나 대화 방식을 고칠 수 있을 정도로 똑똑하지 않을 수 있습니다."
>
> – 제럴드 와인버그, 〈The Psychology of Computer Programming(1971년)〉 –

이런 문제가 1971년에도 존재했던 것을 보니 "개발자들은 의사소통이 부족하다"라는 문제가 꽤나 고질적이었던 것 같습니다. 개발자가 의사소통이 되지 않으면 단순히 팀 생산성을 망치는 일에 그치지 않습니다. 의사소통 문제가 입문자들을 낙담하게 하고 사회적 활동에 참여하는 기존 엔지니어의 의지까지 꺾게 됩니다.

"소통 = 업무 능력"

개발자가 본질에 접근하는 능력이 결여되어 사소하고 지엽적인 문제에 집중하면 어떻게 될까요? 개발에만 집중해도 모자랄 시간을 매우 낭비하는 상황이 발생하겠죠. 또 생각보다, 기능을 만드는 소스코드는 짤 수 있어도 그 소스코드를 만들기까지의 생각을 논리 정연하게 설명하지 못하는 개발자도 많습니다. 그렇게 되면 다른 개발자와 같이 코드를 짤 때 분명 충돌이 생길 수 있습니다. 그리고 무엇보다 중요한 점은 '공감 능력'입니다. 기획자가 왜 이런 의도로 기획했는지, 디자이너가 왜 이런 UI/UX를 디자인했는지 공감하는 능력이 없다면 팀워크를 발휘하기 힘들고 다른 전문가들과 시너지Synergy를 내기가 힘들어집니다.

"엔지니어링은 사회 전체를 위한, 변혁적인 분야입니다. 또한 우리가 하는 일에서 다양한 사람의 참여 없이는, 우리 사회의 모든 측면에서 매력적이거나 유용하지 않은 결과를 얻게 됩니다."

— 피터 세이벨, 〈Coders at Work(2009년)〉 —

피터 세이벨Peter Seibel의 말처럼 다양한 사람의 참여를 북돋아 매력적인 소프트웨어를 만드는 것이 바로 개발자의 역할이 아닐까요? 그러려면 공감과 소통은 어쩌면 개발자가 되기 위한 가장 큰 부분이 아닐까 싶습니다.

3. 개발 포지션 선택과 각 포지션별 로드맵

개발 포지션을 선택할 때 고려해야 할 점

전공자든 비전공자든 개발팀에 속해보지 않은 신입 개발자 입장에서는 처음 채용공고를 접하고 굉장히 당황스러울 수도 있습니다. 예를 들어, "나는 '웹 개발'이라는 포지션을 선택할거야" 하고 막상 채용공고를 열어 보면 웹 개발이라는 분야 속에서도 '프런트엔드' 쪽인지 '백엔드' 쪽인지로 도 모자라 개발자에게 요구하는 언어와 프레임워크도 상세하게 기술되어 있기 때문입니다.

[그림 1-5]
N사의 웹 개발자
채용공고

웹 개발자	신입 경력	**[지원자격]** 1. 닷넷 (with C#) 을 이용한 서비스 개발 경력이 있으신 분 - HTTP 기반 서비스에 대한 이해 - ASP.NET 에 대한 버전별 특징을 이해하고 있으며 이를 활용한 웹 사이트 개발 가능 - 웹서비스나 Web API 개발 가능 (SOAP, WCF, RESTful API 등) - Javascript를 이용한 클라이언트 개발 가능 (jQuery, Ajax 사용 경험) 2. RDBMS (MSSQL) 지식이 있고 이를 활용한 어플리케이션 개발 가능하신 분 - 주어진 비즈니스에 대한 논리 & 물리 데이터 모델 설계와 작성 가능 - 주어진 비즈니스에 적합한 Stored procedure 혹은 Function 작성 가능 - 정규화, 비정규화, 인덱스, 테이블 분산 설계 등을 통한 DB 성능 튜닝에 대한 경험 3. 기존 개발 코드에 대한 분석 경험 있으신 분 - 개발 산출물 품질 향상을 위한 코드 분석 및 리팩토링 경험

대부분의 신입 개발자들은 포지션이 어떻게 나누어져 있는지, 필요한 언어와 수준은 어느 정도인지, 수요가 많은 프레임워크나 툴은 무엇인지 알기 어렵습니다. '개발'이라는 영역의 특성상 개발 영역을 넓고 얕게 아는 사람보다 특정 한 분야를 깊게 아는 사람을 더 선호하며 실제로 수요도 더 큽니다. 하지만 처음부터 그 언어나 포지션을 겪어보지 않았는데 내가 어떤 진로를 택해야 하는지 알 수 있을까요? 모르는 것이 당연하다고 생

각합니다. 그렇기 때문에 처음에는 관심 있는 분야 혹은 개발하고 싶은 내용을 웹이든 앱이든, 데이터 분석이든, 처음부터 끝까지 경험해보고 느끼는 것이 중요합니다.

"자바^{JAVA} 언어를 좋아하고 그 언어에 익숙하니까 안드로이드 개발자가 되야지!"라고 생각하는 것은 어떨까요? 자바는 좋아하지만 웹이나 앱 개발이 적성에 맞지 않는 개발자도 있을 것입니다. 그렇기 때문에 처음부터 포지션을 굳히는 것보단 관심 있는 분야에 대해 일단 만들어보고 개발하는 과정 속에서 자신의 흥미를 찾는 것이 중요한 것 같습니다.

"그렇게 되면 전문성이 부족해 채용이 되지 않으면 어떻게 하나요?" 하는 의문이 들 수 있습니다. 하지만 보통의 기업은 신입 개발자를 뽑을 때 전문적인 사람보다는 '성장 가능성'을 염두해두고 채용하기 마련입니다. 그러므로 지원한 포지션 관련 경력이 다소 빈약하더라도 스스로 공부하고, 찾아보고, 성장할 수 있는 가능성을 보여주는 것이 더 중요합니다. 토이 프로젝트로 웹을 하나 개발했다고 하면, 그 속에서 느낀 어려운 점, 그것을 어떻게 극복했는지, 앞으로 이 경험을 통해 어떻게 성장해 나갈 것인지 등을 정리하는 습관을 들여봅시다.

개발 포지션 종류

소프트웨어 개발 포지션은 나누기에 따라 수십 개에서 수백 개까지 세분화될 수 있습니다. 여기서는 국내 시장에서 크게 나누는 기준으로 개발 포지션에 대해 설명하겠습니다.

웹 - 프런트엔드

프런트엔드는 웹 화면 또는 모든 소프트웨어의 화면(GUI)을 만드는 포지션을 말합니다. 자바스크립트^{JavaScript}를 기반으로 하는 언어를 주로 사용합니다. 과거에는 순수 HTML, CSS, 자바스크립트를 사용해서 화면을 개발했지만, 최근에는 Anular.js, React.js, Vue.js 등 자바스크립트 기반

프레임워크(Framework)
소프트웨어 개발에 바탕이 되
는 템플릿과 같은 역할을 하
는 클래스와 인터페이스의 집
합이다. 단순하게는 미리 만
들어 놓은 소스코드의 집합이
라고 생각하면 된다.

의 프레임워크를 사용하는 추세입니다. 백엔드 포지션보다 상대적으로 눈으로 결과를 확인하기 쉽기 때문에 러닝커브가 낮다고 생각할 수 있지만, 프레임워크나 라이브러리의 원리와 사용 이유 등 근본적인 기술을 깨우쳐야 하는 부분이 있어 러닝커브가 꼭 낮다고는 할 수 없는 분야입니다.

웹 – 백엔드

다른 말로 '서버' 개발자라고 하며, 이름 그대로 '서버'를 개발하는 포지션을 말합니다. 프런트엔드가 사용자가 눈으로 볼 수 있는 것을 개발하는 포지션이라면, 백엔드는 사용자가 볼 수 없는 로직들을 컨트롤하는 소스코드를 만드는 포지션입니다. 예를 하나 들어봅시다. '회원가입' 기능을 구현한다고 하면, '회원가입' 버튼과 화면을 만드는 것이 프런트엔드 개발자의 역할이고, 사용자가 '회원가입' 버튼을 눌렀을 때 일어나는 일(화면 전환, 데이터베이스 전송, 결과 전송 등)을 구현하는 것이 백엔드 개발자의 역할입니다.

프런트엔드와 달리 백엔드 포지션은 사용하는 언어가 다양합니다. 국내에서는 자바를 많이 사용하고 자바스크립트, 파이썬^{python}, 루비^{ruby}, Go, C#, C++, PHP 등을 사용하는 회사도 많습니다. 필연적으로 데이터와 보안을 처리해야 하므로 데이터베이스 지식과 약간의 보안 지식도 필수라고 할 수 있습니다.

데브옵스

데브옵스^{DevOps}는 Development(개발)와 Operations(운영)의 합성어로, 소프트웨어 개발자와 정보 기술 전문가 간의 소통, 협업, 통합을 강조하는 개발환경을 의미합니다. 데브옵스 개발자는 소프트웨어 개발 과정의 코딩, 빌드, 테스트, 릴리즈(배포), 구성, 모니터링 등 하나의 사이클이 원활하게 돌아갈 수 있는 환경을 지원하는 역할을 합니다. 데브옵스 엔지니어가 하는 일을 프런트엔드와 백엔드처럼 정확하게 정의할 수는 없습니다. 많은 경험을 필요로 하는 포지션이기 때문에 신입이 해당 포지션을 바로 수행하는 데는 무리가 있습니다.

모바일 개발 – iOS, 안드로이드

모바일 개발은 프런트엔드 개발의 한 종류라고 볼 수 있지만 그 경계가 뚜렷하지는 않습니다. 모바일 개발은 다른 말로 '앱 개발'이라고 하는데, 앱 스토어에 등록할 수 있는 앱을 만드는 iOS 개발자, 구글플레이 스토어에 등록할 수 있는 앱을 만드는 안드로이드 개발자로 나눌 수 있습니다. 모바일 개발자도 프런트엔드와 마찬가지로 인기 있는 포지션이기 때문에 러닝커브가 낮아 보일 수 있지만 단순히 운영체제에서 제공하는 API를 갖다 쓰는 정도가 아닌 여러 최적화 기법이나, 알고리즘 등을 잘 알고, 필요에 따라 사용할 수 있어야 합니다.

게임 개발

게임 개발은 개발의 범위가 아주 넓지만 수요와 공급이 웹 개발만큼 많지 않습니다. 프런트엔드와 백엔드 개발을 모두 포함하고 웹보다는 모바일과 PC, 온라인 게임 개발에 대한 수요가 높습니다. 처음부터 끝까지 소스코드를 작성하면 너무 시간이 오래 걸리기 때문에 대다수의 게임 개발자들은 게임 엔진이라는 것을 사용합니다. 게임 엔진도 프레임워크와 마찬가지로 게임 개발에 필요한 것을 미리 생성해 둔 템플릿이라고 생각하면 됩니다. 게임 엔진을 사용하는 개발에는 C# 기반의 유니티^{Unity}를 사용하는 비율이 압도적입니다.

임베디드

임베디드^{Embeded} 개발은 소형 전자기기나 자동차, 기계, 공장, 센서 등 우리가 흔히 아는 웹과 앱이 아닌 다른 기기에 탑재되는 소프트웨어 개발을 의미합니다. 라즈베리 파이를 이용해서 개발하는 것도 임베디드 개발에 해당됩니다. 즉 앱이나 웹에 응용프로그램으로 사용할 수 있는 것을 만드는 것이 아닌 프레임워크 자체 등을 개발하는 것도 임베디드 개발에 해당합니다. 주로 리눅스 환경에서 C, C++ 언어를 사용해 개발하며 운영체제 레벨까지 제어하는 경우도 많기 때문에 운영체제와 커널, 시스템 프로그래밍에 대한 이해가 필요합니다. 소프트웨어 지식뿐 아니라 컴퓨터 구조, 전자회로 등에 대한 지식도 필요해서 주로 전자/전기 공학 전공자가 많은 편이라고 합니다.

데이터

최근 몇 년간 데이터^{Data} 관련 포지션의 수요와 공급이 꾸준하게 증가하고 있는 추세이며, 인공지능 열풍으로 인해 각광받는 분야이기도 합니다. 데이터 관련 직업으로는 데이터 분석가, 엔지니어, 데이터 사이언티스트, AI 엔지니어, AI 리서처 등 다양하게 나뉘고, 데이터를 주고받는 환경을 만드는 포지션, 데이터를 가지고 분석하는 포지션, 인공지능 모델 성능 향상을 위해 모델링을 하는 포지션 등으로 나뉩니다.

보안

보안도 웹 보안, 네트워크 보안, 운영체제 보안, 프로그램 보안 등 여러 분야로 나뉘게 됩니다. 주로 해킹의 위협으로부터 데이터를 보호하는 프로그래밍을 하며 암호학 등 보안을 구현하기 위한 수학적 지식을 깊게 이해해야 하므로 러닝커브가 높고, 수요와 공급이 적은 포지션 중 하나입니다.

연구 및 모델링

개발보다는 특정 분야에 대해 연구^{Research}하는 포지션을 말합니다. 프로그래밍 언어나 기술에 대해 알고리즘 연구 및 성능 향상을 도모하는 데 집중합니다. 주로 석사나 박사 학위가 있어야 하는 포지션입니다.

포지션 로드맵

이와 같이 개발자 분야에는 다양한 포지션이 존재합니다. 여기서는 가장 많은 포지션을 차지하는 '웹 개발'에 대한 로드맵을 소개합니다. 아래 로드맵([그림 1-7]~[그림 1-9])은 kamranahmedse에서 제공한 developer-roadmap의 내용을 한국어로 번역한 것입니다. 이 로드맵으로 각 포지션에 대한 방향과 앞으로 무엇을 배워야 할지 살펴보고 트렌드를 그저 좇기보다는 각 포지션에 꼭 필요한 내용을 인지하고 있도록 합시다.

이 로드맵은 매년 업데이트되므로 https://github.com/kamranahmedse/developer-roadmap의 해당 리포지토리에서 Watch하거나 Fork 해놓고 결과를 추적해봐도 좋을 것 같습니다.

Watch
깃허브에서 관심있는 저장소 (레포지토리)를 구독하는 기능이다.

Fork
깃허브에서 관심있는 저장소를 내 저장소로 그대로 복사해오는 기능이다.

웹 개발자

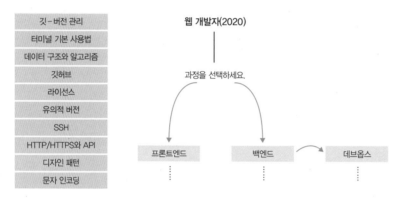

[그림 1-6]
웹 개발자 로드맵

위 로드맵처럼, '웹 개발자'는 크게 '프런트엔드'와 '백엔드'로 나뉘고, '백엔드'에는 '데브옵스'가 약간 걸쳐져 있습니다. 프런트엔드, 백엔드, 데브옵스가 공통적으로 알아야 할 것이 있고 '프런트엔드'와 '백엔드', '데브옵스'에 따라 깊게 배워야 하는 부분이 있습니다. 아직 진로를 결정하지 않은 분이라면 [그림 1-7]~[그림 1-9]를 참고해서 내가 어떤 포지션에 적합할지 생각해봅시다.

프런트엔드

프런트엔드 개발자는 사용자에게 보여지는 부분을 만들게 됩니다. 웹 화면을 코드로 그리는 것이죠. 그렇기 때문에 무언가 조립하고 만드는 것을 좋아했던 사람이라면 프런트엔드가 적성에 맞을 수 있습니다. 프런트엔드 개발자가 되려면 가장 기본이면서 필수로, 그리고 아주 깊은 수준까지 이해해야 하는 부분이 'HTML과 CSS'입니다. 모든 화면은 HTML, CSS로 구성되어 있고, 이 화면을 동작하게 하는 자바스크립트도 필수입니다. 그리고 '웹' 개발에 필요한 기본적인 네트워크, 브라우저의 동작 원리도 알고 있어야 합니다.

백엔드

프런트엔드가 '화면에 보이는 모든 것을 만드는 일'이라고 정의할 수 있다면, 백엔드가 하는 일은 하나로 꼬집어서 말하기가 좀 애매합니다. 생각보다 넓은 분야이기 때문이죠. 서버 관리, 데이터베이스 관리, 데이터 분석 엔지니어링, 분산시스템을 만드는 개발자까지 모두 '백엔드' 영역에 속합니다. 코드를 안정적이고 효율적으로, 그리고 논리적으로 만드는 것에 보람을 느끼는 사람이라면 백엔드가 적성에 맞을 수 있습니다. 프런트엔드처럼 HTML, CSS에 대해 깊게 알지 않아도 되지만 어느 정도는 알아야 하며 여러 가지 서버 언어와 데이터베이스에 대해서도 심도있는 공부가 필요합니다. 마찬가지로 웹을 다루는 영역이기 때문에 네트워크와 웹 동작 구조에 대한 이해도 수반되어야 합니다.

데브옵스

데브옵스는 앞서 언급했듯, '개발(Dev)'과 '운영(Ops)' 사이에서 발생할 수 있는 충돌을 완화해주는 인프라를 구성하는 일을 주로 담당합니다. 그렇기 때문에 개발과 운영 단위에서 여러 플랫폼과 언어를 사용해본 경험, 최적화를 시킨 경험이 상대적으로 중요할 수 있습니다. 일단 프로그래밍 언어와 플랫폼, 프레임워크에 대한 이해도가 수반되어야 하며 여러 운영체제의 차이에 대해서도 공부해야 합니다. 데브옵스의 핵심 업무는 '성능을 끌어올리는 일'이라고 할 수 있습니다. 따라서 시스템 성능을 더 잘 이해할 수 있도록 모니터링하는 방법, 배포를 위한 클라우드 디자인 패턴 등의 요소도 잘 알아야 데브옵스 개발자가 될 수 있습니다.

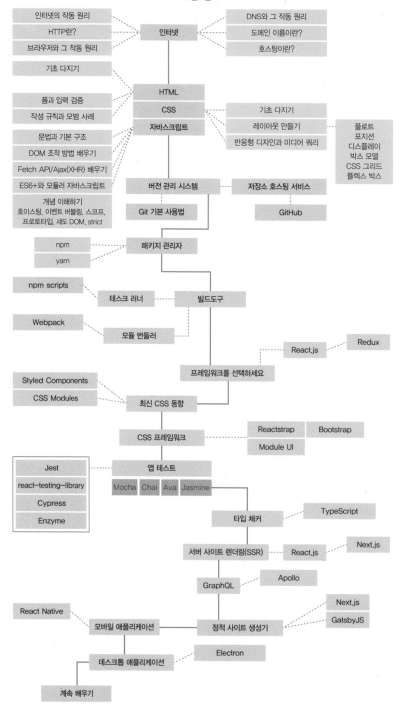

[그림 1-7]
프런트엔드 로드맵

인터넷의 작동 원리

HTTP란?

브라우저와 그 작동 원리

기초 다지기

인터넷

DNS와 그 작동 원리

도메인 이름이란?

호스팅이란?

HTML

품과 입력 검증

작성 규칙과 모범 사례

CSS

기초 다지기

레이아웃 만들기

반응형 디자인과 미디어 쿼리

플로트
포지션
디스플레이
박스 모델
CSS 그리드
플렉스 박스

문법과 기본 구조

DOM 조작 방법 배우기

Fetch API/Ajax(XHR) 배우기

ES6+와 모듈러 자바스크립트

개념 이해하기
호이스팅, 이벤트 버블링, 스코프,
프로토타입, 섀도 DOM, strict

자바스크립트

버전 관리 시스템

Git 기본 사용법

저장소 호스팅 서비스

GitHub

npm

yarn

패키지 관리자

npm scripts

태스크 러너

빌드도구

Webpack

모듈 번들러

React.js

Redux

프레임워크를 선택하세요

Styled Components

CSS Modules

최신 CSS 동향

CSS 프레임워크

Reactstrap

Bootstrap

Module UI

Jest

react-testing-library

Cypress

Enzyme

앱 테스트

Mocha Chai Ava Jasmine

타입 체커

TypeScript

서버 사이트 렌더링(SSR)

React.js

Next.js

GraphQL

Apollo

React Native

모바일 애플리케이션

정적 사이트 생성기

Next.js

GatsbyJS

데스크톱 애플리케이션

Electron

계속 배우기

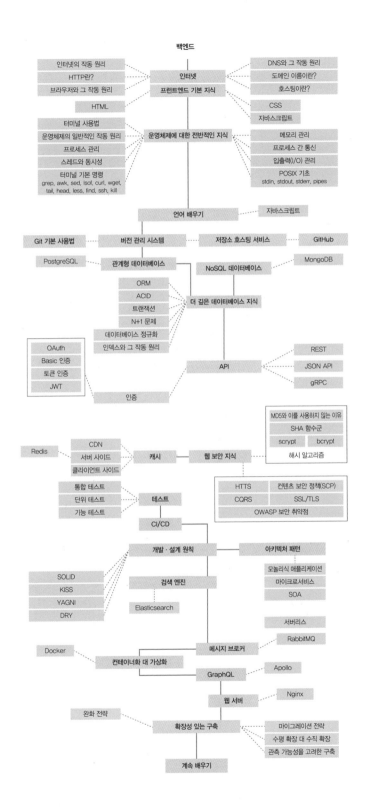

백엔드

인터넷의 작동 원리
HTTP란?
브라우저와 그 작동 원리
HTML

인터넷
프런트엔드 기본 지식

DNS와 그 작동 원리
도메인 이름이란?
호스팅이란?
CSS
자바스크립트

터미널 사용법
운영체제의 일반적인 작동 원리
프로세스 관리
스레드와 동시성
터미널 기본 명령
grep, awk, sed, lsof, curl, wget,
tail, head, less, find, ssh, kill

운영체제에 대한 전반적인 지식

메모리 관리
프로세스 간 통신
입출력(I/O) 관리
POSIX 기초
stdin, stdout, stderr, pipes

언어 배우기
자바스크립트

Git 기본 사용법
버전 관리 시스템
저장소 호스팅 서비스
GitHub

PostgreSQL
관계형 데이터베이스
NoSQL 데이터베이스
MongoDB

ORM
ACID
트랜잭션
N+1 문제
데이터베이스 정규화
인덱스와 그 작동 원리

더 깊은 데이터베이스 지식

OAuth
Basic 인증
토큰 인증
JWT

API

REST
JSON API
gRPC

인증

MD5와 이를 사용하지 않는 이유
SHA 함수군
scrypt   bcrypt
해시 알고리즘

Redis
CDN
서버 사이드
클라이언트 사이드

캐시
웹 보안 지식

통합 테스트
단위 테스트
기능 테스트

테스트

HTTS   컨텐츠 보안 정책(SCP)
CQRS   SSL/TLS
OWASP 보안 취약점

CI/CD

개발 · 설계 원칙
아키텍처 패턴

SOLID
KISS
YAGNI
DRY

검색 엔진

Elasticsearch

모놀리식 애플리케이션
마이크로서비스
SOA

서버리스
RabbitMQ

Docker
컨테이너화 대 가상화

메시지 브로커

GraphQL
Apollo

웹 서버
Nginx

완화 전략
확장성 있는 구축

마이그레이션 전략
수평 확장 대 수직 확장
관측 가능성을 고려한 구축

계속 배우기

[그림 1-9]
데브옵스 로드맵

데브옵스

프로그래밍 언어 배우기

Go

무슨 언어를 선택할지보다 운영
자동화를 위해 프로그래밍 지식을
쌓아두는 것이 중요합니다.

프로세스 관리
스레드와 동시성
소켓
POSIX 기초
네트워크 개념

시스템 스타트업 관리

운영체제의 다양한 개념 이해하기

서비스 관리

입출력 관리
가상화
메모리/스토리지
파일 시스템

운영체제

서버 관리 익히기

tmux

리눅스
FreeBSD
우분투
CentOS
RHEL

터미널 마스터하기

문자열 조작
awk, sed, grep, sort, uniq, cat, cut,
echo, fmt, tr, nl, egrep, fgrep, wc

Bash 스크립트
Vim/Nano/PowerShell/Emacs

네트워크, 보안, 프로토콜

프로세스 모니터링
ps, top, htop, atop, lsof

시스템 성능
nmon, iostat, sar, vmstat

HTTP
HTTPS
FTP
SSL/TLS
SSH
포트 포워딩

네트워크
nmap, tcpdump, ping, mtr, traceroute,
digairmon, airodump, iptable, netstat

기타
strace, dtrace, systemtap,
uname, df, history

___의 정의와 사용 방법

Nginx

리버스 프록시   캐시 서버
포워드 프록시   로드 밸런서
방화벽

웹서버

Istio
Consul

코드로서의 인프라스트럭처 배우기

서비스 메쉬

CI/CD 도구 배우기

컨테이너   구성 관리(형상 관리)   컨테이너 오케스트레이션   인프라스트럭처 프로비저닝

Gitlab CI   Jenkins
GitHub   Circle CI
Actions

Docker   Ansible

Kubernetes

Terraform

소프트웨어와 인프라스트럭처 모니터링 방법 배우기

인프라스트럭처 모니터링

Prometheus

애플리케이션 모니터링

Grafana

Elastic Stack

로그 관리

Jaeger   New Relic

AWS

클라우드 서비스 공급자   클라우드 디자인 패턴

Digiral Ocean

계속 배우기

1장을 마치며

개발의 세계에 발을 들인다는 것은 목적지 없는 배의 출항과 같다고 생각합니다. '코딩'이라는 세계가 망망대해처럼 넓고 알아야 할 것이 너무 많아서 막막하다고 느껴지기도 할 것입니다. 1장의 개발 문화와 관련된 내용들이 여러분에게 조금이나마 개발이라는 세계에 발돋움할 수 있는 발판이 되었으면 좋겠습니다.

개발자에겐 **상식**
비전공자에겐 **고급지식**

개발자
상식

개발자가 되기 전에
알았어야 할 것들

프로그래밍 언어는 어떻게 선택해야 할까요? 고민하지 않고 바로 시작할 수 있는 언어가 있다면 좋겠지만 아직까지 그렇게 완벽한 프로그래밍 언어는 존재하지 않습니다. 또 내가 원하는 프로그래밍 언어만 사용할 수 있는 것도 아닙니다. 우리가 '한국어'를 사용하고 있지만 미국에 가면 영어를, 프랑스에 가면 불어를 사용해야 하는 것처럼 상황에 따라 프로그래밍 언어를 선택해야 합니다. 각 언어마다 장단점이 존재하고 개발해야 하는 내용에 따라 사용해야 하는 프로그래밍 언어도 달라질 수 있습니다.

"어떤 프로그래밍 언어를 선택해야 할까요?"라는 질문을 두고 아주 많은 논쟁이 벌어지고 있습니다. 논쟁이 존재한다는 것은 해답이 있는 질문이 아니라는 뜻이 되겠죠. 제가 여러분에게 해답을 줄 수는 없지만, 프로그래밍 언어를 선택하는 데 도움을 줄 수는 있습니다! 어떤 요소를 고려해서 어떤 상황에서 어떤 프로그래밍 언어를 선택하고 공부해야 할지 지금부터 살펴봅시다.

1. 좋아하는 언어를 선택하는 것이 아니다

인기 있는 프로그래밍 언어

최근 '개발 열풍' '코딩 광풍'이 불면서 프로그래밍 언어에 대한 관심도 점점 가열되고 있는 추세입니다. '코딩'을 배우고자 할 때 처음 맞이하는 고난은 바로 프로그래밍 언어 선택입니다. 당연히 수요가 많고 인기가 많은 언어를 선택하고 싶겠죠? 하지만 '인기 있는 프로그래밍 언어'가 매우 많아서 이 안에서 선택하는 것조차 어려울 지경입니다. IT 기술이 발전함에 따라 프로그래밍 언어들은 각 언어의 단점을 보완하며 끊임없이 진화하고 있습니다. 점점 더 새롭고 강력한 언어가 생겨나고 있죠.

이 결정에 도움을 줄 수 있도록 네덜란드 프로그래밍 언어 인기도 평가기관 '티오베TIOBE'는 프로그래밍 언어별 인기도를 나타내는 지수를 매달 공개하고 있습니다. 티오베는 오랫동안 프로그래밍 언어 관련 데이터를 수집, 분석하고 있는 기관이기도 합니다. 평가는 전 세계 엔지니어, 코스 및 타사 공급 업체 수를 기반으로 진행되고 구글Google, 빙Bing, 야후Yahoo, 위키피디아Wikipedia, 아마존Amazon, 유튜브Youtube 등 대형 검색 엔진이 등급을 계산하는 데 사용되므로 신뢰할 수 있는 자료이기도 합니다.

[그림 2-1]
'티오베'가 집계한
프로그래밍 언어별
인기도

Mar 2023	Mar 2022	Change		Programming Language	Ratings	Change
1	1			Python	14.83%	+0.57%
2	2			C	14.73%	+1.67%
3	3			Java	13.56%	+2.37%
4	4			C++	13.29%	+4.64%
5	5			C#	7.17%	+1.25%
6	6			Visual Basic	4.75%	-1.01%
7	7			JavaScript	2.17%	+0.09%
8	10	^		SQL	1.95%	+0.11%
9	8	v		PHP	1.61%	-0.30%
10	13	^		Go	1.24%	+0.26%
11	9	v		Assembly language	1.11%	-0.79%
12	15	^		MATLAB	1.08%	+0.28%

출처
https://www.tiobe.com/
tiobe-index/

[그림 2-1]은 티오베가 집계한 2023년 3월 기준 프로그래밍 언어별 인기도를 나타낸 그림입니다. 2022년 7월까지만 하더라도 꽤 오랫동안 C 언어(이하 C)가 1위를 꾸준히 차지하고 있었습니다. 하지만 2022년 8월부터 파이썬이 티오베 지수에서 처음으로 1위를 차지하고 계속해서 1위를 차지하고 있는 형세를 보입니다. 일단 파이썬은 가장 접하기 쉽고 배우기 쉬운 언어로 손꼽힙니다. 그리고 빠른 성능이 중요한 임베디드 시스템을 제외하면 어디든 사용할 수 있는 언어이기도 합니다. 하지만 국내 웹 개발 시장에서 파이썬의 웹 프레임워크 장고는 점유율이 높지 않으므로, 개인적인 생각으로는 파이썬이 인기 언어가 된 이유는 배우기 쉬운 점과 인공지능의 열풍 덕이 아닌가 생각해봅니다.

2위는 C언어입니다. C는 가장 잘 알려진 언어기도 하고 오래전부터 꾸준히 사용되는 언어기도 합니다. 웹, 앱 개발에 있어서 C는 거의 사용되지 않지만 메모리 최적화에 따른 성능이 뛰어나고 빠른 언어입니다. 파이썬 언어는 변수 타입을 미리 할당하지 않는 '동적 언어'라는 특성 때문에 느립니다. 때문에 임베디드 시스템에서는 C의 사용 빈도가 부동의 1위입니다. IoT, 소형 디바이스 등 임베디드 장비가 다양해지고 있으므로 앞으로도 꾸준히 사용될 언어기도 합니다.

3위는 자바입니다. 자바는 C 다음으로 익히 알려져 있는 언어입니다. 자바는 2020년에는 1위였던 언어기도 하고 C와 자바가 서로 1위를 다투는 양상이 오랫동안 지속되었기도 합니다. 자바는 안드로이드 개발에 많이 사용하는 언어입니다. 하지만 자바를 대체할 수 있는 언어들이 많이 등장하면서 인기가 조금 하락했다고 볼 수 있겠습니다.

- **R**: 통계 및 그래프 작업을 위한 인터프리터^{interpreter} 프로그래밍 언어로 주로 통계 분석, 데이터 마이닝, 빅데이터, 머신러닝 등에 사용됩니다.

> 인터프리터(Interpreter) 프로그래밍 언어의 소스코드를 바로 실행하는 컴퓨터 프로그램 또는 환경이다.

- **펄**: C와 마찬가지로 인터프리터 언어로 유닉스 쪽에서는 기본 시스템으로 들어 있는 경우가 많고 C와 유사합니다.

컴파일(Compile) 언어
컴파일은 소스코드를 컴퓨터
가 이해할 수 있는 0과 1로
이루어진 기계어로 번역하는
작업을 의미한다. 컴파일 언
어는 인터프리터와 다르게
원시 코드를 기계어로 번역
한 뒤 실행하는 언어다.

- **Go**: 2009년 구글에서 처음 발표한 프로그래밍 언어로 C++의 복잡성을 개선한 언어로 유명합니다. 컴파일^{Compile} 언어이지만 속도가 빨라 인터프리터 언어처럼 사용할 수 있다는 것이 장점입니다.
- **스위프트**: 애플 iOS, MacOS를 위한 프로그래밍 언어로 애플 운영체제의 전용 언어인 오브젝티브-C^{Objective-C}와 함께 사용될 목적으로 개발되었습니다.
- **루비**: 사람에게 친숙한 언어를 지향하고 간결함과 생산성을 강조한 언어입니다. 파이썬과 유사한 면이 많은 반면에 대비되는 특징도 뚜렷해서 파이썬과 자주 비교가 되는 언어입니다.
- **코틀린**: IntelliJ IDEA의 개발사로 유명한 JetBrains에서 만든 언어입니다. 자바와 100% 상호 운용을 지원합니다.

2021년부터 파이썬이 급상승 추세를 보이기 시작하더니 결국에는 꾸준히 1위를 차지하고 있습니다. 예전에는 파이썬 외에 C, C++, C#, 자바, 자바스크립트, Visual Basic, SQL, PHP 등의 언어들이 큰 순위 변화가 없었었는데 최근에 데이터 분석과 인공지능 관련 언어 R, MATLAB 등이 상위권에 올라와 있는 것이 눈에 띄는 것 같습니다. 그러면 이렇게 많은 언어들 중에 어떤 언어를 선택해야 할까요? 단순히 인기도 1위인 파이썬이나 C, 자바 중에 선택하면 되는 걸까요?

인기 있는 언어를 선택하는 것이 아니다

"구멍을 파는 데는 칼이 끌만 못하고, 쥐 잡는 데는 천리마가 고양이만 못하다"라는 속담이 있습니다. 아무리 귀하고 값진 물건일지라도 용도에 맞게 쓰이지 않으면 빛을 볼 수 없음을 의미하는 속담인데요. 사과 10개를 포장해야 하는 상황에서, 배 박스가 예쁘다고 배 박스에 사과를 포장하면 별로 먹음직스러워 보이지 않는 것처럼, 아무리 좋은 도구도 상황에 맞게 쓰지 못하면 제 값을 못하게 됩니다.

[그림 2-2]
용도에 맞는 도구 사용의
중요성

처음 개발을 시작하는 입문자가 가장 많이 하는 실수 중 하나는, 어디에
사용할지를 생각하지 않고 프로그래밍 언어를 먼저 정한다는 것입니다.
물론 '인기' 역시 고려되어야 하는 요소 중 하나이긴 합니다. 많이 사용되
는 인기 있는 언어를 사용하는 것이 구직할 때 유리할 뿐 아니라 커뮤니
티가 잘 활성화되어 있어 공부할 때도 수월하기 때문입니다. 해당 언어의
커뮤니티가 잘 활성되어 있으면 내가 겪는 문제를 누군가도 겪었을 테니,
그 부분을 커뮤니티에서 쉽게 찾을 수 있어서 궁극적으로는 언어를 배우
는 것이 수월해집니다. 하지만 현재 인기가 많은 언어라고 해서 계속해서
인기가 많고 수요가 많은 것은 아닙니다.

파이썬의 인기가 높아진 지는 얼마 안 되었지만 파이썬은 사실 1991년에
출시되어 30년이나 사용되어 왔던 언어입니다. 그러다가 최근 경향이 누
구나 간단하게 코드를 작성하고 프로그램을 빠르게 개발해야 하는 작업

이 증가하면서 파이썬의 인기가 높아졌습니다. 또, 빅데이터, 인공지능 열풍으로 관련 라이브러리를 많이 가지고 있는 '파이썬'의 사용량이 확연히 늘기도 했습니다. 이처럼 언어의 인기는 상황에 따라, 트렌드에 따라 항상 변할 수 있습니다.

사용 목적에 따라 언어를 선택해야 한다

우리가 칼을 산다고 해보죠. 연필을 깎을 때 사용하는 칼과 과일을 깎을 때 사용하는 칼, 요리를 할 때 사용하는 칼, 모두 다른 칼을 사용하지 않나요? 물론 과일을 깎는 칼로 연필을 깎을 순 있겠지만 용도에 맞게 나온 칼을 사용하게 되죠. 이처럼 프로그래밍 언어를 고를 때도 가장 중요하게 고려돼야 할 점은 '사용 목적'입니다.

우리나라 기업에서 가장 많이 사용하는 언어가 '자바'라고 하기도 하고, 전 세계에서 인기 있는 언어 2위를 차지하고 있다고 하니 자바를 배워볼까 싶어 열심히 공부했다고 칩시다. 하지만 정작 내가 만들고 싶은 프로그램이 '게임'이라면 다시 C나 C#을 배워서 게임 프로그래밍을 시작해야 할 지도 모릅니다. 물론, 자바로 게임 프로그램을 만드는 방법은 찾으면 어떻게든 있겠지만, '게임'을 만드는 데 C와 C#을 사용하는 이유를 점점 느끼게 될 것이고 결국 새로 언어를 배워야 하게 될 가능성이 높습니다. 그렇다면 어떤 분야에 어떤 언어가 쓰이는지 한번 살펴보면서 내가 프로그래밍을 통해 만들고 싶은 작업이 어떤 것이고 그에 어울리는 언어는 어떤 것인지 살펴보겠습니다.

웹 – 프런트엔드

HTML, CSS, 자바스크립트, (타입스크립트) 등

웹 사이트를 개발할 때 필수로 사용되는 언어로는 HTML, CSS, 자바스크립트가 있습니다. 이 세 가지와 '웹 개발'은 떼려야 뗄 수 없는 관계입니다.

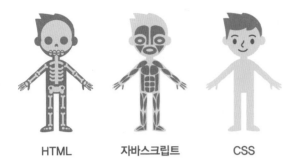

[그림 2-3]
웹 사이트 개발에
필요한 언어

HTML   자바스크립트   CSS

HTML이 없으면, 웹 사이트의 뼈대, 골격을 만들 수 없고, CSS가 없다면 웹 사이트를 꾸밀 수 없게 됩니다. 특히 자바스크립트 없이 HTML, CSS로 이루어진 웹 사이트는 단순 '문서'에 지나지 않습니다. 웹 사이트가 단순 텍스트와 이미지로만 이루어져 있다면 어떨까요? 우리가 평소 이용하는 웹 사이트는 여러 애니메이션 효과나 시각적인 효과가 많이 들어 있어 웹을 이용하는 환경에 대한 경험을 풍부하게 만들어줍니다. 우리가 웹 사이트를 탐색할 때 지루하지 않게요. 그러한 시각적인 효과, 웹 문서를 움직이게 하는 것이 바로 '자바스크립트'입니다. 그렇기 때문에 자바스크립트를 잘 쓸 줄 알아야 사용자에게 다양하고 재미있는 경험을 선사할 수 있는 웹 개발자가 될 수 있겠죠.

요즘은 프레임워크 사용으로 인해 순수하게 HTML, CSS, 자바스크립트로 개발하는 경우는 많지 않지만 프레임워크를 사용하더라도 HTML, CSS, 자바스크립트에 대한 깊은 이해가 있는 것이 좋습니다. 이 세 가지에 대한 기초만 잘 잡혀 있다면, 각 프레임워크에 맞는 문법과 흐름만 공부해서 프레임워크를 사용할 수 있기 때문입니다. 우리가 수학 문제를 풀때 문제 유형에 대한 답을 외우는 식으로 공부했을 경우, 그 문제를 조금만 바꿔 응용문제로 출제되면 풀 수 없게 됩니다. 하지만 어떤 이론에 대한 원론적인 개념을 잘 이해한다면 어떤 응용문제가 나와도 잘 해결할 수 있죠? 이와 마찬가지입니다.

최근 자바스크립트에 타입이 추가되어 보완된 타입스크립트^{TypeScript}의 사용 추이도 높아지고 있습니다. 마찬가지로 자바스크립트를 잘 이해했다면 자바스크립트를 타입스크립트로 전환하여 사용하는 데 큰 무리가 없을 것입니다. 결론적으로 프런트엔드 개발자가 되려면 HTML, CSS, 자바스크립트를 먼저 익힌 뒤, 자바스크립트 프레임워크인 React.js, Anular.js, Vue.js를 다뤄보거나 타입스크립트를 공부하는 것을 추천합니다.

웹 – 백엔드

자바스크립트(Node.js), 자바(스프링), C++, 파이썬(장고), Go, 루비(레일즈), PHP 등

백엔드는 프런트엔드에 비해 언어를 선택할 수 있는 폭이 넓습니다. 그렇기 때문에 개발환경 또는 서비스환경 및 규모를 고려해서 언어의 장단점을 비교해보고 선택하는 것이 중요합니다. 백엔드에 사용할 수 있는 언어 몇 가지와 특징을 소개하겠습니다. 결정은 여러분의 몫입니다.

MVC 패턴
Model, View, Controller의 머리글자로 하나의 프로젝트를 구성할 때 그 구성 요소를 세 가지 역할로 구분한 패턴이다.

객체지향(Object-Oriented)
데이터와 기능을 '객체'로 만들어 사용하는 프로그래밍 방법이다.

런타임(Runtime)
프로그램이 실행되고 있을 때 존재하는 환경이다.

- **PHP:** 빠른 백엔드 개발이 가능하고 개발환경 설정이 다른 언어에 비해 비교적 간단하지만 보통 백엔드에서 취하는 MVC 패턴을 사용하지 않아도 되기 때문에 유지보수가 어렵다는 단점이 있습니다. 웹 개발을 시작하거나 중소규모 웹 개발 프로젝트에 적합하며 최근 트렌드와는 다소 뒤떨어진 감이 있습니다.
- **자바:** 순수 객체지향 언어이기 때문에 다른 언어보다 유지보수가 용이하므로 대규모 프로젝트에서도 많이 사용합니다. 우리나라 기업에서 가장 많이 사용하는 웹 프레임워크 스프링Spring도 자바 기반으로 되어 있습니다.
- **자바스크립트:** 원래 프런트엔드 개발 언어로 알려져 있었지만 Node.js라는 자바스크립트 런타임이 생겨나면서 서버까지 자바스크립트로 구현하는 것이 가능해졌습니다. 따라서 자바스크립트를 배우면 프런트엔드, 백엔드 둘 다 만들 수 있습니다. 그리고 Node.js의 비동기방식이라는 특성 때문에 요청이 잦은 웹 개발에 적합합니다.

57

- **파이썬:** 웹 개발 언어가 아닌 범용 언어이지만 파이썬 백엔드 개발 프레임워크인 장고^{Django}는 대규모 프로젝트 백엔드 개발에도 사용할 수 있습니다. 하지만 스프링보다는 제한적인 부분이 많아 아직 보편적으로 사용하는 백엔드 언어는 아닙니다.

또, 백엔드 개발자는 '데이터베이스^{DataBase}'를 많이 다루게 되므로 서비스에서 다루게 되는 데이터의 성향과 특징에 따라 데이터베이스 종류를 선택해야 할 수도 있습니다. 데이터베이스에 대한 이야기는 6장에서 좀 더 자세히 다루겠습니다.

모바일 개발

자바(안드로이드), 코틀린(안드로이드), 오브젝티브-C(iOS), 스위프트(iOS), 다트(플러터), 자바스크립트(리액트 네이티브) 등

모바일 개발은 흔히 안드로이드와 iOS 개발로 나뉘고 사용하는 언어도 다릅니다. 안드로이드의 경우 자바, 코틀린을 사용하고 iOS의 경우 오프젝트-C, 스위프트를 사용합니다. 하지만 안드로이드와 iOS 모두 개발 가능한 네이티브^{Native} 언어와 플랫폼도 있습니다. 다트^{Dart}라는 언어를 사용한 플러터^{Flutter}, 자바스크립트를 사용한 리액트 네이티브^{React Native}가 대표적입니다.

데스크톱 프로그래밍, 임베디드 프로그래밍

C, C++, C#, 어셈블리어, 다트(플러터), 자바스크립트(일렉트론) 등

데스크톱 프로그래밍이란 것은, 윈도우즈 운영체제에서 실행되는 전통적인 윈도우즈 기반 프로그램을 말합니다. 다른 말로는 '응용 프로그래밍'이라고도 합니다. 윈도우즈 운영체제 자체가 C 기반으로 만들어져 있기 때문에 윈도우즈 기반 응용 프로그램을 개발하기 위해서는 C로 만들어진 API 함수를 가지고 개발해야 하므로 주로 C를 사용합니다. 꼭 C와 C++가 아니더라도 C#, 다트, 자바스크립트와 같은 다른 언어와 도구를 사용해서도 개발이 가능합니다.

임베디드 프로그래밍은 하드웨어 제어를 위한 로직을 만드는 프로그래밍을 의미하며 데스크톱 프로그래밍과 마찬가지로 C를 주로 사용합니다.

게임 프로그래밍

C#(유니티), C, C++

게임을 만드는 것은 일반 소프트웨어 프로그래밍과는 조금 다릅니다. 게임 개발을 위한 언어는 아주 많지만 C, C++, C#으로 이루어진 하위 언어로 개발하므로 주로 사용하는 언어는 C, C++, C#이라고 봐도 무방합니다. 그 외 인터페이스나 데이터 작업을 위한 SQL, 자바스크립트, HTML, 자바가 필요할 수도 있습니다.

AI(인공지능), ML(머신러닝)

파이썬, R

인공지능은 전문성이 상대적으로 높은 기술 중 하나이지만, 필요한 언어는 단순한 파이썬을 주로 사용하게 됩니다. 구문이 단순하고 이해하기 쉽기 때문에 복잡한 AI 모델링 작업도 손쉽게 구현할 수 있다는 장점이 있습니다. 리스프[Lisp], 프롤로그[Prolog], 자바스크립트 등 다른 언어로도 개발할 수 있지만 AI와 데이터 분석 쪽에서 주로 사용하는 언어의 비중은 파이썬과 R이 압도적으로 많습니다.

좋아하는 언어를 선택하는 것이 아니다

백엔드 개발자가 되기 위해 열심히 자바스크립트를 공부한 개발자 A씨가 있었습니다. A씨는 자바스크립트를 공부하면서 자바스크립트의 매력에 푹 빠져 버렸습니다. 그리고 웹 서버를 개발할 때 모두 자바스크립트만을 사용하면서 경력을 쌓아가던 중 이직을 해야 할 상황이 되었습니다. 이직을 하는 곳의 포지션도 '백엔드' 개발자였지만 이직한 회사의 서비스는 성능과 속도가 매우 중요했기 때문에 백엔드 언어로 'Go' 프로그래밍 언어를 사용한다고 합니다. 한 번도 Go를 접해본 적도, 다른 백엔드 개발 언어를 사용해본 적도 없는 A씨는 고민에 빠지게 됩니다.

여러 환경에 따라, 서비스의 특성에 따라 사용하고 있는 언어와 스택이 통째로 바뀔 수도 있고, 생각보다 그런 일이 비일비재합니다. 여기서 A씨가 Go를 사용해본 적이 없다고 해서 해당 포지션을 포기해버린다면 어떻게 될까요? A씨는 단순히 백엔드를 개발'만' 할 수 있는 개발자로 전락해 버릴 것입니다. '잘'하는 개발자가 되려면 돌아가기만 하는 프로그램을 만드는 것에서 그치는 것이 아닌, 실행속도, 개발속도, 안정성까지 끌어올릴 수 있어야 합니다. 따라서 내가 좋아하는 언어를 고집하는 것이 아닌 서비스에 따른 성능을 최적화시킬 수 있는 언어를 선택하는 것 또한 중요합니다. 언어의 '목적성'을 만족했다면 이제 그 이후 고려할 것은 무엇이 있을까요? 크게 언어의 '실행속도', '개발속도', '안정성'을 고려해 볼 수 있습니다.

실행속도

개발해야 할 프로그램이나 서비스에서 '속도'가 중요한 부분을 차지할 수도 있습니다. 고성능 연산이 반복적으로 필요한 소프트웨어가 이에 해당합니다. 그리고 언어의 실행속도를 이야기할 때 꼭 짚고 넘어가야 하는 개념이 있는데 바로 '컴파일 타임Compile Time'과 '런타임Runtime' 입니다.

- **컴파일 타임:** 코드를 기계가 이해할 수 있는 언어인 '기계어'로 바꾸는 시간을 의미합니다. 이 과정을 거치면 소스코드는 기계어가 되어 실행가능한 상태로 바뀌게 됩니다.
- **런타임:** 프로그램을 실행할 때 한 줄씩 읽고 해석한 뒤, 실행하기 때문에 프로그램을 모두 실행하는 속도는 컴파일 언어보다 느립니다.

컴파일 타임을 사용하는 언어를 '컴파일 언어'라고 하며 런타임을 사용하는 언어를 '인터프리터 언어'라고 합니다. 좀 더 자세한 내용은 뒤에서 다루겠습니다.

컴파일 언어의 대표적인 예는 C, C++, 러스트가 있고, 인터프리터 언어의 대표적인 예로는 파이썬, 루비가 있습니다. 파이썬은 C++로 만들어져 있습니다. C++같은 컴파일 언어는 빠르지만 개발 편의성이 떨어지기 때문에 개발 편의성을 위해 인터프리터 언어를 만드는 데 사용되기도 합니다. 컴파일 언어는 인터프리터 언어보다 20~100배 이상 빠릅니다. 편의성이 떨어지므로 개발 과정이 좀 힘들더라도 최고의 성능, 효율, 속도를 위해 사용됩니다. 그리고 백엔드를 개발할 때 실시간(리얼타임, Realtime)으로 사용자와의 상호작용이 필요한 경우 이를 잘 지원해주는 언어로는 자바스크립트와 Go가 있습니다.

https://github.com/kostya/benchmarks의 리포지토리를 통해 언어별 속도와 성능을 비교할 수 있다.

개발속도

애자일 방법론 중에 '린 스타트업'이라는 것이 있습니다. 엄밀한 시장 조사, 치밀한 사업 계획을 통해 제품을 만드는 전통적인 경영 방식과는 달리 혁신적인 제품을 좀 더 빨리 개발해서 시장에 내놓는 것을 말합니다. 이런 환경에서 개발을 하려면 소프트웨어를 빠르게 개발해야 하므로 이때는 개발속도가 빠른 언어를 사용하는 것이 좋습니다. 개발속도가 빠르려면 개발 편의성이 좋은 언어를 사용해야 하는데 컴파일 언어를 사용한다면 매번 실행할 때마다 컴파일 과정을 거쳐야 하므로 불편하겠죠. 그렇기 때문에 파이썬, 자바스크립트, 루비, Go처럼 개발 편의성이 좋은 언어를 채택해야 합니다. 여기서 말하는 '개발 편의성'이 좋은 언어라고 하면 다음과 같은 특징이 있어야 합니다.

예를 들어, 오른쪽 소스코드는 동일하게 "Hello World!"를 화면에 출력하는 소스코드인데, 자바로는 5줄로, 자바스크립트로는 1줄로 처리할 수 있다.

- 편집-컴파일-실행^{Edit-Compile-Run} 주기가 짧다.

```
/* 자바 */
class MyClass {
    public static void main(String args[]) {
        System.out.println('Hello World !');
    }
}
/* 자바스크립트 */
alert('Hello World !');
```

- 언어가 간소하고 직관적인 구문을 사용한다.
- 사용하기 편하고 기억하기 쉬운, 적은 수의 기능이 있다.

안정성

조직도 크고, 사용자도 매우 많은 서비스를 개발해야 한다면 버그나 오류로부터 안전해야 합니다. 또 보안이 중요한 금융업 서비스에서도 안정성은 그 어느 요소 못지 않게 중요합니다. 그렇기 때문에 다른 언어에 비해 버그로부터 안전한 '함수형 프로그래밍 언어'를 사용하는 것이 좋습니다. 함수형 언어에 관한 내용도 뒤에서 자세하게 다루겠습니다. 함수형 프로그래밍은 함수가 함수 외부의 어떤 영향 때문에 의도한 결과가 의도한 대로 나오지 않는 현상, 즉 '사이드 이펙트Side Effect'를 없애기 위해 등장한 개념입니다. 함수를 거치고 난 뒤 결괏값이 항상 일정하도록 프로그래밍하는 방법이죠. 대표적인 예로 스칼라Scala, 하스켈Haskell, F#, 러스트 등이 있습니다. 단, '함수형 언어'라고 해서 무조건 함수형 프로그래밍만 지향하는 언어는 아닙니다. 스칼라의 경우는 함수형 언어이면서 동시에 객체지향 언어이기도 하니까요.

또 변수의 타입을 명시해야 하는 정적 언어가 변수의 타입을 명시하지 않는 동적 언어보다 버그가 발생할 확률이 적습니다. 이에 관한 내용도 뒤에서 자세하게 다루도록 하고, '정적타입 언어'가 타입 오류로 인한 문제가 적기 때문에 규모가 큰 프로젝트에서는 '동적타입 언어'보다는 '정적타입 언어'를 사용하는 것이 좋다는 것 정도만 알고 넘어갑시다.

어떤 프로그래밍 언어를 선택해야 할까

[그림 2-4]는 Carlcheo.com의 "Which Programming Language Should I Learn First?"라는 아티클의 이미지입니다.

[그림 2-4]

프로그램 언어 선택을 위한 순서도

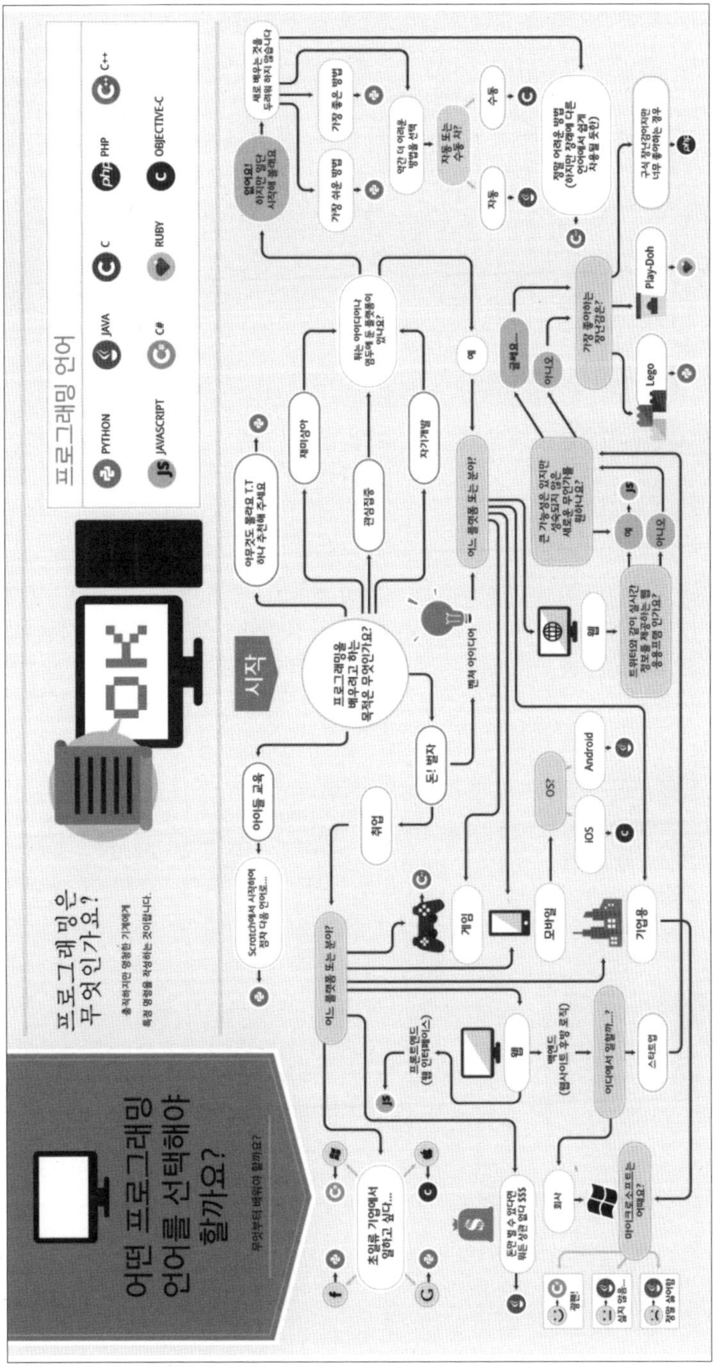
어떤 프로그래밍 언어를 선택해야 할까요?
무엇부터 배워야 할까요?
프로그래밍은 무엇인가요?
프로그래밍 언어
PYTHON
JAVA
C
PHP
C++
JAVASCRIPT
C#
RUBY
OBJECTIVE-C
시작
프로그래밍을 배우려고 하는 목적은 무엇인가요?
아이들 교육
돈! 벌자
취업
재미삼아
관심집중
자기개발
게임
모바일
웹
기업용
OS?
iOS
Android
Lego
Play-Doh
스타트업
회사

출처
http://carlcheo.com/startcoding

프로그래밍 언어를 선택할 때 고려해야 할 요소들을 순서도로 표현한 이미지를 번역한 것입니다. 위 순서도를 보며 내가 어떤 목적을 가지고 있는지, 어느 정도의 성능을 원하는지 쭉 따라가며 나에게 맞는 언어가 무엇인지 찾아보도록 합시다.

Carlcheo에서는 위 순서도 말고도 프로그래밍 언어를 '반지의 제왕'에 나오는 등장인물에 비유하기도 했는데 내용이 재밌어서 함께 읽어보면 좋을 것 같아 가져와 보았습니다.

출처
http://carlcheo.com/startcoding

등장인물	언어	내용
엔트(나무거인)	파이썬	초보자에게 최적인 프로그래밍 언어, 배우기에 가장 쉽고, AI, ML을 포함하여 광범위하게 사용할 수 있다.
간달프	자바	자바의 슬로건인 '한번 코딩, 모든 곳에서 사용'에 걸맞게 이식성이 좋다. 그렇기 때문에 모든 플랫폼, 운영체제나 기기 등에서 유용하고, 요구하는 곳이 다양하다. 몸값이 좋은 프로그래밍 언어 중 하나다.
절대 반지	C	프로그래밍 언어에 있어서 링구아 프랑카 같은 존재다. 링구아 프랑카는 서로 다른 모어를 사용하는 화자들이 의사소통을 하기 위한 공통어를 말한다. 가장 오래되고 많이 사용되는 언어 중 하나이며 시스템과 하드웨어 프로그래밍에 사용되는 언어다.
사루만	C++	C에 많은 기능이 추가된 확장 버전이며, 게임, 산업 등 성능 우선의 응용 프로그램을 개발하는 데 광범위하게 이용된다. C++를 배운다는 것은 자동차의 부품을 생산하여 조립하고 운전하는 것과 동일하다. 그만큼 복잡하고 광범위하다는 의미다.

[표 2-1]
'반지의 제왕' 등장인물에 비유한 프로그래밍 언어

이식성
다른 환경에서 동작하기 쉬운 성질이다. 일반적으로 저급언어는 이식성이 낮고 고급언어는 이식성이 높다.

등장인물	언어	내용
 호빗	자바스크립트	자바스크립트는 자바와 이름이 비슷해서 오해를 받곤 하지만 서로 완전히 다른 언어다. 가장 유명한 프런트엔드(클라이언트 쪽) 웹 스크립팅 언어다. 웹 개발자라면 반드시 알아야 하는 언어다.
 엘프	C#	.NET 프레임워크를 이용한 윈도우즈 프로그램이나 웹 사이트를 생성하는 데 많이 사용한다. 기본 문법과 특징이 자바와 비슷하며 자바 대신 윈도우즈 플랫폼에서만 동작하도록 개발할 때 추천하는 언어다.
 인간	루비	개인 프로젝트, 스타트업, 빠른 개발에 적합한 언어로 생산적인 코딩을 할 수 있도록 설계되었다. 루비 온 레일즈(Ruby on Rails)라는 프레임워크로 유명한 언어다
 오크	PHP	작고 간단한 웹 사이트를 구축하는 데 적합한 백엔드(서버 쪽) 스크립트 언어다. 적은 금액으로 개발할 수 있어 거의 모든 웹 호스팅 서비스 업체가 지원하는 언어다.
 스마우그	오브젝트-C	애플의 운영체제, iOS를 위해 사용되는 언어로 iOS, OSX 응용 프로그램만 개발한다면 이 언어에 집중할 필요가 있다.

2. 고급 언어와 저급 언어?

고급 언어 vs. 저급 언어

프로그래밍 언어의 종류를 나눌 때 '고급 언어'와 '저급 언어'로도 구분합니다. 언뜻 이름만 들으면 품질Quality이 좋은 언어와 그렇지 못한 언어라는 생각이 들 수 있는데 그 기준으로 저급 언어와 고급 언어를 나누는 것은 아닙니다.

고급 언어와 저급 언어를 나누는 기준은 "사람이 알아보기 쉬운지, 어려운지의 여부"를 기준으로 합니다. 사람이 잘 이해할 수 있고 친숙하면 '고급 언어', 컴퓨터가 이해하기 쉽고 가까운 언어이면 '저급 언어'로 분류합니다.

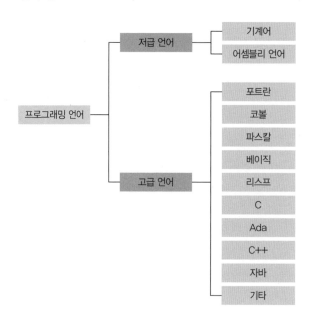

[그림 2-5]
저급 언어와 고급 언어의 종류

저급 언어

저급 언어Low-Level Language는 기계 중심의 언어로 컴퓨터가 이해하기 쉬운 2진법으로 이루어진 언어입니다. 컴퓨터가 바로 실행할 수 있어 실행 속도가 빠르지만 가독성 및 생산성이 낮습니다. 저급 언어의 종류에는 '기계어'와 '어셈블리어' 등이 있습니다.

- **기계어**: CPU가 직접 해독하고 실행할 수 있는 비트 단위로 쓰인 컴퓨터 언어를 통틀며 프로그램을 나타내는 가장 낮은 단계의 개념입니다. 그리고 기계어는 대부분 어셈블리어를 거쳐 짜여집니다.
- **어셈블리어**: 기계어를 사람이 이해하기 쉬운 기호와 1:1로 매핑해서 기호화한 프로그램 언어입니다. 기계와 바로 통신이 가능해 빠르게 기계를 제어할 수 있습니다. 최소한의 명령으로 이루어진 언어로 2진수 패턴을 사용하는 기계어와 비슷해 명령을 내릴 때 세밀한 조정이 필요합니다.

고급 언어

고급 언어High-Level Language는 일상적인 언어와 기호를 그대로 이용하는 사람 중심의 언어로, 하드웨어에 대한 지식이 없어도 프로그래밍을 작성할 수 있고, 생산성이 높습니다. 이 언어를 실행하기 위해서는 기계어로 번역하는 컴파일 과정이 필수적으로 필요합니다.

[그림 2-6]
저급 언어와
고급 언어의 예

출처
https://baobob1024.
tistory.com/19

구분	저급 언어	
	제1세대 언어	제2세대 언어
언어	기계어	어셈블리 언어
예	00110101 01111010 10110000 10100100 11101111 11100101	046C F5　　push af 046D C5　　push bc 046E D5　　push de 046F E5　　push hl 0470 F0 70 ld a, [FF70] 0470 E6 07 and 07

구분	고급 언어	
	제3세대 언어	제4세대 언어
언어	C 언어	SQL

예	`Int main(void)`
	`{`
	`Printf("Welcome!");`
	`Return 0;`
	`}`
		`Select *`
		`From loan`

컴파일러

고급 언어는 실행하기 전에 기계가 이해할 수 있는 기계어로 번역하는 작업이 필요합니다. 마치 영어를 모르는 사람이 영어로 된 문서를 이해하려면 번역기를 이용해야 하는 것처럼 말이죠. '컴파일'은 컴퓨터와 사람 사이의 번역기라고 생각하면 됩니다.

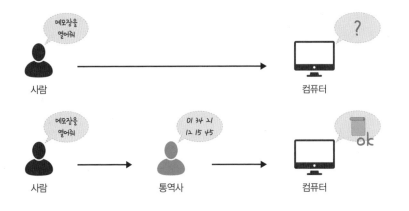

[그림 2-7]
통역사 역할을 하는 컴파일러

고급 언어를 기계어로 번역해주는 도구 또는 논리적인 장치를 '컴파일러 Compiler'라고 하며, 고급 언어로 작성된 프로그램을 2진법(0, 1)으로 이루어진 기계어로 바꾸어 줍니다.

[그림 2-8]

컴파일러의
통역 과정

그리고 '빌드^{Build}'라는 것이 있는데, 단순히 소스코드를 기계어로 번역해
주는 것을 컴파일이라고 한다면, 빌드는 고급 언어로 작성된 소스코드를
실행 가능한 파일로 만들어준다는 차이가 있습니다. 즉 빌드 안에 컴파일
이 포함된다고 생각하면 됩니다.

인터프리터 언어 vs. 컴파일 언어

고급 언어는 또 '인터프리터 언어'와 '컴파일 언어'로 나눌 수 있습니다.
둘 다 고급 언어를 기계가 이해할 수 있는 기계어로 해독해주는 것은 동
일합니다. 다만 차이는 컴파일 언어는 '컴파일 타임^{Compile Time}'을 사용하는
언어이고, 인터프리터 언어는 '런타임^{Runtime}'을 사용하는 언어라는 점입니
다. 이 개념을 이해하기 위해 살짝 예를 들어보겠습니다.

[그림 2-9]
컴파일 타임과
런타임의 비교

우리가 영어로 된 짧은 동화책 한 권을 어린아이에게 읽어줘야 한다고 생각해봅시다. 책 한 권을 통째로 번역해서 어린아이에게 줄 수도 있고, 한 줄씩 해석해서 읽어줄 수도 있겠죠. 아이에게 한 권을 통째로 번역해서 주는 것보다 한 줄씩 읽어 줄 경우가 시간이 더 오래 걸릴 것입니다.

여기서 번역해야 하는 동화책 한 권이 우리가 실행해야 할 소스코드라고 생각해봅시다. 책 한권을 통째로 번역하는 것은 '컴파일 언어'를 비유한 것입니다. 컴파일 언어는 컴파일 타임을 거치게 되는데, 코드를 기계가 이해할 수 있는 언어인 '기계어'로 바꾸는 시간을 의미합니다. 이를 바로 '빌드^{Build}'라고 하는데 빌드 과정을 거치면 소스코드는 기계어가 되어 실행 가능한 상태로 바뀌게 됩니다. 한 권을 통째로 번역하면 임무가 빨리 끝나는 것처럼, 모든 번역이 끝난 상태이기 때문에 코드를 실행하는 속도는 매우 빠릅니다.

반면, 영어로 된 동화책을 한 줄씩 번역해서 읽어주는 것은 '인터프리터 언어'를 비유한 것입니다. 인터프리터 언어는 컴파일 타임이 아닌 런타임을 거치게 됩니다. 런타임은 프로그램을 실행할 때 한 줄씩 읽고 해석한 뒤, 실행하기 때문에 프로그램을 모두 실행하는 속도는 컴파일 언어보다 느립니다.

그렇다면 인터프리터 언어와 컴파일 언어에는 어떤 차이가 있을까요?

인터프리터 언어(스크립트 언어)

인터프리터^{Interpreter}를 해석하면 '해석기'라는 뜻으로, 소스코드를 바로 실행하는 컴퓨터 프로그램 또는 환경을 말합니다. 소스코드를 목적 코드로 옮기는 컴파일과 가장 큰 차이점입니다. 인터프리터에서는 번역과 실행이 동시에 이루어지므로 별도의 실행파일이 존재하지 않으며 빌드 시간이 없다는 의미와 동일합니다. 대표적인 언어로 R, 파이썬, 루비, 펄^{Perl}, PHP, 자바스크립트 등이 있습니다.

목적 코드
원시 코드가 컴파일된 결과물이다.

컴파일 언어

원시 코드
프로그래머가 직접 작성한
소스코드다.

원시 코드를 모두 기계어로 번역한 후 기계에 넣고 기계어 코드를 실행하는 것을 말합니다. 빌드 과정을 거치기 때문에 빌드 타임이 없는 인터프리터 언어보다 실행 직전까지의 속도는 조금 소요될 수 있습니다. 하지만 실행(런타임) 상황에서는 이미 기계어로 모든 소스코드가 번역되어 있기 때문에 빠르게 실행이 가능합니다. 대표적인 언어로 C, C++, 자바, C#, Go 등이 있습니다.

[그림 2-10]
컴파일 방식과
인터프리터 방식의 차이

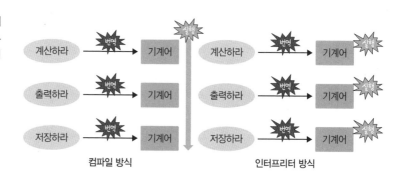

71

3. 객체지향, 절차지향, 정적타입, 동적타입, 이게 다 무슨 말이지?

프로그래밍 언어 패러다임

프로그래밍 언어에 명령형, 함수형, 선언형, 객체지향 등의 종류가 있다는 것을 들어본 적이 있나요? 이는 언어의 특성이기보다는 언어의 '스타일'을 의미합니다. 각 언어의 스타일에 맞게 코딩하면, 프로그래머는 각 언어 스타일에 맞는 관점을 가지고 프로그래밍을 할 수 있게 됩니다.
예를 들어 '객체지향 프로그래밍'이라는 것이 있습니다. 프로그램을 객체들이 상호작용하는 것으로 보는 반면 '함수형 프로그래밍'은 프로그래밍을 자체 값을 가지지 않는 순수 함수들의 연속으로 봅니다. '패러다임'의 뜻은 어떤 한 시대 사람들의 견해나 사고를 근본적으로 규정하고 있는 인식의 체계를 의미하는데, 프로그래밍에서의 패러다임은 '프로그래밍의 스타일'이라고 생각하면 됩니다. 다양한 패러다임이 있는데 대표적인 몇 가지를 소개하겠습니다.

객체지향 프로그래밍 언어

객체지향 프로그래밍 Object-Oriented Programming 라고 하면 "실제 세계를 모델링하여 프로그램을 객체들의 모임으로 표현하는 패러다임"이라는 표현을 많이 사용합니다. 이렇게 들으면 잘 이해가 되지 않죠? 예를 하나 들어보겠습니다.

[그림 2-11]
객체지향 프로그래밍으로
집 짓기

로드북이라는 부족의 부족장은 각 부족들에게 장비를 쥐어 주고 여러 일을 시킵니다. 어떤 부족에게는 도끼를 쥐어 주고 나무를 베어오는 일, 어떤 부족에게는 줄을 쥐어 주고 집을 만드는 일, 어떤 부족에게는 돌멩이를 쥐어 주고 불을 피우는 일 등.

하지만 부족장은 단순히 임무와 도구를 주었다고 해서 할 일이 끝난 것은 아닙니다. 부족들은 돌멩이가 부족하다는 둥, 나무가 부족하다는 둥, 불평 불만을 하기 때문에 그런 상황에 맞게 또 임무를 쥐어 주어야 했습니다. 그래서 부족장은 각 임무별로 지시서를 만들어 각 부족에게 나누어줬고, 각 구성원들은 지시서만 있으면 부족장의 명령 없이도 일을 처리할 수 있게 되었습니다. 여기서 말하는 '지시서'가 객체지향 프로그래밍에서의 '클래스'를 의미합니다. 클래스는 마치 설계도, 지시서 같은 역할을 합니다.

[코드 2-1] 집 짓기 클래스

```java
01 public class House {
02     public String band;
03     public String wood;
04
05     public void getBand() {
06         System.out.println("줄이 부족할 경우 동작할 내용");
07     }
08
09     public void getWood() {
10         System.out.println("나무가 부족할 경우 동작할 내용");
11     }
12
13     public void makeHouse() {
14         System.out.println("집 짓기");
15     }
16 }
```

예를 들어 '집짓기'라는 '클래스'를 생성한다고 해봅시다. 해당 클래스에 필요한 줄의 수를 정의하고 집을 짓는 함수를 정의하는 등과 같이 집을 지을 때 필요한 기능을 구성하면 됩니다. '집짓기' 클래스를 통해 생성된 '집'을 바로 '객체'라고 하는데 각 객체들은 서로 상호작용을 하며 여러 결과를 만들어낼 수도 있다는 것이 장점입니다.

자바는 객체지향 언어의 가장 대표적인 언어입니다. 데이터와 함수를 '객체'로 표현하기 때문에 유지보수가 용이하나 처음 설계가 어렵다는 단점이 있습니다.

절차지향 프로그래밍 언어

'절차지향 프로그래밍Procedural Programming'은 물이 위에서 아래로 흐르듯 순차적인 처리가 중요한 패러다임입니다. 프로그램 전체가 유기적으로 연결되도록 하는 것이 중요합니다. 대표적인 언어로는 C가 있습니다. 절차지향이라는 단어 때문에 '객체지향'과 완전히 반대된다고 생각하기 쉽지만,

사실 그렇지 않습니다. '객체지향'이 '현실 세계를 모델링'하는 관점이라면 '절차지향'은 '프로그램이 어떤 작업을 하는지'에 초점을 둔다고 생각하면 됩니다.

명령형 프로그래밍 언어

명령형 프로그래밍 Imperative Programming은 문제를 해결하는 절차를 기술하는 방식의 패러다임입니다. 프로그램은 수행할 명령어로 구성되어 있고 명령어들은 주로 프로그램의 상태를 변경하는 데 사용됩니다. 대표적인 언어로는 파스칼, C가 있습니다.

선언형 프로그래밍 언어

선언형 프로그래밍 Declarative Programming은 명령형 프로그래밍과 반대되는 개념으로 목표만 명시하고 알고리즘을 명시하지 않는 패러다임입니다. 대표적인 언어로는 루비, SQL가 있습니다.

함수형 프로그래밍 언어

함수형 프로그래밍 Functional Programming에 대해서는 예를 들어서 살펴보겠습니다. 원두를 생산하는 공장이 있다고 해봅시다. '비함수형' 공장의 공정은 '원두 재배' '원두 로스팅' '원두 포장' 총 세 가지 공정이 있고 각 공정은 다른 공정을 신경쓰지 않고 할 일을 계속 할 뿐입니다. 반면 '함수형' 공장은 '원두 재배'가 끝나야만 '원두 로스팅' 공정의 일을 할 수 있고, 원두 로스팅 공정이 끝나야만 '원두 포장' 공정의 일을 할 수 있도록 설계되어 있습니다. '비함수형' 공장의 직원들이 잘 협동하여 서로 충돌할 일이 없으면 공정에서 실수하는 과정이 생기진 않겠지만 '함수형' 공장이 좀 더 실수 없이 돌아갈 것 같지 않나요?

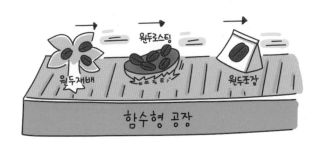

[그림 2-12]

비함수형 공장
vs. 함수형 공장

함수형 프로그래밍은 함수가 함수 외부의 어떤 영향 때문에 의도한 결과
가 의도한대로 나오지 않는 현상인 '사이드 이펙트^{Side Effect}'를 없애기 위해
등장한 개념입니다. 함수를 거치고 난 뒤 결괏값이 항상 일정하도록 프로
그래밍하는 방법입니다. 대표적인 예로 스칼라, 하스켈, F#, 러스트 등이
있습니다.

정적타입 언어 vs. 동적타입 언어

정적타입^{Static Typed} 언어와 동적타입^{Dynamic Typed} 언어를 구분하는 기준은 코
드의 상수, 변수, 함수 등에 대한 타입을 '언제' 확인하는지에 있습니다.
일단 타입은 한국말로 '자료형'이라고 하고 정수^{integer}, 실수^{short, float}, 문자
열^{string}, 불린^{Boolean}, 객체 등이 있습니다. 각 언어마다 표현은 다르지만 타
입은 비슷합니다. 타입을 명시한다는 것은 내가 해당 변수나, 함수, 객체
에 꼭 해당 타입의 데이터만을 넣겠다는 것을 의미합니다.

[**코드 2-2**] 정적타입 언어의 변수와 변수 타입 선언

```
01 string name = "myname";
02 int score = 100;
```

'정적타입 언어'란 컴파일 시 변수의 타입이 결정되는 언어를 말하며 대표적인 예로는 C, C++, 자바, 러스트, Go, 타입스크립트가 있습니다. 타입을 미리 지정해줘야 하기 때문에 타입 오류로 인한 문제를 컴파일 타임에서 해결할 수 있어서 안정성이 높습니다. 예를 들어서 '고객 이름'을 담는 변수 name이 있다고 해봅시다. 개발자의 실수로 name 변수를 int로 지정했다 하더라도 실행 전에 이를 알 수 있습니다.

[**코드 2-3**] 동적타입 언어의 변수 선언

```
01 a = 1
02 b = []
03 c = 'myname'
```

'동적타입 언어'란 실행 후(런타임 시) 자료형이 결정되는 언어를 말합니다. 대표적인 예로는 파이썬, 루비, 자바스크립트가 있습니다. A라는 변수가 숫자형이라는 것을 미리 지정하지 않아도 코드가 실행되면 변수에 담긴 값을 보고 해당 변수가 숫자형이라는 것을 알게 됩니다. 소스코드 작성 시 타입에 대한 제한이 없기 때문에 유연성이 높고 효율적이지만, 타입에 대한 실수가 있을 경우 이를 미리 알기 어렵습니다. 예를 들어서 '고객 이름'을 담은 변수 name이 있을 때 실수로 숫자값을 넣어도 타입 오류가 나지 않고 코드가 실행되어 버리죠.

따라서 규모가 큰 프로젝트에서는 '동적타입 언어'보다는 '정적타입 언어'를 사용하는 것이 좋습니다.

정적타입 언어

정적타입 언어는 '타입' 즉, 자료형을 미리 명시해 컴파일 시 알 수 있게 하는 언어를 말합니다. 대표적인 예로 자바, C, C++, C#, 스칼라, 포트란Fortran, 하스켈Haskell, ML, 파스칼 등의 언어가 있습니다. 어떤 변수를 '정수형integer'로 선언했는데 정수가 아닌 다른 값을 넣는다면 컴파일 시 오류가 발생합니다.

```
// C 언어
int num = 1;         // 컴파일 성공
float num2 = 0.54;   // 컴파일 성공
bool num3 = 1;       // 컴파일 오류 발생
```

정적타입 언어의 장점은, 컴파일 시 타입에 대한 정보를 결정하기 때문에 속도가 빠르고 타입을 잘못 명시해서 발생하는 문제를 초기에 발견할 수 있어 안정성이 높다는 점입니다. 반면 정적타입 언어의 단점은, 코드 작성 시 자료형을 선언해줘야 하는 번거로움이 있다는 점입니다.

동적타입 언어

동적타입 언어는 자료형을 컴파일 때 결정하는 것이 아니고 실행할 때 결정합니다. 코드를 작성할 때 타입을 명시하지 않고, 변수, 함수, 객체 등에 담긴 데이터를 보고 결정하기 때문입니다. 대표적인 언어로는 그루비Groovy, 파이썬, 자바스크립트, 루비, 스몰토크Smalltalk, 리스프, 오브젝트-C, PHP, 프롤로그 등이 있습니다.

```
// 파이썬
num = 1
name = "Road Book"
```

예시 코드만 봐도 동적타입 언어의 문법이 훨씬 간결하다는 것을 알 수 있습니다.

동적타입 언어의 장점은, 런타임까지 타입에 대한 결정을 보류할 수 있어서 많은 선택의 여지가 있고 문법이 간결하다는 점입니다. 동적타입 언어의 단점은, 문법이 간결하고 배우기 쉬운 대신 실행 도중 변수에 예상치 못한 타입이 들어와 타입 오류가 많이 발생한다는 점입니다.

정적타입 언어를 사용한다면 처음 변수를 할당할 때 어떤 값이 들어갈지 예측해서 선언해주는 부분을 주의하고, 자료형을 변경할 때(캐스팅, casting) 어떻게 변경해야 할지도 잘 생각해주어야 합니다. 동적타입 언어를 사용한다면 타입 오류를 찾기 위해 코드 구조를 잘 짜는 데 주의해야 합니다.

정적타입 언어와 동적타입 언어가 개발자들에게 미치는 영향은 크지는 않습니다. 자료형을 선언하는 번거로움이든, 타입 오류이든 언어를 배우고 경험하며 익히면 되기 때문입니다.

2장을 마치며

언어를 선택할 때 굳이 하나의 언어만 고집하지 않아도 됩니다. 물론 하나의 언어를 깊게 아는 것도 중요하지만 상황에 따라 유용한 언어를 선택하는 것도 중요합니다. 그리고 하나의 언어를 어느 정도 깊게 알게 된다면 다른 언어를 배울 때는 그 전에 언어를 익혔던 시간보다 훨씬 줄어들 것입니다. 또 다양한 언어를 공부해 보는 것은 전반적인 프로그래밍 언어를 이해하는 데 도움이 되고 상황에 따라 유연하게 언어를 선택하는 데도 도움이 될 것입니다.

3장

라이브러리 프레임워크, 그냥 툴인가요?

많은 IT 서비스가 나오면서 서비스 개발의 품질과 함께 '개발 속도'도 중요해졌습니다. 아이디어를 IT 서비스로 빠르게 구체화하고 개발해서 먼저 시장을 점유해야 비즈니스가 성공할 수 있는 지름길이 됩니다. 개발을 경험해본 독자 분이라면 알겠지만, 개발이라는 것이 그렇게 척척 빨리 되는 것이 아닙니다. 간단한 앱을 만드는 작업도 각 기능을 구현하고 또 구현한 각 기능(함수)이 잘 동작하도록 로직과 구조도 설계해야 합니다. 혼자서 모두 구현하려면 많은 시간이 걸릴뿐더러, 서비스 규모가 크다면 혼자서 모두 구현하지 못할 수도 있습니다.

그러면 소규모 기업이나 개인 개발자는 혼자서 서비스를 구현하는 것이 불가능할까요? 그렇지 않습니다. 개발자에게는 "갖다 쓴다"라는 마법이 존재하기 때문이죠. 바로 그 마법이 무엇인지 지금부터 함께 알아봅시다.

1. "갖다 쓴다"는 말이 무엇인가요?

프로그래밍 세계에서 컨닝은 나쁜 것이 아니다

처음 개발을 접했을 때, 놀라웠던 것이 하나 있었습니다. 그것은 바로, 다른 사람이 만든 코드를 갖다 쓰거나 컨닝하는 것을 모두 자연스럽게 여긴다는 점이었습니다. 여기서 '컨닝'이라고 표현했지만, 다른 사람의 코드를 내 코드에 붙이려면 그대로 '복붙(복사한 후 붙여넣기)' 하는 일은 거의 드물기 때문에 흔히 생각하는 부정적인 어감의 '컨닝'과는 조금 거리가 멉니다.

우리가 요리를 할 때, 재료를 하나하나 재배하고, 불을 피워서 요리를 하진 않습니다. 누군가 재배한 채소나 고기를 가지고, 누군가 만든 프라이팬과 조리도구를 가지고 요리를 합니다. 또 요즘에는 간편하게 조리만 하면 되는 '밀키트^{Meal Kit}'까지 등장했죠. 밀키트로 조리를 한다고 해서 우리가 요리를 하지 않았다고 얘기하지 않는 것처럼 프로그래밍에서 누군가 만들어 놓은 것을 "갖다 쓴다"고 해서 코딩을 하지 않았다고 얘기하지는 않습니다.

사람들이 필요로 하는 기능은 대체로 비슷한 부분이 있을 것입니다. 이를 미리 만들어 놓은 것이 있다면 가져다 써서 개발 시간을 단축하는 것이 더 효율적이겠죠? 이런 관점에서 다른 사람이 짜 놓은 소스코드를 "갖다 쓴다"라는 문화는 굉장히 자연스러운 일입니다. 예를 들어 '웹'을 개발해 본다고 가정합시다. 웹을 이루는 기본적이고 공통적인 기능에는 어떤 것이 있을까요? 회원가입, 화면전환, 팝업창 등이 있습니다. 이렇게 기본적으로 웹에서 구현해야 하는 기능은 모두 라이브러리로 구현되어 있고, 새로운 기능을 처음부터 끝까지 창조해야 할 일은 거의 없다고 봐도 무방합니다.

이렇게 누군가 미리 어떤 기능을 만들어 놓은 코드를 '라이브러리'라고 하는데, 언어별로 엄청나게 다양하고 많은 라이브러리가 존재합니다. 그 라이브러리에 몇 개의 파라미터만 조정해서 사용하면 되는 것이죠. 그리고 대부분의 라이브러리는 '무료'로 배포되어 있습니다.

오픈소스 문화

코딩을 하다 막히는 부분이 있거나 필요한 것이 있어, 구글에 원하는 키워드로 검색했다고 합시다. 그러면 '스택오버플로우' 같은 개발 커뮤니티에서 나와 비슷한 고민을 한 개발자가 질문을 하고 다른 개발자들이 친절하게 답변해 주는 것을 볼 수 있을 것입니다. 여러 사람이 쌓은 개발 지식을 누구나 볼 수 있고, 서로 공유하며 고도화하는 것이 '개발' 분야의 일상적인 문화라고 해도 과언이 아닙니다.

프로그래밍을 하기 위해서는 상당히 넓은 영역을 알아야 합니다. 그래서 한 사람이 아주 좁은 분야(예 웹의 백엔드 영역)에 대해서 깊게 알기까지도 꽤 긴 시간이 소요될 수 있습니다. 이런 특성 때문에 이렇게 오픈된, 서로 돕는 스타일의 문화가 발전된 것이 아닐까 생각해봅니다. 또 이런 문화 덕분에 개발을 시작하는 입문자는 시행착오를 줄일 수 있고, 약간 숙달된 개발자는 서로의 지식을 공유하며 더 깊게 개발에 대해 알아갈 수 있다는 장점이 있습니다.

이렇게 서로 상부상조하며 서로 가진 지식을 오픈하는 데 거리낌 없는 개발 문화의 결정체는 바로 '오픈소스'일 것입니다. 오픈소스란 공개된 소스코드를 의미하며, 일반적으로 자유롭게 사용, 복제, 배포, 수정할 수 있습니다. 그러므로 다방면에서 필요한 소스코드를, 공개된 소스나 프로젝트를 통해 확인할 수 있는 것입니다.

물론, 처음부터 소스코드를 공개하는 오픈소스 문화가 성행했던 것은 아닙니다. 소프트웨어가 서비스화가 되기 시작했을 때, 여러 큰 기업에서 주도적으로 소프트웨어를 개발하기 시작했는데, 소프트웨어는 복제가 아주 쉽다는 치명적인 단점이 있었습니다. 그때는 프로그래밍이 지금만큼 다양하고 넓은 분야는 아니었기 때문입니다. 그렇기 때문에 기업들은 소스코드 보안에 힘썼고 아주 소수의 사람들만 소스코드에 접근할 수 있었습니다. 이에 소프트웨어 저작권에 대한 치열한 논쟁이 벌어졌습니다. 해커, 연구자, 소프트웨어 개발자는 "소스코드는 공개되어야 한다"라는 주장을 펼쳤고, 기업은 이에 대해 "소프트웨어 소유권은 보호되어야 한다"라고 반박했습니다.

[그림 3-1]
리눅스를 개발한
리누스 토발즈

출처
위키백과

커널(Kernel)
운영체제의 제어 모듈이다.

현재 운영체제 중 대부분은
윈도우즈와 맥이지만 서버
컴퓨터, 모바일 등의 개발용
컴퓨터에는 리눅스 운영체제
를 많이 사용한다.

이러한 팽팽한 논쟁 속에서 '오픈소스' 문화가 크게 발전한 하나의 사건이 있었습니다. 바로 리누스 토발즈Linus Torvalds라는 개발자가 자신이 개발한 소프트웨어 커널을 무료로 공개한 것이죠. 이것이 바로 그 유명한 '리눅스Linux'입니다. 토발즈는 리눅스를 오픈소스로 만들어 누구나 소스코드를 읽고 수정한 소스코드를 보낼 수 있게 했으며 완성도가 있다고 판단하면 이를 반영했습니다. 이 오픈소스 프로젝트를 통해 리눅스는 크게 성공했고, 오픈소스 정책이 기업의 소프트웨어 소유권을 독점하려는 폐쇄적인 정책보다 성공할 수 있다는 것을 증명했습니다.

"오픈소스의 원칙 : 개방, 참여, 공유"

오픈소스에 기여하는 데 아무런 대가는 없습니다. 많은 사람은 바로 이 대가 없는 활동이 얼마나 성공할 수 있을지 의문을 품었기도 했습니다. 이렇게 '개방형 협업 모델'이 성공할 수 있었던 것은 나름대로의 질서와 체계가 잘 마련되어 있었기 때문이라고 생각합니다. 무작정 오픈소스에 참여하는 것이 아니라 오픈소스 문화 내에서도 나름대로의 '의사 결정 시스템'을 갖추고 있었기 때문입니다. 예를 들어, 오픈소스 프로젝트에서 모든 기여Contribution를 반영하는 것이 아니고 핵심 개발자이자 원천 개발자가 이를 승인한 후 반영하게 되는 등의 규칙이 있습니다. 개인적인 의견이지만, '개방형 협업 모델'이 성공한 사례를 보고 우리의 미래가 자본주의 사회에서 '협력적 공유 사회'로 바뀌지 않을까 하는 생각도 듭니다. IT 분야는 시대를 앞서 나가는 분야 중 하나이기도 하니까요.

오픈소스에 기여하기

시작 단계의 개발자는 그저 오픈소스나 만들어진 라이브러리를 사용하는 데 그칠 수 있습니다. 하지만 점점 개발하는 것에 익숙해지다 보면, 유명한 프로젝트나 오픈소스 프로젝트에 기여를 할 수도 있는데요. 여기서 '기여'를 한다는 뜻은, 다른 사람의 프로젝트에서 버그를 수정한다거나, 드라이버를 개발한다거나, 기능을 추가하는 등의 작업을 말합니다. 또 자신의 소스코드를 다른 사람이 고도화하거나 수정할 수 있도록 열어놓을 수도 있습니다. 단지 오류를 보고하는 것이나, 코드를 포매팅하거나, 오타를 수정하거나, 번역하는 것만으로도 원천 소스코드 저자에게 도움이 될 수 있다고 하니 '기여'에 대해 너무 부담을 갖지 않고 사소한 것이라도 도전해보는 것은 좋은 경험과 스펙이 될 수 있을 것입니다.

여기서 잠깐!

오픈소스에 참여하는 방법
1. 버그 리포트
2. 커뮤니티 활동을 통한 의견 교류
3. 프로젝트 문서 수정 또는 번역
4. 기능 등록 및 수정 요청
5. 패치 요청
6. 위임자(Committer) 또는 기여자(Contributor) 활동

깃허브

호스팅(Hosting)
대형 서버의 기능을 빌려 쓰는 것이다.

깃허브^{Github}는 '소프트웨어 개발 플랫폼 및 소스코드 호스팅 서비스'입니다. 쉽게 말하면 내 코드를 '깃허브'라는 호스팅 사이트에 저장해놓고 다른 곳에서 작업을 할 때 불러 온다든지, 버전 관리를 한다든지, 다른 사람과 협업을 할 때 사용할 수 있다는 것을 의미합니다. 그리고 깃허브는 오픈소스 프로젝트가 활발하게 실행되고 있는 플랫폼 중 하나입니다.

[그림 3-2]
깃허브 로고

개발자들은 자신의 프로젝트와 소스코드를 깃허브에 올리게 되고, 다른 사람은 이를 자유롭게 들여다 보고 수정, 고도화, 버그 리포트, 가져다 사용하기 등을 할 수 있게 됩니다. 여기서 소스코드의 원천 개발자를 '위임자^{Committer}'라고 하며, 소스코드에 기여한 사람을 '기여자^{Contributor}'라고 합니다. 깃허브 관련해서는 8장에서 자세히 다루니 여기서는 "깃허브를 통해 기여자가 되어 오픈소스에 기여할 수 있구나!" 정도만 알고 넘어가면 됩니다.

오픈소스 소프트웨어 라이선스

오픈소스라고 해서 모두 막 가져다 사용하면 되는 것이 아닙니다. 대부분의 소스코드는 무료로 사용 및 배포가 가능하지만 라이선스마다 조금씩 차이가 있습니다. 오픈소스 소프트웨어 라이선스에는 다음처럼 크게 세 가지가 있습니다.

MIT

무료로 소스코드를 배포, 수정이 가능하며 2차 저작물(소스코드로 만든 결과물)을 공개할 의무가 없는 라이선스입니다. MIT에서 개발한 라이선스로, 저작권 관련 명시만 지키면 되는 라이선스이고 MIT 라이선스를 따르는 소스코드로 만든 결과물을 무료로 배포해야 한다는 의무 또한 없는 자유로운 라이선스입니다.

아파치

아파치^{Apache} 재단에서 개발한 라이선스로, 소스코드를 무료로 배포, 수정이 가능하며 2차 저작물을 공개할 의무가 없는 것은 MIT와 동일합니다. 다만, MIT 라이선스와 차이점이라고 하면 아파치 재단에서 개발한 소프트웨어라는 점을 명확하게 밝혀야 한다는 것입니다.

GPL

빌 게이츠가 과거 소스코드 공개를 반대할 때 "소프트웨어는 자유로워야 한다"고 주장하던 자유 소프트웨어 재단^{FSF, Free Software Foundation}의 '리처드 스톨먼'이 개발한 라이선스입니다. 제약 조건이 높은 라이선스로 수정한 소스코드 또는 GPL 라이선스를 가진 소스코드를 활용한 소프트웨어를 모두 GPL 라이선스로 공개해야 합니다. 또 라이선스 및 저작권, 변경사항을 명확하게 명시해야 합니다.

[그림 3-3]
오픈소스 라이선스
저작표기 예시

```
afl-3.0        (Academic Free License)
agpl-3.0       (GNU Affero General Public License v3.0)
al-2.0         (Artistic License 2.0)
apache-2.0     (Apache License 2.0)
bsd-0-clause   (BSD Zero Clause License)
bsd-2-clause   (BSD 2-Clause "Simplified" License)
bsd-3-clause   (BSD 3-Clause "New" or "Revised" License)
bsd-4-clause   (BSD 4-clause "Original" or "Old" License)
cc-by-4.0      (CC-BY 4.0 International Public License)
cc-by-sa-4.0   (CC-BY-SA 4.0 International Public License)
cc0-1.0        (Creative Commons Zero v1.0 Universal)
ecl-2.0        (Educational Community License 2.0)
epl-2.0        (Eclipse Public License 2.0)
eupl-1.2       (European Union Public Licence 1.2)
free-art-1.3   (Free Art License 1.3)
gpl-2.0        (GNU General Public License v2.0)
gpl-3.0        (GNU General Public License v3.0)
isc           (ISC License)
lgpl-2.1       (GNU Lesser General Public License v2.1)
lgpl-3.0       (GNU Lesser General Public License v3.0)
lppl          (LaTeX Project Public License)
mit           (MIT License)
mit-0         (MIT No Attribution)
mpl-2.0        (Mozilla Public License 2.0)
ms-pl         (Microsoft Public License)
ms-rl         (Microsoft Reciprocal License)
mulanpsl-2.0   (木兰宽松许可证 第2版)
odbl-1.0       (ODC Open Database License 1.0)
ofl-1.1        (SIL OPEN FONT LICENSE Version 1.1)
osl-3.0        (Open Software License v3.0)
unlicense     (The Unlicense)
wtfpl         (Do What The Fuck You Want To Public License)
zlib          (zlib License)
```

저작권을 표기할 때는 소스코드의 주석, 또는 README.md 파일이나
LICENSE.md 파일에 표기하면 됩니다. 배포 소프트웨어에 표기할 때는
소프트웨어 내에 Copyright 또는 오픈소스 라이선스 메뉴에 사용한 저작
권 내용을 [그림 3-3]처럼 표기하면 됩니다.

2. 라이브러리와 프레임워크의 차이점

라이브러리, 프레임워크, 툴, 플랫폼, 대체 뭐가 다른가?

현업 개발자에게도 라이브러리와 프레임워크의 차이를 정의하라고 한다면, 모두 각각 다른 의견을 낼 것입니다. 그만큼 관념적인 개념이기 때문이죠. "기능이 몇 개 이하면 라이브러리, 몇 개 이상이라면 프레임워크다"라는 식으로 개념적인 정의가 어렵습니다. 하지만 라이브러리와 프레임워크를 간단하게 한 마디로 정의하자면 아래와 같이 정의할 수 있습니다.

- **라이브러리**: 부품이 되는 소프트웨어의 집합
- **프레임워크**: 소프트웨어의 형식을 제공하는 것

우리가 요리를 할 때 약간의 조리가 되어 있는 재료들을 사서 요리를 하는 것은 '라이브러리'를 사용하는 것과 비슷합니다. 원하는 것만 골라 담아 원하는 완성품을 만들어낼 수 있습니다. 그리고 어떤 요리를 할 때 필요한 재료들과 설명서, 그리고 조리도구까지 갖춰져 있는 밀키트를 구매해서 요리하는 것은 '프레임워크'를 사용하는 것과 비슷합니다. 재료가 정해져 있고 그것을 만드는 방법까지 나와 있어 그 규칙에 맞게 사용하면 되기 때문입니다. 밀키트 안에서 필요 없는 재료는 사용하지 않아도 되는 것처럼 프레임워크를 사용할 때도 필요하지 않은 기능은 사용하지 않아도 됩니다. 다음처럼 비유할 수도 있습니다.

- **라이브러리**: 자동차의 구성품들(바퀴, 핸들, 엔진 등)
- **프레임워크**: 구성품이 있는 자동차의 뼈대

[그림 3-4]
자동차에 비유한
라이브러리와
프레임워크의 차이

먼저, '라이브러리'는 기능이나 프로그램을 개발할 때 필요한 여러 기능을 말합니다. 예를 들어, 데이터베이스 안의 정보를 가져와야 하는 기능을 함수나 클래스로 구현해 놓으면 회원 정보를 가져올 때나 상품 정보를 가져올 때 여러 상황에서 구현해 놓은 라이브러리를 불러와서, 데이터베이스와 값만 바꾸어 사용할 수 있습니다.

이렇게 재사용이 필요한 기능이 있을때 코드의 중복을 없애기 위해 필요할 때마다 호출해서 사용할 수 있는 클래스Class와 함수Function를 '라이브러리'라고 합니다.

[그림 3-5]
호출해서 사용하는
라이브러리

그리고 '프레임워크'는 원하는 비즈니스 로직 구현에 충실할 수 있도록 기본적이고 필요한 기능이 모아져 있는 것을 말합니다. 즉, 프로그램을 개발하기 위한 기본 뼈대나 구조를 의미합니다. 라이브러리의 확장판이라고 볼 수도 있습니다. 앞서 비유한 대로 자동차를 만들 때 꼭 필요한 핸들, 엔진, 바퀴 등이 미리 모아져 있는 것이라고 생각하면 되고, 이를 조립해 각각 다른 자동차를 구현할 수도 있습니다.

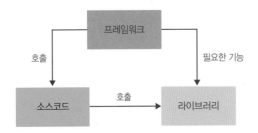

[그림 3-6]
라이브러리의 확장판인
프레임워크

라이브러리와 프레임워크가 필요한 이유는 다음과 같습니다.

1. 자질구레한 기능 구현에 집중하기보다 실제 비즈니스 로직 구현에 집중할 수 있다.
2. 유지 보수가 편리하다.
3. 검증된, 성능 좋은 소스코드를 사용할 수 있다.
4. 버그가 적다.
5. 적은 인력과 시간으로 좋은 결과물을 만들 수 있다.
6. 소스코드의 규격화로 개발 생산성이 높아진다.

'라이브러리'와 '프레임워크'의 차이를 알려면 '제어 흐름에 대한 주도권이 어디에 있는지'를 아는 것이 중요합니다. 라이브러리를 사용하면 개발자가 전체 흐름을 만들기 위해 라이브러리를 조합하므로 제어 흐름은 개발자가 가지고 있다고 보면 됩니다. 반면 프레임워크를 사용하면 개발자는 프레임워크에서 제공하는 구조 속에서 필요한 소스코드만 일부 작성하게 되므로, 제어 흐름을 프레임워크가 가지고 있다고 보아도 무방합니다.

프레임워크를 사용할 때 개발자가 작성한 기능 코드는 프레임워크 위에서 통제됩니다. 라이브러리와 달리 프레임워크는 프로그래밍 규칙이 미리 정해져 있습니다. 설정 파일의 포맷이라든지, 어떤 함수를 추가적으로 작성해야 하며, 소스 파일의 위치는 어디로 지정해야 하며, 모듈은 어떻게 분리되는지 등이 미리 정해져 있다는 뜻입니다. 따라서 프레임워크를 사용하고자 할 때는 내가 개발할 프로그램과 프레임워크가 서로 목적성이 맞는지 잘 따져보아야 합니다.

- **라이브러리**: 개발자가 호출해서 사용한다.
- **프레임워크**: 개발자의 코드가 호출된다.

그리고 라이브러리와 프레임워크의 경계는 조금 애매할 수 있으나 프레임워크와 플랫폼의 차이점은 보다 명확합니다.

위에서 설명한 예처럼 여러 재료를 사서 요리를 하는 것을 '라이브러리' 사용이라고 생각하고 밀키트를 사서 요리를 하는 것을 '프레임워크' 사용이라고 생각해봅시다. 여기서 재료를 사는 곳은 시장이 될 수도 있고 마트가 될 수도 있습니다. 또, 요리가 완성된 후 요리를 제공할 곳을 생각해봅시다. 집이 될 수도 있고, 파티 장소가 될 수도 있고, 요리경연 대회 장소가 될 수도 있을 것입니다. 이처럼 재료를 사는 곳, 완성한 요리를 먹을 곳을 의미하는 것이 바로 '플랫폼'이라고 생각하면 쉽습니다. '플랫폼^{Platform}'이란 프로그램이 실행되는 환경을 뜻하기 때문입니다.

우리가 사용하고 있는 운영체제인 윈도우즈나 맥도 위 관점에서 보면 플랫폼이라고 할 수 있습니다. 또 우리가 앱을 다운받는 앱 스토어, 구글플레이 스토어 등도 플랫폼이라고 할 수 있습니다.

여러 가지 플랫폼이 존재하는 이유는 모든 플랫폼에서 실행되는 소프트웨어를 개발하는 것이 어렵기 때문입니다. 따라서 요리를 제공하는 곳이 집인지, 요리 경연대회인지를 선택해서 간단한 요리를 할 것인지 격식있는 요리를 할 것인지 결정해야 하는 것처럼 플랫폼에 맞게 애플리케이션을 개발해야 합니다. 예를 들어 데스크톱 프로그램을 위해서는 윈도우즈 운영체제를 사용해야 하며, 안드로이드 앱을 만들기 위해서는 안드로이드 스튜디오를 사용해야 합니다.

라이브러리 종류

표준 라이브러리

어떤 프로그래밍 언어를 처음 배울 때는 통상 "Hello World!"를 콘솔창에 띄우는 예제로 시작하게 됩니다. 여기서 보통 출력 함수(예 파이썬의 print() 함수, 자바의 System.out.println() 함수)를 호출하게 되는데, 우리가 콘솔에 글자를 출력하라는 함수를 작성하지 않았는데 어떻게 사용할 수 있었던 것일까요? 바로 '표준 라이브러리Standard Library'라고 불리는 내장 함수 덕분입니다. 표준 라이브러리는 프로그래밍 언어와 함께 제작할 때 미리 제공되는 라이브러리, 즉 프로그래밍 언어가 기본적으로 가지고 있는 라이브러리를 의미하며, 프로그래밍 언어 설치 시 함께 설치되어 바로 사용할 수 있습니다.

외부 라이브러리

외부 라이브러리는 표준 라이브러리와 달리 별도의 파일을 설치하거나 설정해서 사용할 수 있는 라이브러리를 말합니다. 외부 라이브러리는 누구나 개발하고 사용하고, 공유할 수 있습니다. 코딩을 하다 보면 외부 라이브러리 사용은 사실 거의 필연적입니다. 하나부터 열까지 모든 것을 개발하기란 쉽지 않기 때문입니다. 이미 많은 사람이 여러 시행착오를 겪어 만들어 놓은 라이브러리는 직접 만든 것보다 여러모로 안정적이고 신뢰할 수 있습니다. 따라서 특수한 상황이 아닌 이상, 안정성이 검증된 외부 라이브러리를 적절하게 사용하는 것이 개발 시간을 현저하게 단축시켜 줍니다.

대표적인 예가 Node.js의 NPM에서 필요한 모듈을 설치하는 것, 파이썬의 pip install 설치 등이 있습니다. NPM과 pip는 우리가 재료를 '마트'에서 사는 것과 같이 설치할 수 있는 라이브러리가 저장된 저장소 같은 역할을 한다고 생각하면 됩니다. 그리고 개발자가 프로젝트 내에 직접 만든 클래스나 함수도 외부 라이브러리에 속하며, 이를 '사용자 정의 라이브러' 또는 '함수'라고 합니다.

프레임워크 종류

프레임워크는 프로그램을 개발할 때 뼈대를 마련해주는 것이라고 했습니다. 개발에 필요한 화면, 데이터베이스 설정, 디자인 패턴 등이 미리 정해져 있습니다. 따라서 단순히 사용 언어와 맞는다고 프레임워크를 정하는 것이 아니라 '목적성'을 잘 염두해두고 프레임워크를 사용해야 합니다. 참치 김밥을 만들려고 '김밥 만들기 세트'를 구입했다고 해봅시다. 내가 만들 요리는 '참치 김밥'이었으나 해당 밀키트에는 참치가 들어있지 않으면 어떨까요? 이처럼 내가 원하는 기능을 특정 프레임워크에서는 아예 구현조차 하지 못하는 경우도 있을 수도 있습니다. 프레임워크는 주로 특정 언어를 지원하도록 만들어져 있고, 아주 많은 종류가 있으나 여기서는 유명하고, 많은 사람이 사용하는 프레임워크 위주로 소개하겠습니다.

스프링(언어: 자바)

엔터프라이즈급 애플리케이션을 개발할 때 많이 사용하는 프레임워크이며 지원하는 언어는 자바입니다. 자바하면, 스프링을 떠올릴 정도로 자바 개발에 있어 대표적인 프레임워크로 자리잡았습니다.

Vue.js(언어: 자바스크립트)

사용자 인터페이스, 즉 웹 클라이언트 작업에 주로 사용되는 자바스크립트 기반 프레임워크입니다. 반응형 웹을 쉽게 구성할 수 있고 다양한 뷰 구성 요소를 제공하는 것이 특징입니다.

React.js(언어: 자바스크립트)

Vue.js와 마찬가지로 사용자 인터페이스, 즉 웹 클라이언트 작업에 주로 사용되는 자바스크립트 기반 프레임워크입니다. '컴포넌트'라는 작고 격리된 모듈에서 복잡한 UI를 구성할 수 있는 유연한 프레임워크라는 것이 특징입니다.

Angular.js(언어: 자바스크립트, 타입스크립트)

자바스크립트, 타입스크립트 기반 모바일 및 데스크톱 웹 애플리케이션을 구축하는 데 사용할 수 있는 오픈소스 기반 웹 프레임워크입니다. 동적인 웹 애플리케이션을 구현하기 위한 구조적인 프레임워크이고 Angular.js를 사용하면 html을 템플릿 언어로 사용할 수 있다는 장점이 있습니다. 다른 라이브러리와도 잘 동작하며 확장성이 좋습니다.

장고(언어: 파이썬)

파이썬 기반 웹 서버 프레임워크입니다. 웹 개발을 위한 대부분의 기능을 갖추고 있고 깔끔하고 실용적이라는 특징이 있습니다. 높은 수준의 프레임워크로 많은 기능이 구현되어 있기 때문에 빠른 개발이 가능하며 유지보수가 좋고 안정성이 좋지만 확장성이 조금 떨어지는 편입니다.

익스프레스(언어: 자바스크립트)

모바일 및 웹 애플리케이션을 위한 강력한 기능에 담긴 Node.js 웹 애플리케이션 프레임워크입니다. 연결에 사용할 포트의 요청과 응답, 렌더링 등 여러 기능을 간단하게 구현할 수 있습니다. 대부분의 Node.js 웹 서버 개발자가 사용하는 프레임워크입니다.

3. 개발자가 사용하는 '툴'(feat. IDE)

여기서 말하는 '툴'은 라이브러리나 프레임워크처럼 소프트웨어 개발에 있어 직접적으로 필요한 것이 아닌 간접적으로 도움이 되는 '도구tool'를 말합니다. 요리를 할 때 재료를 잘 손질할 수 있도록 하는 '도마'라든지 옷이 더럽혀지지 않게 도와주는 '앞치마'처럼, 없어도 코딩은 할 수 있지만 있으면 좋은 그런 것을 의미합니다. 코드를 작성할 때 사용하는 텍스트 편집기는 코드 작성을 위한 '툴'이지, 이 편집기(에디터)가 프로그래밍 결과물에 직접적으로 연결을 끼치지 않으므로 라이브러리나 프레임워크가 아닌 도구, 즉 '툴'이라는 것입니다.

IDE

IDE(통합개발환경, Integrated Development Environment)란 개발할 때 사용하는 공통적인 기능을 하나로 모아 놓은 도구이며, 개발자를 위한 종합 프로그램이라고 보면 됩니다.

코드를 작성하고 실행할 때 꼭 IDE가 필요한 것은 아닙니다. 메모장에 소스코드를 작성해도 실행환경만 갖춰져 있다면 컴파일과 빌드가 가능합니다. 하지만 IDE를 사용하는 이유는 여러 유틸리티를 수동으로 설정하거나 통합할 필요가 없어 코딩을 빠르고 편리하게 할 수 있기 때문입니다.

'IDE(통합개발환경)'는 단어 그대로 여러 개발환경을 통합해준 것을 말합니다. 즉 개발하면서 사용되는 도구를 한 곳에 모아준 툴이라는 뜻입니다. 그렇다면 무엇이 통합되어 있을까요?

- 소스코드 작성에 필요한 텍스트 편집기
- 언어팩
- 구문^{Syntax} 하이라이팅
- 깃^{Git} 연동
- 터미널
- 기타 플러그인

IDE의 종류에 따라 다르지만 보통 IDE는 위의 기능을 모두 제공합니다.

```
#include <windows.h>
#include <commctrl.h>
#include "resource.h"
#pragma comment(lib, "comctl32.lib")

LRESULT WINAPI WndProc(HWND hWnd,UINT Message,WPARAM wParam,LPARAM lParam);
BOOL WINAPI PageDlgProc(HWND hWnd,UINT Message,WPARAM wParam,LPARAM lParam);
void SaveFile_as(HWND hWnd);
void SaveFile(HWND hWnd);
void FileOpen(HWND hWnd);
void SaveDlgBox(HWND hWnd);

HWND Edit;
HINSTANCE Global_hInstance;
TCHAR FILEPATH[500]=L"제목 없음 - 메모장";
int str_CHANGE = 0;
int CANCEL = 0;
```

[그림 3-7]

일반적인 텍스트 편집기에서 작성한 자바스크립트 코드

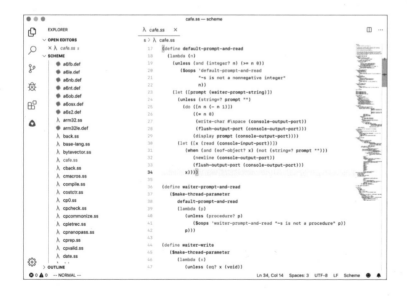

[그림 3-8]

VS Code에서 작성한 자바스크립트 코드

일반적인 텍스트 편집기와 다르게 IDE를 사용하면 언어마다 정해진 문법을 IDE가 이해해서 오타를 잡아주거나 명령어와 일반 텍스트를 구분하고 이에 따라 색상을 다르게 표시해주므로 한결 수월하게 코딩을 할 수 있습니다. 또 따로 터미널을 열어놓을 필요 없이 IDE 안에서 내 컴퓨터의 터미널을 불러올 수 있으며 폴더 및 파일 생성, 환경 설정 파일 조작 등을 할 수 있습니다.

또한, 코드 작성을 위한 텍스트 편집기, 코드를 실행하기 위한 빌더, 코드의 오류를 잡아주는 디버거 등도 제공해주며 플러그인을 설치해서 다양한 기능도 추가할 수 있습니다.

> **여기서 잠깐!**
>
> **컴파일, 빌드, 빌더, 디버거의 차이**
>
> - 컴파일(Compile): 프로그래밍 언어로 쓰여진 소스코드를 바이너리 코드(기계 어이자 컴퓨터가 이해할 수 있는 언어)로 변환하는 과정이다.
> - 빌드(Build): 프로그래밍 언어로 쓰여진 소스코드를 실행파일, 앱 등의 산출물로 만드는 과정이다.
> - 빌더(Builder): 빌드를 쉽고 빠르게 개발할 수 있게 해주는 툴이나 솔루션이다.
> - 디버거(Debuger): 개발 단계에서 발생하는 버그를 찾아내고 수정하는 과정을 '디버깅(Debugging)'이라고 하며 이 디버깅 작업을 도와주는 툴이나 솔루션이다.

IDE 종류 1: 비주얼 스튜디오, 비주얼 스튜디오 코드

비주얼 스튜디오Visual Studio는 마이크로소프트에서 만든 통합개발환경으로, 오랫동안 많이 사용된 IDE입니다. C, C++, C#, F# 등 다양한 언어와 개발환경을 지원하며 특히 C 계열 언어 사용자가 많이 사용하는 IDE입니다. 경량화된 버전으로는 비주얼 스튜디오 코드Visual Studio Code(VS Code)가 있는데, 비주얼 스튜디오보다 훨씬 가볍고 확장성이 뛰어나 인기가 더 많습니다. 저 또한 웬만한 개발환경에는 VS Code를 사용하고 있고, 사용을 추천하는 편입니다.

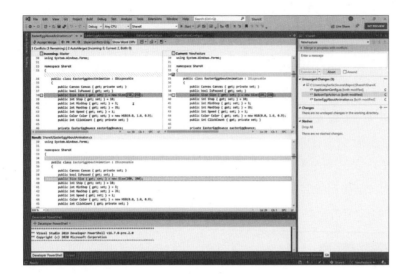

[그림 3-9]
비주얼 스튜디오

출처
https://visualstudio.microsoft.
com/ko/

[그림 3-10]
비주얼 스튜디오 코드

출처
https://docs.microsoft.com/ko-
kr/azure/search/search-get-
started-vs-code

IDE 종류 2: XCode

MacOS에서 사용되는 IDE로 iOS 네이티브 앱 개발을 위한 필수 IDE입
니다.

[그림 3–11]

XCode

출처
https://apps.apple.com/kr/app/
xcode/id497799835?mt=12

IDE 종류 3: 이클립스

오라클^{Oracle}에서 개발한 IDE입니다. 주로 자바로 개발할 때 많이 사용합니다. 자바 개발에 최적화된 IDE로써, 자바 기반 프로그램은 다소 무겁지만 이클립스^{Eclipse}를 사용하면 빠르게 사용이 가능하고 다양한 개발이 가능하도록 편리한 기능도 제공받습니다.

[그림 3–12]

이클립스

출처
https://www.eclipse.org/pdt/

101

IDE 종류 4: 젯브레인스 시리즈

젯브레인스^{JetBrains}에서 개발한 IDE 시리즈입니다. 자바, C/C++, iOS, 데이터베이스, PHP, 루비, Go, 자바스크립트, 파이썬 등 다양한 개발 언어를 지원하지만 각 언어마다 IDE 프로그램이 다르다는 것이 특징입니다. 예를 들어 파이썬은 파이참^{Pycharm}이라는 IDE를 주로 사용합니다. 젯브레인의 IDE는 모두 자바로 개발되어 있는데, (그래서 다소 무겁지만) 수준 높은 자동 완성 기능, 다양한 플러그인 등으로 많은 사랑을 받고 있습니다. 특히 젯브레인스는 코틀린을 만든 회사로도 유명해서 코틀린을 더 잘 지원해준다고 합니다.

[그림 3-13]
젯브레인스 시리즈

출처
https://www.jetbrains.com/
ko-kr/all/

협업툴

개발자들은 항상 시간이 부족하다고 말하곤 합니다. 그만큼 개발할 요소, 공부해야 할 요소, 생각해야 할 요소가 많다는 뜻이 되는데요. 그렇기 때문에 효율적으로 일하고 협업하는 것이 굉장히 중요합니다. 그러므로 이를 지원하는 개발용 협업툴이 다양하게 존재하고 있습니다.

깃, 깃허브

먼저 깃[Git]이라는 것은 소스코드 및 프로젝트의 변경을 관리하는 버전 관리 소프트웨어입니다. 그리고 깃허브[Github]는 깃을 사용하는 프로젝트를 지원하는 웹 호스팅 서비스로 URL을 통해 여러 사람의 코드를 언제 어디서든 볼 수 있습니다. 그리고 깃으로 관리되는 변경사항을 GUI로 손쉽게 볼 수 있는 '소스트리'라는 툴도 존재합니다.

[그림 3-14]
깃허브

출처
https://bit.ly/2Utvin0

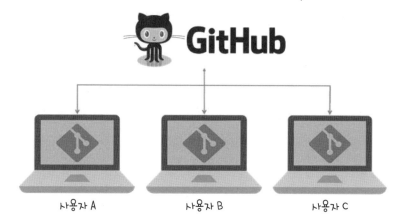

지라

지라[Jira]는 프로젝트 관리 툴로 이슈 중심의 프로젝트 관리와 협업을 가능하게 해주는 툴입니다. 개발자뿐 아니라 디자이너, 기획자 등 다양한 팀원과 함께 사용할 수 있으며 이슈 관리가 매우 용이한 툴입니다. 프로젝트 수행 중 발생하는 이슈를 등록하고 처리, 관리하기가 쉽고 피드백이 바로 가능하도록 만들어져 있습니다. 그렇기 때문에 재택근무를 하는 IT 기업에서 이슈 관리용 툴로 많이 사용하기도 합니다.

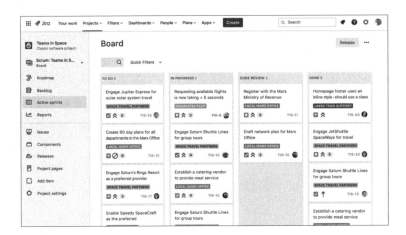

[그림 3-15]
지라

출처
https://www.atlassian.com/ko/
software/jira

슬랙

슬랙Slack은 협업 채팅 툴로 메신저 같은 형태를 띄고 있습니다. 사용자는 각각의 대화방별 주제에 맞게 업무를 하거나 의사소통을 할 수 있습니다. 주로 스타트업이나 IT 기업에서 업무용으로 많이 사용되고 있으며 구글 드라이브나 드롭박스 연동이 간편하다는 특징이 있습니다. API를 연동하여 내 코드에 이상이 있을 경우 알람이 오게 할 수 있는 등 다양한 앱을 따로 생성할 수 있다는 장점도 있습니다.

트렐로

트렐로Trello는 웹 기반 프로젝트 및 일정 관리 툴입니다. 지라와 비슷한 역할을 하며 보드에 카드를 드래그 앤 드롭하는 방식으로 쉽게 프로젝트를 관리할 수 있습니다.

기타 개발 관련 툴

스냅

스냅Snap은 마우스 없이 키보드만으로 원하는 행동을 할 수 있게 설정할 수 있는 MacOS 전용 애플리케이션입니다. 코드를 많이 짜는 개발자의 특성상 키보드에서 마우스로 넘어가는 시간조차 아깝거나 키보드만 사용하는 것이 편한 개발자를 많이 보았는데요. 주로 이 앱을 이용해서 마우스를 쓰지 않고 단축키 설정으로 원하는 앱을 실행하거나 여러 프로그램을 제어합니다.

오 마이 Zsh

우리가 명령어를 칠 때 많이 사용하는 터미널은 주로 배시bash로, 검은 화면에 흰 텍스트만 보이는 정감가지 않는 모습입니다. 오 마이 Zsh(Oh My Zsh)은 개발자가 자신이 원하는 테마와 폰트, 컬러를 설정해 터미널을 이용할 수 있도록 해줍니다. 특히 터미널이 익숙하지 않은 초보 개발자에게 유용하고 100개가 넘는 테마와 플러그인을 제공하기 때문에 원하는 터미널을 만들 때 적합합니다.

라이브코딩

라이브 코딩Live Coding은 말 그대로 코딩하는 모습을 라이브로 방송할 수 있는 플랫폼입니다. 아프리카 TV의 개발자 버전이라고 생각하면 됩니다. 다른 개발자의 코딩을 보거나 내가 코딩하는 모습을 방송으로 송출해 실시간으로 코드에 대한 피드백도 받을 수 있다고 합니다.

레스큐타임

개발을 하려면 시간 관리가 생명이죠. 레스큐타임^{Rescue Time}은 하루동안 내 업무 행동 패턴을 분석해 업무 효율성을 재고할 수 있는 유틸리티입니다. 자동으로 PC 사용 패턴과 시간을 모니터링하고, 업무 습관을 객관적으로 분석해 줍니다. 목표 설정을 통해 하루 단위 또는 주 단위로 보고서를 받을 수 있습니다.

이 외에도 개발에 도움이 되는 '툴'은 엄청나게 많습니다. 플로우 차트^{Flow Chart} 및 알고리즘을 그리기에 용이한 draw.io, 데이터베이스 구조 설계에 용이한 ERDCloud 등 자신이 필요한 목적에 맞게 툴을 적절하게 사용하면 업무 효율과 프로젝트 관리, 개발 일정 관리에 도움이 될 것입니다.

3장을 마치며

개발을 처음 시작할 때는 라이브러리를 사용하는 것조차 어려운 일일수도 있습니다. 그것은 전혀 이상한 것이 아닙니다. 모방은 창조의 어머니라는 말이 있듯이 다른 사람이 만든 코드를 사용하고, 수정하면서 응용해 나가면 됩니다. 그렇게 하다 보면 내가 직접 라이브러리를 생성하는 일도 생길 수 있고, 스스로 나만의 코드 스타일을 창조할 수도 있게 될 것입니다.

4장
같은 결과,
다른 소스코드

하나의 기능을 하는 소스코드를 작성한다고 할 때, 해당 기능을 구현하는 개발자가 5명이 있다고 해봅시다. 5명 모두 똑같은 프로그래밍 언어를 사용한다고 하면, 모두 같은 소스코드가 나올까요? 아니면 약간은 다르지만 일맥상통하는 소스코드가 나올까요? 아니면 언뜻 보아서는 같은 기능을 하는 소스코드인지 전혀 모르겠는 소스코드가 나올까요? 5명의 개발자가 각각의 스타일과 개발 경험이 다르다면 5명 모두 전혀 다른 소스코드를 작성할 확률이 꽤 큽니다. 개발 경험이 늘수록 자신만의 '코드 스타일'을 갖게 되고, 많은 협업을 통해 다른 사람이 쉽게 해석할 수 있는 코드를 작성한 경험이 없다면 그러한 '스타일'은 더욱더 굳어지게 됩니다. 그렇게 자신만의 스타일이 굳건한 개발자가 많다면 협업 및 오픈소스 프로젝트를 진행하는 데 어려움이 있을 것입니다. 그래서 등장한 개념이 바로 '클린 코드'인데요.

이 장에서 '잘 짠 소스코드'는 무엇이며, 이를 위해 어떻게 해야 하는지 알아보겠습니다.

1. 소스코드는 다른데, 왜 결과는 같을까?

[코드 4-1] 자바스크립트 소스코드

```javascript
01 function getGrade(m) {
02     var result;
03     if (m.amount > 1000000) {
04         result = 0;
05     }
06     else {
07         if (m.amount > 500000) {
08             if (m.membership) {
09                 result = 1;
10             }
11             else {
12                 result = 2;
13             }
14         } else {
15             result = 3;
16         }
17     }
18     return result;
19 }
```

위와 같은 소스코드가 있다고 해봅시다. 자바스크립트 언어를 모르는 사람이라도 코드가 깔끔하지 않다는 것 정도는 알 수 있을 것입니다. 왜 그럴까요? 1행에 있는 함수 getGrade()의 기능은 다음과 같습니다.

1. 인자로 받은 m은 회원 정보를 담고 있는 변수이며 m.amount는 회원의 총 구매금액, m.membership은 멤버십 가입 여부를 나타낸다.

2. m.amount가 1000000 이상이면 회원 등급 0을 반환한다.

3. m.amount가 500000 이상이고 멤버십에 가입되어 있으면 회원 등급 1을 반환한다.

4. m.amount가 500000 이상이고 멤버십에 가입되어 있지 않으면 회원 등급 2을 반환한다.

5. 그 외에는 회원 등급 3을 반환한다.

위와 같은 기능을 하는 코드를 좀 더 직관적으로 바꿔볼 순 없을까요?

[코드 4-2] 자바스크립트 소스코드: 회원 등급을 판별하는 함수

```
01 const GOLD = 0;
02 const SILVER = 1;
03 const RED = 2;
04 const WELCOME = 3;
05
06 function getGrade(member) {
07     var user_grade;
08     if (member.amout > 1000000) {
09         user_grade = 0;
10     }
11     else if (member.amount > 500000 && member.membership) {
12         user_grade = 1;
13     }
14     else if (member.amount > 500000 && !member.membership) {
15         user_grade = 2;
16     }
17     else {
18         user_grade = 3;
19     }
20 }
```

위 코드는 [코드 4-1]과 똑같은 기능을 하는 코드입니다. 같은 기능을 하고 같은 결과를 내지만 어떤 기능을 하는 소스코드인지 육안으로 확인하기 훨씬 편하지 않나요?

이처럼 같은 기능을 수행하는 코드라도 어떤 변수를 사용해서 어떤 로직을 구성하느냐에 따라 코드의 모양(스타일)이 다르게 됩니다. 똑같은 책을 읽어도 독후감의 내용이 다르고, 똑같은 것을 느꼈다고 해도 단어와 문장 선택에 따라 글이 달라지는 것처럼 말이죠.

[그림 4-1]
관점에 따라 달리
보이는 무지개

가독성이 좋지 않은 코드의 문제점

우리가 어떤 광고를 볼 때 어떤 광고는 무엇을 상징하고 표현하고 싶었는지 한눈에 알아볼 수 있는 반면, 대체 무슨 의도로 만든건지 모르겠는 광고도 있지 않나요? 오히려 원래의 의미를 상실하고 난잡한 표현으로만 가득한, 그런 광고 말이에요. 소스코드도 이와 마찬가지라고 생각합니다. 소스코드를 만든 개발자의 목적과 의도가 뚜렷한 코드가 좋은 코드라고 할 수 있습니다.

[코드 4-1]의 경우처럼 코드를 작성했을 경우에는 다른 팀원이 내 코드를 보고 그 코드를 해석하는 데 시간을 많이 쓰게 될 것입니다. 코드가 짧은 경우는 괜찮지만 이런 코드가 모인다면 다른 사람이 내 코드를 해석할 때, 또는 향후 내가 짠 코드를 내가 유지 보수해야 할 때도 코드를 이해하는 데 아주 많은 시간을 할애해야 할 것입니다. 사실 코드를 가독성 있게 짠다고 해서 크게 성능이 좋아지지는 않습니다. "코드를 잘 짜라"라고 하는 것은 규칙이나 명령이 아닌 가이드라인이나 스타일 제안에 가깝

습니다. 그래서 버그 없이 소스코드가 잘 동작하기만 하면 스타일은 별로 신경 쓰지 않는 경우도 아주 많습니다. 하지만 그렇게 될 경우 작은 문제점이 눈덩이처럼 불어나 나중에는 더 많은 인력과 자원을 할애해야 할 수도 있습니다. 이렇게 가독성이 좋지 않은 코드의 문제점에는 무엇이 있을까요?

1. 불필요한 요소가 많은 코드는 협업자 및 본인의 집중력도 흐트러트린다.
2. 읽기 어려운 코드는 나도, 다른 사람도 이해하는 데 오랜 시간을 쏟게 된다.
3. 코드에 반복되는 부분이 많으면 오류나 버그가 발생할 확률이 높아진다.
4. 함수나 클래스를 사용하지 않은 코드는 메모리 낭비를 초래할 수 있다.
5. 간결한 논리로 구현되어 있지 않은 코드는 이후 유지 보수할 때 어려워진다.

2. 좋은 소스코드는 무엇인가?
(feat. 클린 코드)

그렇다면 대체 좋은 소스코드란 무엇일까요? 그에 대한 대답을 하기 전에 '나쁜 코드'가 무엇인지부터 짚고 넘어가봅시다.

나쁜 코드

"Later is Never" - Leblanc's Law

위 문구는 '르블랑의 법칙'으로 잘 알려진 "나중은 결코 오지 않는다"라는 유명한 구절입니다.

개발자가 아무리 코드를 잘 짜려고 온갖 심혈을 기울였다고 해도 테스트 과정에서 발견되는 오류는 피할 수 없을 것입니다. 그 과정에서 많은 분란이 일어나기도 합니다. 좋은 코드의 속성은 다양하지만, 그전에 '나쁜 코드'가 무엇인지 알고 나쁜 코드를 피하려고 노력하기만 해도 분쟁의 반은 줄일 수 있을 것입니다. 나쁜 코드는 금이 간 창문과 같습니다. 처음에는 창문에 금만 갔을 뿐, 창문으로써 제 기능을 하지만 시간이 지날수록 그 금이 커져 결국 창문이 깨져버릴 수 있습니다. 나쁜 코드인 줄 알면서도 방치한다면 이후에 단순 버그뿐 아니라 엄청난 오류와 서비스 장애를 맞닥뜨릴 수도 있습니다. 게다가 코드가 너무 복잡해(이런 코드를 스파게티 코드라고 부르기도 합니다.) 그 코드를 이해할 수 있는 사람이 없다면 코드의 수정조차 불가능할 수도 있죠.

'르블랑의 법칙'처럼 "나중에 수정해야지" "코드를 나중에 더 잘 다듬어야지" "시간이 없으니까 일단 돌아가게만 만들어야지" 하며 '나쁜 코드'를 방치하는 동안 문제들은 점점 불어나 여러분을 덮치게 될 것입니다.

그러면 이렇게 시한폭탄과 같은 '나쁜 코드'는 무엇을 말하는 것일까요?

너무 긴 코드

우리가 글을 쓸 때도 한 문장이 너무 길면 글의 의도에 혼동을 줄 수 있는 것처럼, 코드도 너무 길면 기능에 대한 혼란을 줄 수 있습니다. 코드가 너무 길다는 것은 하나의 함수 또는 클래스에 너무 많은 기능이 들어가 있는 상태를 말합니다. 보통 하나의 함수나 클래스는 하나의 기능을 하는 것이 좋습니다.

너무 많은 분기문 또는 중첩문

if~elif~else와 같은 분기문이 너무 많으면 눈으로 그 과정을 확인하기 어렵고, if문 안에 여러 개의 if~else문이 중첩되어 있다면 가독성이 떨어지게 됩니다.

[코드 4-3] 개선 전 분기문

```
01 void compute() {
02     Server server = getServer();
03     if (server != null) {
04         Client client = server.getClient();
05         if (client != null) {
06             Request current = client.getRequest();
07             if (current != null) {
08                 ... 중략
09                 processRequest(current);
10             }
11         }
12     }
13 }
```

[코드 4-4] 개선 후 분기문

```
01 void compute() {
02     Server server = getServer();
03     if (server == null)
04         return;
05     Client client = server.getClient();
06     if (client == null)
07         return;
08     Request current = client.getRequest();
09     if (current == null)
10         return;
11 ... 중략
12     processRequest(current);
13 }
```

중복이 많은 코드

우리가 비슷한 옷을 너무 많이 사면 옷장의 공간이 모자란 것처럼, 중복
이 많은 코드는 메모리 부족 문제 및 버그를 발생시킬 수 있습니다. 또 추
후 수정 시 많은 노력이 필요하기 때문에 클래스와 함수를 잘 활용해 중
복을 최소화해주어야 합니다.

[코드 4-5] 개선 전 코드

```
01 var n1 = 10;
02 document.write(n1 + "은 ");
03
04 if (n1 % 2) {
05     document.write("홀수 입니다.<br>");
06 } else {
07     document.write("짝수 입니다.<br>");
08 }
09 var n2 = 15;
10 document.write(n2 + "은 ");
11 if (n2 % 2) {
12     document.write("홀수 입니다.<br>");
13 } else {
```

```
14      document.write("짝수 입니다.<br>");
15 }
16 var n3 = 19;
17 document.write(n3 + "은 ");
18 if (n3 % 2) {
19      document.write("홀수 입니다.<br>");
20 } else {
21      document.write("짝수 입니다.<br>");
22 }
```

[코드 4-6] 개선 후 코드

```
01 function checkEvenOdd(value){
02      document.write(value + "은 ");
03      if(value % 2){
04          document.write("홀수 입니다.<br>");
05      } else {
06          document.write("짝수 입니다.<br>");
07      }
08 }
09
10 checkEvenOdd(10);
11 checkEvenOdd(15);
12 checkEvenOdd(19);
```

변수 및 함수 이름을 난해하게 작성한 경우

변수를 지정할 때 우리는 잠깐 '로고 디자이너'가 됐다고 생각하며 작명을 하는 것이 좋습니다. '로고'라는 것은 작은 이미지 안에 브랜드의 의도와 목표를 잘 담아야 하는데, 변수를 작명하는 것도 이와 마찬가지입니다. 다른 사람이 볼 때 어떤 기능을 하는 함수이며 어떤 값을 담는 변수인지 한 번에 확인할 수 있도록 변수와 함수 작명을 하는 것이 좋습니다. 언어별 명명법을 숙지하는 것이 좋지만, 명명법을 꼭 지키지 않아도 의도가 분명한 함수명을 지정해주기만 하면 됩니다.

종속성이 높은 코드

'종속성'에 대해 떠올릴 때, 흔히 '도미노'에 비유하곤 합니다. 도미노에서 하나의 블록이 쓰러지면 모든 블록이 쓰러지게 되죠. 이처럼 종속성이 강한 코드는 하나의 모듈이 망가지면 그와 연관된 모든 모듈이 망가지게 됩니다. 따라서 종속성, 의존성이 높은 코드는 하나의 기능을 수정할 때 여러 가지를 수정해야 하는 불편함을 일으키기 때문에 각 함수나 기능이 독립적으로 기능할 수 있도록 코드를 작성하는 것이 좋습니다.

그 외에도 더 다양한 경우가 있지만, 가장 기본적으로 피해야할 나쁜 코드는 위와 같습니다. 그렇다면 나쁜 코드가 아닌, 좋은 코드는 어떤 코드를 말하는 것일까요?

좋은 코드(클린 코드)

"한 문장에 6단어 이하 사용,
그 이상이면 글이 눈에 잘 안 들어와요!"

글을 쓸 때도 잘 읽히는 글을 쓰려면 두괄식으로 문장을 써야 한다거나, 접속사를 활용한다거나, 한 문단에는 한 가지의 주제를 담는다거나, 한 문장 안에는 6단어 이하를 사용해야 한다거나 하는 방법이 있습니다. 좋은 코드를 작성하는 것도 이와 마찬가지입니다. 소스코드는 개발자의 논리적인 생각을 표현한 것이므로 이를 잘 표현하는 것도 개발자의 능력이겠죠? 소스코드만 보고도 "고객의 총 이용금액이 100만 원 이상이면 골드 레벨이라고 판별하는 코드네" 하고 다른 사람이 바로 알 수 있다면 아주 잘 짠 코드가 될 것입니다. 이처럼 다른 사람도 쉽게 코드를 이해할 수 있고, 수정이 쉬운 소스코드를 '클린 코드 Clean Code'라고 합니다.

"논리가 간단하고 가독성이 좋은 코드"

클린 코드란, 말 그대로 논리가 간단하고 가독성이 좋아 모든 팀원이 이해하기 쉽도록 작성된 코드를 말합니다.

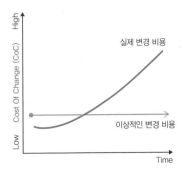 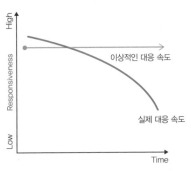

[그림 4-2]
변경 비용과 대응 속도에 대한 이상치와 실제 프로젝트에서 발생하는 수치 비교(Clean Code sheet)

위 그림은 Clean Code Sheet에 나와있는 그래프입니다. 먼저 왼쪽 그래프를 봅시다. 세로축은 CoC Cost of Change로, 코드를 변경할 때 발생하는 비용을 의미하며 가로축은 시간(Time)을 의미합니다. 이상적인 상황이라면 시간이 지날수록 코드를 수정하는 데 드는 비용이 증가하지 않아야 합니다. 즉, 처음부터 잘 짜 놓은 코드라면 코드를 수정하고 변경하는 데 큰 힘이 들지 않는다는 것을 의미하죠. 오른쪽 그래프의 세로축은 대응 속도(Responsiveness)를 의미합니다. 소스코드에서 어떤 오류나 문제가 발생했다고 생각해봅시다. 가독성이 좋고 깨끗한 코드라면 오류가 어디서 발생했는지, 문제가 무엇인지 빨리 파악이 가능하겠죠? 따라서 이상적인 경우라면 문제가 발생했을 경우 시간이 흘러도 문제를 대응하는 속도에 큰 차이가 없어야 합니다. 하지만 잘 짜인 코드가 아니라면 문제를 하나하나 읽으며 찾아야 하고 더군다나 가독성까지 좋지 않으면 어떤 연결고리에서 문제가 발생했는지 파악하기 점점 더 힘들어지니 시간이 지날수록 문제에 대응하는 속도가 느려질 것입니다.

[그림 4-3]
꼼꼼하게 블록이
쌓아올려진 젠가

출처
픽사베이

젠가 게임을 생각해봅시다. 처음부터 블록을 차곡차곡 잘 쌓았다면 블록을 중간에서 빼거나 위로 더 쌓아 올려도 무너지지 않죠? 게다가 탑이 무너졌다면 어느 부분 때문에 무너진 것인지 쉽게 파악할 수 있습니다. 좋은 코드를 잘 작성한다는 것은 촘촘하고 꼼꼼하게 블록을 쌓아 올리는 것과 비슷합니다.

프로그래밍을 할 때 '코드를 읽고 이해하는 시간:코드를 작성하는 시간'의 비율이 10:1 정도 된다고 합니다. 특히 개발자라는 직업의 특성상 다른 사람과 함께 코드를 짜거나, 이미 누군가 짜 놓은 코드를 읽고 수정해야하는 일이 많은데요. 처음부터 잘 짜인 '클린'한 코드가 있다면 인수인계를 받는 사람이 코드를 수정하거나 기능을 추가하는 데 좋습니다.

클린 코드의 주요 원칙

클린 코드를 만들기 위한 주요 원칙은 다음과 같습니다.

1. **Follow Standard Convention:**
   코딩의 표준, 아키텍처 표준 및 설계 가이드(Convention)을 준수하라.

2. **Keep it simple, Stupid:**
   단순한 것이 효율적이다. 복잡한 것은 멀리하라.

3. **Boy Scout Rule:**
   참조되거나 수정되는 코드는 원래보다 깔끔해야 한다.

> Boy Scout Rule
> (보이스카우트 규칙)
> 언제나 처음 왔을 때보다 깨끗하게 해놓고 캠핑장을 떠날 것

4. Root Cause Analysis:
항상 근본적인 원인을 찾아라. 그렇지 않으면 반복될 것이다.

5. Do not multiple language in one source file:
하나의 파일은 하나의 언어로 작성하라.

그 외 좋은 코드를 위한 규칙들은 다음과 같습니다.

1. 의도가 분명하고 발음하기 쉬운 변수명, 함수명, 클래스명으로 코드를 작성한다.

2. 함수 기능 중 세부사항, 즉 직관적으로 파악하기 힘든 내용은 주석으로 남긴다.

3. 읽기 쉬운 흐름 제어를 만들기 위해 조건문 혹은 반복문을 최적화시킨다.

4. 하나의 함수는 하나의 작업만 수행하도록 작게 만든다.

5. 같은 로직을 처리하는 코드가 여러 곳에 있지 않도록 DRY(Do not Repeat Youself)하게 코드를 작성한다.

위와 같은 규칙을 따라서 짜여진 '좋은 코드'의 이점은 다음과 같습니다.

1. 가독성이 좋은 코드가 된다.

2. 의존성을 줄여준다.

3. 오류 발생 확률이 줄어든다.

4. 소스코드의 성능이 최적화된다.

5. 소스코드 로직의 의도가 잘 드러난다.

6. 코드를 작성하지 않은 다른 사람도 쉽게 수정할 수 있다.

7. 테스트 코드를 작성하기 쉽다.

리팩토링이란?

처음부터 수정이 필요 없는 좋은 코드를 만나면 좋겠지만, 세상은 그렇게 녹록치 않습니다. 아마 많은 개발자가 다른 사람이 작성한 코드를 이해하는 데 많은 시간을 할애하다가 아예 새로 짜고 싶은 충동이 들 경우가 많을 것입니다. 이를 위해 등장한 개념이 바로 '리팩토링Refactoring'입니다.

[그림 4-4]
정리정돈 전후의 방

위 그림은 똑같은 방에 정리정돈을 하고 구조를 다듬기 전후를 표현한 이미지입니다. 같은 방이라고 하더라도 얼만큼 깔끔하게 정리되었는지, 구조가 어떤지에 따라 방의 느낌도 다르고 방의 크기도 달라 보입니다. 실제로도 깔끔하고 정돈된 방이 더 생활하기 편할 것입니다. 리팩토링을 얘기할 때 흔히 '소스코드의 악취를 제거하는 일'이라고 합니다. 불필요한 부분을 제거하고 논리 정연하게 만들어주는 것이 마치 방을 정리하는 일과 비슷하다는 생각이 듭니다.

리팩토링이란, 이미 작성한 소스코드에서 구현된 기능, 로직은 변경하지 않고 코드의 가독성과 유지보수성을 높이기 위해 내부 구조만 변경하는 것을 말합니다. 간단하게 말하면, 리팩토링은 '나쁜 코드를 좋은 코드로 바꾸는 과정'인 것입니다.

[그림 4-5]
Rehost, Refactor,
Rearchitect, Rebuild의
구현 비용

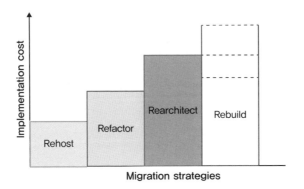

출처
https://www.fastdev.com/blog/
blog/4-common-strategies-
for-azure-cloud-migration/

위 그림은 마이그레이션의 4가지 방법에 따른 구현 비용을 나타낸 그래프입니다. '마이그레이션^{Migration}'이란, '이주'라는 단어 뜻 그대로 새로운 하드웨어나 소프트웨어 혹은 둘 모두가 바뀌는 환경을 의미합니다. 소규모 마이그레이션도 있고, 많은 시스템이 새로운 애플리케이션이나 새롭게 재설계된 네트워크로 옮겨가게 되는 대규모 마이그레이션도 있습니다.

- 리호스트^{Rehost}: 기존 환경을 변경하지 않고 클라우드 환경으로만 옮기는 방법이다.
- 리팩토^{Refactor}: 결과에는 변경이 없도록 하고 애플리케이션의 구조를 약간 변경하는 방법이다.
- 리아키텍트^{Rearchitect}: 애플리케이션의 구조를 처음부터 다시 짜는 방법이다.
- 리빌드^{Rebuild}: 처음부터 애플리케이션을 다시 재구축하는 방법이다.

아예 구조를 다시 짜고 성능을 최적화하는 과정은 '리아키텍처'에 가까우며, '리팩토링'은 단지 '정리 정돈'에 불과합니다. 하지만 리팩토링이 잘되어 있어야 '리아키텍처'도 잘 수행할 수 있고 발생하는 마이그레이션 비용을 줄일 수 있으니 절대 간과해서는 안 되는 부분입니다.

리팩토링은 언제, 어떻게 해야 할까?

> "남이 짠 소스 내가 고치고,
> 내가 짠 소스 내가 고친다"

리팩토링의 법칙을 잘 따라서 소스코드를 작성하며 혼자 뿌듯해하고 있을 때 동료 개발자의 한숨소리가 들립니다. "이 코드는 알아먹기 너무 힘들어요."

클린 코드나 리팩토링 법칙을 최대한 따랐더라도 보는 사람마다 관점이 다르기 때문에 나에게 보기 좋은 코드라고 해서 다른 사람까지 한 번에 이해할 수 있는 코드는 아닐 수도 있습니다.

그렇다면 리팩토링은 언제 필요할까요? "리팩토링이 이럴 경우에 필요하다"라고 정의를 내린 순 없지만 아래와 같은 경우라면 리팩토링을 고려해 볼만 합니다.

❶ 유사한 내용이 세 번 이상 반복될 때(The Rule of Tree)
❷ 새로운 기능을 추가할 때
❸ 코드 리뷰를 할 때
❹ 레거시 코드가 존재할 때

레거시 코드(Legacy Code) 'Legacy'란 유산. 산물이 된 코드라는 뜻인데 누군가 떠나면서 남겨 논 코드를 의미한다. 더이상 쓰기 힘들거나 오류나 버그가 발생되는 오래되거나 나쁜 코드를 의미한다.

그렇다면 리팩토링은 어떻게 하는 것일까요?

Extract Method: 함수를 분리하자

긴 함수는 분리하고 함수명은 짧고 기능을 잘 설명하도록 만듭니다. 긴 함수가 아니더라도 가독성과 재사용성을 향상할 수 있다면 함수를 분리합니다. 또 불필요한 임시변수가 있을 때 이를 함수로 바꾸면 코드 길이는 줄일 수 있고 재활용성에 좋습니다.

[코드 4-7] 수정 전 자바 코드

```
01 void printOwing(double amount) {
02     printBanner();
03     System.out.println('name: ' + this.name);
04     System.out.println('amount: ' + amount);
05 }
```

```
01 void printOwing(double amount) {
02     printBanner();
03     printDetails(amount);
04 }
05
06 void printDetails(double amount) {
07     System.out.println('name: ' + this.name);
08     System.out.println('amount: ' + amount);
09 }
```

Move Class: 클래스를 이동시키자

아래 그림을 보면 '운전'이라는 클래스에 '차를 움직이는' 함수가 포함되어 있습니다. 하지만 '차를 움직이는' 함수는 '운전'이라는 클래스보단 '차'라는 클래스에 속하는 게 더 적절하겠죠? 이처럼 속해 있는 클래스가 아닌 다른 클래스에서 더 많이 사용하는 함수일 때 등 클래스 안의 함수 위치가 적절하지 않다면 이동시킵니다.

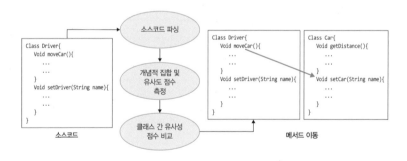

[그림 4-6]
적절한 클래스와
함수 사용

Rename: 이름을 바꾸자

함수, 변수, 클래스, 객체 등 요소 이름을 혼동과 오해가 없도록 수정합니다.

```
function: feature() (X)
function: get_feature() (O)


function: trainer() (X)
function: train() (O)
```

Consolidate conditional expression: 중복 조건식을 통합하자

무분별한 분기 처리는 소스코드에서 너무 많은 중첩을 일으킬 수 있습니다. 중복되는 분기문을 클래스로 만들거나 동적으로 자유롭게 바꿔서 혼란을 줄입니다.

[코드 4-9] 중복 조건식을 통합한 코드

```
01 double disabilityAmount() {  // 같은 결과를 내는 조건문이 많음
02     if (_seniority < 2) return 0;
03     if (_monthsDisabled > 12) return 0;
04     if (_isPartTime) return 0;
05     ...
06 }
07
08 double disabilityAmount() {  // 이를 하나의 조건식으로 합쳐 뽑기
09     if (isNotEligableForDisability()) return 0;
10     ...
11 }
```

Remove Control Flag: 제어 플래그를 지우자

불린^{Boolean} 타입의 제어 변수를 지나치게 많이 사용할 경우 프로그램 처리의 흐름을 파악하기 어렵습니다. 따라서 제어 플래그를 사용하기보단 조건문이 일치할 경우 원하는 값을 반환하는 return을 사용해줍니다.

[코드 4-10] 제어 플래그 대신 조건문을 사용한 코드

```
01 ...
02 done = false;   // 필요 없는 제어 플래그가 있음
03 whie not done {
04     // do something..
05     if (complete) {
06         done = true;
07     // next step..
08     }
09 }
10
11 ...
12 while {
13     // do something ..
14     if (complete) {
15         return;   // 제어 플래그를 사용하는 대신 리턴을 사용
16     // next step..
17     }
18 }
```

여기까지 '나쁜 코드'는 어떤 것이고 '클린 코드'는 왜 좋은지를 알아봤습니다. 이를 잘 기억해서 여러분이 어떤 프로젝트를 진행할 때, '나쁜 코드'로 인해 생산성이 저하되고 있다면(코드를 이해하는 데 시간이 오래 걸려 협업이 더딘다든지, 버그가 많다든지 하고 있다면) 리팩토링을 통해 '나쁜 코드'를 '좋은 코드'로 변경해보는 것은 어떨까요? 팀원과의 협업이 매끄러워질 뿐 아니라 아주 좋은 성장 계기가 될 것입니다.

3. 대문자, 소문자 그게 뭐가 그렇게 중요한가?(feat. 컨벤션)

보통 카페나 음식점에는 음식을 만드는 '매뉴얼'이 있습니다. 만약 매뉴얼이 없다면, '망고 바나나 스무디'를 주문했을 때 어떤 알바생은 망고랑 바나나를 통째로 갈아서 주기도 하고, 어떤 알바생은 우유를 넣어 만들고 어떤 알바생은 물을 넣어 만들기도 하겠죠. 음식이나 음료를 만들 때 매뉴얼이 존재해야 손님은 다른 날 똑같은 음식을 시켜도 같은 음식을 받아볼 수 있게 됩니다. 이처럼 코딩에서도 '매뉴얼' 같은 것이 존재하는데 그것을 우리는 '코딩 컨벤션'이라고 부릅니다.

앞서 언급했듯, 개발자마다 소스코드를 짜는 스타일이 모두 다릅니다. 그래서 발생하는 문제를 앞에서 언급했죠? 과거의 개발자도 똑같은 문제를 겪었고 '코딩 컨벤션(코딩 표준, Coding Convention)'은 이를 해결하기 위해 등장한 개념이기도 합니다.

코딩 컨벤션이란?

코딩 컨벤션은 다른 말로 '코딩 표준' '코딩 스타일'이라고 하며, 가독성이 좋고 일관된 코드 스타일을 유지하기 위해 어떻게 코드를 작성해야 하는지 암묵적으로 정해진 규칙을 말합니다.

참고
https://www.python.org/dev/peps/pep-0008/

언어별로 특성과 원리 구조가 다르기 때문에, 코딩 컨벤션은 언어별로 약간씩 다릅니다. 예를 들어 파이썬에서는 'PEP 8 Coding Style'이라는 것이 있습니다. 그리고 IDE에서 확장 프로그램이나 설정을 적용하면 언어별로 자동으로 코딩 표준 포맷으로 맞춰주는 기능도 있습니다(예 VScode Extension의 Prettier). 하지만 네이밍 같은 IDE나 확장 프로그램이 해결해

127

주지 못하고 개발자가 지켜야 하는 부분도 있습니다. 여기서는 각 언어별 컨벤션에 대해서는 자세히 설명하지 않고, 공통적으로 통용되는 컨벤션에 대해 살짝 살펴보겠습니다.

네이밍 규칙

Pascal Casing(파스칼 케이싱)

- 클래스, 열거형, 이벤트 등의 이름을 만들 때 대문자로 시작한다.
- 복합어일 경우 중간에 시작하는 새로운 단어는 대문자로 적는다.
  - 예 UserClass, MainFrame, SubFrame

Camel Casing(카멜 케이싱)

- 함수의 매개변수 이름에 적용되는 첫 번째 문자는 소문자로 시작한다.
- 복합어일 경우 파스칼 케이싱과 동일하게 적용한다.
- 주로 자바에서 많이 사용한다.
  - 예 userClass, mainFrame, subFrame

GNU Naming Convention, Snake Case(GNU 네이밍 컨벤션, 스네이크 케이스)

- 리눅스 프로젝트들은 GNU라고 하는 형태의 명명법을 주로 사용한다.
- Snake Case와 동일하며 C에서 많이 사용한다.
- 모두 소문자를 사용하되, 복합어 사이는 '_'로 연결한다.
  - 예 user_class, main_frame, sub_frame

Constant(상수)

- 거의 모든 명명법에서 상수를 표기하는 방법은 동일하다.
- 모든 문자를 대문자로 사용하되 복합어 사이는 '_'로 연결한다.
  - 예 DEFAULT_CODE, DB_NAME

암묵적인 네이밍 규칙

1. 변수와 클래스에는 동사 사용을 지양한다.
    > ExtractGrade (×), GradeExtractor (○), work (×), worker (○)

2. 함수에는 코드의 기능을 알 수 있는 동사를 사용한다.
    > grade( ) (×), get_grade (○), getGrade (○)

3. 변수명에는 관사 및 전치사 사용을 지양하되, 복수 사용은 지향한다.
    > a_boy (×), the_boys (×), boy (○), boys (○)

4. 통상적으로 사용되는 변수명, 규칙을 사용한다.
    > tmp, temp, obj, worker, flag, idx, info, freq, token, is_condition, num

5. 상수는 모두 대문자를 사용한다.
    > WIDTH, NUM, USER

6. 변수가 길어질 경우 축약한다.
    > total_distance → total_dist, number → num, probability → prob, index → idx

기타 암묵적인 스타일 규칙

1. 들여쓰기를 습관화하자.

```
function sample_func() {
    console.log('들여쓰기 OK')
}
```

```
function sample_func() {
console.log('들여쓰기 X')
}
```

2. 연산자 사이에 공백을 준다.

```
const num = 0
for (i=0;i<10;i++){  // 나쁜 예
    num += i
}
```

```
const num = 0
for (i = 0; i < 10; i++) {  // 좋은 예
    num += i
}
```

3. 괄호 사이에 불필요한 공백은 없게 한다.

```
const num = 0
for ( i = 0; i < 10; i++ ) {  // 나쁜예
    num += i
}
```

```
const num = 0
for (i = 0; i < 10; i++) {  // 좋은예
    num += i
}
```

4. 주석은 되도록 짧게 한 줄로 축약한다.

```
// 좋은 예
if (isCondition) {

    // condition True일 경우 수행
    showAdultMovie();
}
```

```
// 나쁜 예: 공백을 주지 않으면 가독성이 떨어진다.
if (isCondition) {
    // condition True 일 경우 수행
    showAdultMovie();
}
```

```
// 나쁜 예: 주석의 들여쓰기가 설명할 주석과 단계가 다르다.
if (isCondition) {

// condition True 일 경우 수행
    showAdultMovie();
}
```

5. 하단 코드를 설명하기 위해서는 독립된 줄에 주석을 작성하고, 주석 앞의 코드를 설명하기 위해서는 줄 끝에 주석을 작성한다.

6. '공백'은 가독성을 위해서만 사용한다. '한 줄 공백'은 함수 사이, 함수와 지역 변수와 첫 문장 사이, 여러 줄 주석이나 한 줄 주석 이전, 함수 내 가독성 향상을 위해 논리적으로 나눈 그룹 사이에만 사용한다.

코딩 컨벤션을 따랐을 때 생길 수 있는 이점은 앞에서 언급한 좋은 코드의 이점과 동일합니다. 하지만 모든 경우에는 장단점이 있는 법이죠. 코딩 컨벤션을 지켰을 때 좋지 않은 점도 있습니다. 그 경우는 다음과 같습니다.

코딩 컨벤션을 지켰을 때의 단점

1. 해당 언어를 충분히 이해하지 못한 상태에서 표준을 따르기에는 어렵다.
2. 창의성이 감소할 수 있다.
3. 코드 구조를 지나치게 강제할 수 있다.
4. 컨벤션은 NIH를 부추길 수 있다.

NIH(Not Invented Here)
자신이 만든 것이 아닌 것을 배척하는 행동 및 태도다.

4. 디자인 패턴과 모듈화
   그리고 마이크로 서비스

디자인 패턴이란?

요리를 할 때 보통 어떻게 조리법을 찾아보나요? 제 경우에는 포털 검색 창에 'ㅇㅇ요리 레시피'처럼 검색을 하곤 합니다. 하지만 글마다 모두 조리법이 달라서 가끔 혼동이 오는데요. '오징어 볶음'을 요리하고 싶을 때 어떤 레시피는 물엿을 넣으라고 하고, 어떤 레시피는 설탕을 넣으라고 하고, 어떤 레시피는 고추장보다 고춧가루가 많이 들어가고 어떤 레시피는 고춧가루만 넣으라고 하고. 어떻게 만들어야 맛있게 만들 수 있을지 혼란이 오곤 합니다. 오징어 볶음을 만들 때는 오징어를 넣고 고춧가루, 설탕을 넣고 볶다가…. 이런 식으로 설명된 글보단 "'백종원 오징어 볶음' 레시피대로 만드세요!"라고 정해주는 글이 더 덜 혼란스럽고 깔끔하지 않나요?

소프트웨어 공학에서 말하는 디자인 패턴^{Design Pattern}의 '디자인'은 우리가 아는 그 디자인이 아닌 '설계'를 의미합니다. 디자인 패턴은 "이번 프로젝트는 객체와 클래스를 조합해 더 큰 구조를 만들도록 설계해서 재사용성을 늘립시다"라고 설명하기보단 "이번 프로젝트에서는 '구조 패턴을 사용해봅시다'"라는 식으로 깔끔하게 설명할 수 있도록 도와줍니다. 프로그램 설계 방식을 명명해 '패턴'으로 지정하고 어떻게 프로그램과 소스코드를 설계해야 하는지에 대한 방법론이라고 보면 됩니다. 디자인 패턴은 GoF 패턴이라고 불리기도 하는데 그 이유는 4명의 유명한 개발자(Gang of Four)들에 의해 고안되었기 때문이라고 합니다.

"바퀴를 다시 발명하지 마라(Don't reinvent the wheel)"는 말이 있습니다. 이미 잘 만들어져 있는 것을 처음부터 다시 만들어 괜히 비용을 발생시키지 말라는 의미입니다. '디자인 패턴'은 많은 사람이 시행착오를 겪고 설계적 관점에서 좋은 코드를 만들기 위해 만들어진 방법론입니다. 그렇기 때문에 "좀 더 좋은 방법이 있지 않을까?" 고심하지 말고 원하는 패턴을 그대로 가져다 사용하자는 취지에서 탄생했습니다.

디자인 패턴의 원칙

"객체 간 응집도는 높게,
결합도는 낮게,
요구 사항 변경 시 코드 수정을
최소화하도록"

디자인 패턴은 '객체 간 응집도는 높게, 결합도는 낮게, 요구사항 변경 시 코드 수정을 최소화하도록' 하는 코드를 짜기 위해 만들어진 원칙이라고 볼 수 있습니다. 디자인 패턴은 설계 관점에서 좋은 코드를 만드는 방법이므로 고급 개발자에게 필요한 스킬이기도 합니다.

디자인 패턴의 종류

[그림 4-8]은 GoF가 처음 정립한 23개의 디자인 패턴 관계도입니다. 디자인 패턴의 종류로만 23개가 있는데, GoF가 디자인 패턴을 정립한 후 23개보다 더 많은 패턴이 생성되었다고 합니다. 모두 살펴볼 순 없고 큰 범주의 패턴에 대해서만 언급하고 넘어가겠습니다.

[그림 4-7]
디자인 패턴 관계도

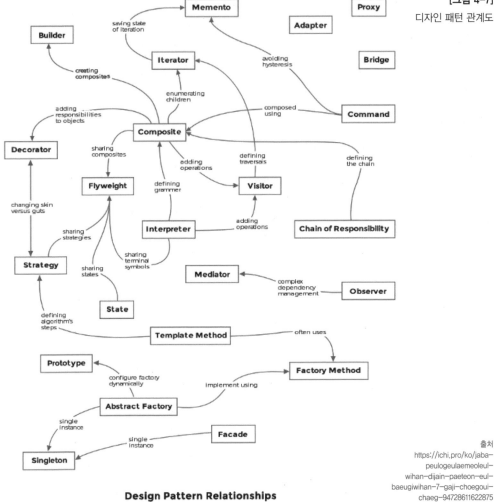

Design Pattern Relationships

출처
https://ichi,pro/ko/jaba-
peulogeulaemeoleul-
wihan-dijain-paeteon-eul-
baeugiwihan-7-gaji-choegoui-
chaeg-94728611622875

디자인 패턴은 크게 '목적'에 따라 생성, 구조, 행위 패턴으로 나눌 수 있습니다.

[표 4-1]
디자인 패턴 종류

생성 패턴	구조 패턴	행동 패턴
싱글톤(Singleton)	어댑터(Adapter)	스트레티지(Strategy)
팩토리 메서드 (Factory Methods)	브리지(Bridge)	템플릿 메서드 (Template Methods)
추상 팩토리 메서드 (Abstract Factory Methods)	컴퍼지트(Composite)	옵저버(Observer)
빌더(Builder)	데코레이터(Decorator)	스테이트(State)
프로토타입(Prototype)	퍼사드(Facade)	비지터(Visitor)
	플라이웨이트(Flyweight)	커맨드(Command)
	프록시(Proxy)	인터프리터(Interpreter)
		이터레이터(Iterator)
−		미디에이터(Mediator)
	−	메멘토(Memento)
		책임 연쇄 (Chain of Responsibility)

생성 패턴

생성 패턴Creational Patterns은 '생성'에 초점을 맞춘 개념입니다. 어떤 것을 '생성'하는 것에 중점을 두냐, 그것은 바로 '객체'입니다.

예를 들어, 자동차를 판매하는 프로그램이 있다고 해봅시다. 구입하는 차가 외제차든 국산차든, 결제 방법이 현금이든 카드든, '차 구매'라는 객체만 생성하면 구매가 이루어지도록 설계한 것을 '생성 패턴'이라고 합니다. 그 안에 어떤 절차가 표현되어 있는지 완전히 가리고 '객체'를 '생성'하는 것에만 초점을 둡니다. 그렇기 때문에 '차 구매'라는 로직 안에서 어떤 종류의 차를 생성할지, 누가 구매할지, 어떤 결제 방법을 사용할지 등 결정하는 것이 자유롭죠. 즉, 객체 생성에 관련된 패턴으로 객체가 생성되거나 변경되어도 프로그램 구조에 영향을 받지 않는 유연성을 제공하게 됩니다.

구조 패턴

구조 패턴Structural Patterns은 클래스나 객체를 조합해 더 큰 '구조' 또는 새로운 기능을 만드는 패턴입니다. 자동차 회사에서 '고객 서비스'라는 새로운 기능을 개발하고 싶다고 해봅시다. 아예 처음부터 고객에 대한 정보와 구매 이력을 가지고 해당 기능을 만드는 것이 아니라 이미 만들어져 있는 '자동차 구매'라는 클래스와 '고객 정보'라는 클래스를 가지고 '고객 서비스' 기능을 만들어내는 것을 '구조 패턴'이라고 합니다. 주로 서로 다른 여러 개의 객체를 '합성'하여 통일된 하나의 기능을 제공할 수 있습니다.

[그림 4-8]
구조 패턴을 비유한 그림

행위 패턴

행위 패턴Behavioral Patterns은 객체나 클래스 사이의 '행위'에 초점을 맞춘 패턴입니다. 행위 패턴을 사용하면 객체를 서로 어떻게 연결시켜 제어할지를 패턴화하게 됩니다.

'고객 정보'를 담고 있는 객체와 '구매 정보', '배송 정보'를 담고 있는 객체가 있을 때 고객이 변심으로 인해 구매를 취소했다면 어떤 객체부터 접근하여 내용을 변경해야 할지, 위 세 객체를 어떻게 연결시켜야 서로 영향이 없을지 등을 패턴화시키는 것이죠.

[그림 4-9]
행위 패턴을 비유한 그림

특히 객체나 클래스 사이의 알고리즘이나 책임 분배를 잘 나눠서 한 객체가 혼자 수행할 수 없는 작업을 여러 개의 객체로 분배하는 효율적인 방법을 제시합니다. 그러면서 동시에 객체 사이의 결합도는 최소화하는 것에 중점을 둡니다.

4장을 마치며

지금까지 '좋은 코드'가 무엇이며, '클린 코드'를 작성하기 위해 어떤 방법이 있었는지 살펴보았습니다. 하지만 이 모든 것을 인지할 뿐 습관을 들여놓지 않으면 나쁜 코드인 줄 알면서도 습관처럼 가독성이 좋지 않은 코드를 짜게 됩니다. 그렇다면 '좋은 코드를 짜는 습관'을 들이려면 어떻게 해야 할까요? 일단 자주, 많이, 꾸준히 코딩하게 되면 어떤 코드가 좋은 코드인지 감을 잡을 수 있을 것입니다. 하지만 그전에 각 언어별 문서와 컨벤션을 한번 살펴보고, 비슷한 기능을 하는 다른 사람의 깔끔한 코드를 자주 들여다보는 것도 좋은 방법입니다.

로버트 C 마틴[Robert Cecil Martin]이라는 저자가 〈클린 코드(Clean Code, 2013년)〉라는 책을 통해 어느 정도 클린 코드를 정의하긴 했지만 사실 정답은 없습니다. 각자의 방식과 스타일이 모두 다르기 때문이죠. 이는 최소한의 통일성을 위한 규칙일 뿐입니다. 내 코드가 '클린 코드'와 거리가 너무 멀다고 해서 지금 당장 빡빡하게 모든 규칙을 지키며 코딩할 필요는 없습니다. 작은 규칙을 따르는 것부터 시작해 봅시다.

우리가 '코딩'을 할 때, 우리가 살고 있는 실세계의 논리에 기반하여 소스코드로 원하는 동작을 표현하게 됩니다. 그리고 그 가능성은 무궁무진합니다. 과거에는 상상조차 못했던 것을 현재는 하나의 '프로그램'으로 구현할 수 있게 되었습니다. 그렇게 보면 컴퓨터가 꽤나 많은 일을 할 수 있는 것 같은데, 실제로는 그렇지 않습니다. 컴퓨터는 디지털 2진수라고 하는 1비트, 즉 스위치 한 개로 두 가지 상태 밖에 표현하지 못합니다. 그렇지만 그 두 가지의 상태를 조합해서 아주 많은 상태를 생산해냅니다.

컴퓨터 내부에서 프로세서와 메모리를 통해 어떤 식으로 연산하는지에 대한 이론을 '컴퓨터 구조'라고 하는데 '컴퓨터 구조'를 알아야 프로그래밍 언어를 좀 더 깊게 이해할 수 있게 됩니다.

이 장에서는 코딩을 하기 위해서 최소한으로 알아야 할 '컴퓨터 구조'에 대한 이론을 살펴보게 됩니다. 그리고 컴퓨터가 사람과 대화하기 위해 어떤 방식으로 동작하는지에 대해서도 다뤄보겠습니다.

1. 소스코드를 돌릴 때 컴퓨터에서 일어나는 일

컴퓨터는 시스템적으로 바라봤을 때 '하드웨어'와 '소프트웨어'로 이루어져 있습니다. 하드웨어를 사람으로 비유하자면 머리, 몸, 다리, 눈, 코, 입, 귀, 피부 등의 신체 기관과 같이 '실체가 있는 것'을 의미합니다. 그렇다면 하드웨어는 컴퓨터의 어떤 부분을 말할까요? 컴퓨터의 본체와 하드디스크, CPU, 모니터, 키보드 등 각종 본체 부품처럼 형태가 있는 것을 말합니다.

소프트웨어는 사람의 생각, 정신, 지능 등 '물리적인 형태가 없는 것'이라고 할 수 있습니다. 컴퓨터에서 소프트웨어는 물리적인 형태가 없는 0과 1의 조합이라고 볼 수 있습니다. 예를 들어, 숫자 2를 2진수로 표현한 데이터 10은 소프트웨어의 일부라고 볼 수 있고 각종 숫자나 문자 등의 데이터를 연산하여 결과를 생성하는 프로그램도 소프트웨어라고 볼 수 있습니다. 즉, 소프트웨어는 연산을 수행하기 위해 하드웨어를 제어하는 명령의 집합으로 구성된 프로그램과 데이터를 총칭하는 개념입니다.

[표 5-1]
컴퓨터 구성

구성	하드웨어			소프트웨어	
구분	중앙처리 장치	기억 장치	입출력 장치	시스템 소프트웨어	응용 소프트웨어
내용	CPU	RAM HDD	마우스 프린터 키보드	운영체제 컴파일러	워드프로세서 포토샵

여기서 "코딩을 하는 데 컴퓨터 구조를 꼭 알아야 하나요?" 하는 의문이 들 수도 있습니다. 1+2의 결과를 내는 함수를 구현했다고 해봅시다. 변수 1과 2가 메모리의 어디 위치에 저장되며 어떤 시스템 명령어를 통해

연산이 이루어지는지까지 알아야 할 필요는 없습니다. 하지만 컴퓨터 구조를 알게 되면 프로그램 언어가 실행되어지는 방식을 이해하는 데 많은 도움을 얻을 수 있습니다. 소스코드를 컴파일할 때 어떤 일이 일어나는지, 왜 연산에 있어서 오류가 발생했는지 등에 대한 이해가 빨라지게 됩니다. 또 종종 컴퓨터 구조를 몰라서 발생하는 오류도 생기곤 하고 컴퓨터 구조를 알아야 메모리를 효율적으로 사용할 수 있는 시각도 갖게 될 수 있습니다.

여기서 잠깐!

이 책은 '프로그래밍'을 하는 '개발자'가 대상이므로 컴퓨터가 2진수를 어떤 방법으로 실행하는지, 전기 신호가 어떻게 흘러가 동작하는지에 대해서까지 자세하게 다루지 않겠습니다. 이 파트는 단지 소스코드가 실행될 때, 운영체제가 프로그램 정보를 읽고 메모리 공간에 할당하며 동작하는 방법을 이해하기 위한 파트입니다.

컴퓨터 구조란?

'컴퓨터 구조'라고 하면 컴퓨터를 구성하고 있는 구성 요소의 동작 요소와 특징을 고려해 컴퓨터가 어떤 방식으로 명령을 받아 연산을 수행하며, 데이터를 표현하는지에 대한 전반적인 것을 칭합니다.

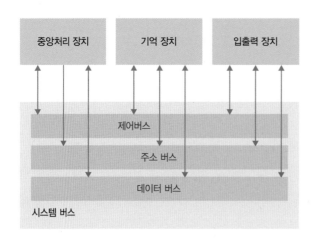

[그림 5-1]
하드웨어를 이루는 요소들

컴퓨터 구조를 이루고 있는 '하드웨어'는 크게 '중앙처리 장치', '기억 장치', '입출력 장치', '시스템 버스'로 나눌 수 있으며 각각이 하는 일은 아래와 같습니다.

중앙처리 장치

중앙처리 장치인 CPU^{Central Processing Unit}는 다른 말로 '프로세서^{Processor}'라고도 합니다. CPU가 컴퓨터의 성능을 크게 좌우한다는 사실은 익히 알려져 있는데요. CPU는 사람으로 따지면 사람의 '뇌'와 같은 역할을 하는 곳입니다. 우리가 "공이 내 얼굴 쪽으로 날아온다"는 신호를, 눈을 통해 받게 되고 해당 신호를 뇌가 해석해 "피해야 한다"라는 명령을 내립니다. 마찬가지로 CPU는 입력이 들어오면 어떻게 해석하고 처리할 것인지를 판단하는 역할을 합니다.

그리고 CPU 속에는 제어 장치^{CU, Control Unit}, 연산 장치^{ALU, Arithmetic and Logical Unit}, 레지스터^{Register}로 이루어져 있습니다.

- **제어 장치:** 말 그대로 컴퓨터 시스템의 작동을 통제 및 지시하는 장치입니다. 사람의 뇌에서 '대뇌'가 중추신경계에서 가장 상위 영역을 차지하고 대부분의 정신 기능을 사용하는 것처럼 제어 장치도 모든 장치를 제어하고 통제, 감독하는 역할을 합니다.
- **연산 장치:** 우리 뇌가 단지 신호를 해석하는 것뿐 아니라 계산을 할 수 있는 것처럼 CPU에서 연산 부분을 담당합니다.
- **레지스터:** 우리 뇌가 기억할 수 있는 능력이 있는 것처럼 CPU에서 임시 기억 장소 역할을 하는 곳입니다.

기억 장치

기억 장치^{Memory}는 우리가 흔히 "메모리가 크다, 작다"라고 말할 때의 그 메모리를 말합니다. 말 그대로 데이터를 저장하기 위한 곳을 의미합니다. 기억 장치는 크게 '내부 기억 장치'와 '외부 기억 장치'로 나뉩니다.

- **내부 기억 장치:** CPU가 직접 접근하여 저장된 데이터를 꺼내 오고 넣을 수 있는 부분입니다.
- **외부 기억 장치:** 디스크나 외장 하드, CD-ROM과 같은 보조 기억 장치의 용도로 활용되고 CPU가 직접적으로 접근할 수는 없습니다. 그렇기 때문에 외부 기억 장치에서 데이터를 다루게 되면 내부 기억 장치를 사용할 때보다 더 느립니다.

입출력 장치

입출력 장치^{IO, Input/Output}는 데이터를 입력하고 출력하는 데 필요한 '인터페이스 역할'을 합니다. 인터페이스는 사물과 사물 또는 인간과 사물 사이의 경계에서 상호간 소통을 위해 만들어진 매개체를 말합니다. 우리가 문자를 컴퓨터에 넣기 위해 키보드를 사용하는 것, 출력된 결과를 보기 위해 모니터를 사용하는 것 모두 입출력 장치를 사용한다고 볼 수 있습 니다.

시스템 버스

시스템 버스^{System Bus}는 '버스'라는 것에서 알 수 있듯 컴퓨터의 구성요소를 서로 연결하고 데이터를 전달하기 위한 경로를 말합니다. 시스템 버스는 제어 버스^{Control Bus}, 주소 버스^{Address Bus}, 데이터 버스^{Data Bus}로 이루어져 있습니다. 각각이 하는 일은 이름에서 알 수 있듯 제어 버스는 '제어 신호 (Read, Write)를 전달'하는 역할을 하고, 주소 버스는 '메모리의 주소나 입출력 장치의 포트 번호를 전달'하는 역할을 하며, 데이터 버스는 '데이터를 전달'하는 역할을 합니다.

그리고 위에서 언급한 하드웨어, 즉 컴퓨터 시스템이 하는 일은 크게 네 가지로 나눌 수 있습니다.

- 데이터 처리^{Data Processing}
- 데이터 저장^{Data Storage}

- 데이터 이동 Data Movement
- 제어 Control

프로그램이 실행될 때 일어나는 일

우리가 [코드 5-1]과 같이 구구단을 출력하는 소스코드를 하나를 짰다고 해봅시다. 이 소스코드를 실행하면 "콘솔에 구구단을 출력한다"라는 눈에 보이는 결과말고, 이 코드를 돌린 컴퓨터에는 무슨 일이 일어날까요?

[코드 5-1] C로 작성한 구구단 출력 소스코드

```
01 main() {
02     int n, val, a = 2;
03
04     while(a <= 9) {
05         n = 0;
06         while(n < 9) {
07             n += 1;
08             val = a * n;
09             printf("%d*%d = #d \n", a, n, val);
10         }
11         a++;
12     }
13 }
```

프로그램이 실행되기 위해서는 먼저 프로그램이 메모리에 로드(load)되어야 합니다. 그리고 해당 프로그램 내에서 필요한 여러 변수를 위한 메모리 공간도 필요합니다. 우리가 이 코드를 돌린다고 했으니 메모리에 적재할 '프로그램'의 주체는 'C로 작성한 구구단 출력 소스코드'가 되고 여기서 말하는 '메모리'는 우리가 흔히 이야기하는 램 RAM입니다.

소스코드로 작성된 프로그램이 메모리에 적재되고 실행되는 방법과 순서는 다음과 같습니다.

램(RAM)
일반적으로 메모리, 주기억장치라고 하면 '램'을 가리키는 말이다.

145

프로그램이 메모리에 적재되는 순서

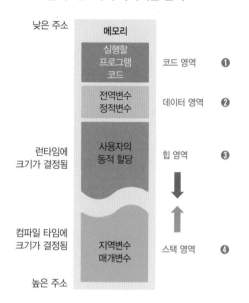

낮은 주소

런타임에
크기가 결정됨

컴파일 타임에
크기가 결정됨

높은 주소

[그림 5-2]
프로세스가
운영체제로부터 할당
받는 메모리 공간

❶ 제일 먼저 실행할 프로그램 코드가 메모리에 로드되는데, 이렇게 '메모리에 적재된 프로그램'을 '프로세스'라고 합니다. 운영체제에 의해 프로세스는 램(메모리)의 일부 공간을 할당 받아 생성됩니다.

이렇게 생성된 공간을 '코드 영역' 또는 '텍스트 영역'이라고도 합니다. 프로그램의 '코드' 자체가 저장되는 공간을 의미하기 때문입니다. 프로그램이 시작하고 종료될 때까지 메모리에 계속 남아있는 영역입니다. 이 영역에는 우리가 작성한 '소스코드'가 아닌 '컴파일된 기계어'가 들어가게 됩니다. CPU는 이 코드 영역에 저장된 명령어를 하나씩 가져가 처리하게 됩니다.

❷ 프로그램의 전역변수, 정적변수, 상수가 저장되는 영역이 생성되며 이를 '데이터 영역'이라고 합니다. 이 영역도 마찬가지로 프로그램의 시작부터 종료까지 메모리에 계속 남아 있게 됩니다.

정적 변수
함수 내부에서만 사용할 수 있는 변수이며 전역변수는 프로그램 전체에서 사용할 수 있는 변수를 의미한다. 또 상수는 값을 변경할 수 없는 변수를 의미한다.

[코드 5-2] 데이터 영역에 할당된 a, b 변수

```
01 import Foundation
02
03 var a: Int = 10;   // 데이터 영역에 할당
04 var b: Int = 20;   // 데이터 영역에 할당
05
06 func dataFunc()  -> Bool {
07     return true
08 }
```

❸ '힙 영역'은 개발자가 직접 관리할 수 있으며 직접 관리를 해주어야 하는 영역입니다. 개발자에 의해 메모리 공간이 할당되고 해제됩 니다.
여기서 할당되는 공간은 '사용자의 동적 할당' 영역입니다. '동적 할당'은 실행 중에 사용할 메모리 공간을 할당하는 것을 말합니다.
'정적 할당'은 식당에서 6명이 갔을 때와 2명의 갔을 때 다른 크기의 자리를 주는 것처럼 프로그램마다 사용할 메모리 크기를 고려해 컴파일 시기에 메모리를 할당해 주는 것을 말합니다. 이와 반대로 '동적 할당'은 식당에서 인원이 더 추가되어도 자리를 계속 붙여줘 공간을 넓혀주는 것처럼 프로그램이 실행되는 런타임 동안 사용자가 직접 공간의 크기나 시점을 결정할 수 있습니다.

❹ '스택 영역'은 함수의 호출과 관계되는 지역변수와 매개변수가 저장되는 영역입니다. 함수의 호출이 완료되면 사라지는 영역으로 프로그램이 자동으로 사용하는 임시 메모리 영역이라고 볼 수 있으며 '정적 할당' 영역입니다.

[코드 5-3] 지역변수와 매개변수가 저장되는 스택 영역

```
01 import Foundation
02
03 var a: Int = 10;   // 데이터 영역에 할당
04 var b: Int = 20;   // 데이터 영역에 할당
05
06 func dataFunc() -> Bool {
07
```

```
08    someFunc1(3)
09    someFunc2(5)
10
11    return true
12 }
13
14 func someFunc1(c: Int) {
15    int d = 30;
16    // 매개변수 c와 지역변수 d가 스택 영역에 할당
17 }
18
19 void someFunc2(e: Int) {
20    int f = 40;
21    // 매개변수 e와 지역변수 f가 스택 영역에 할당
22 }
```

여기까지 프로그램의 소스코드와 소스코드 안에 있는 변수들이 메모리에
적재되는 과정을 살펴보았습니다. 우리가 요리를 하기 전, 재료를 준비해
놓는 과정과 같다고 생각하면 됩니다. 프로그램이 메모리에 적재되었으
면 준비 과정은 모두 끝난 것입니다. 이후 우리가 짠 소스코드가 실행하
게 됩니다. 요리를 실제로 해서 완성된 요리를 만드는 것과 같습니다. 요
리할 때 재료를 다듬고 볶고 양념하는 과정이 한 번에 일어날 수 없는 것
처럼 소스코드가 실행되는 것도 한 번에 모든 코드가 실행되는 것이 아닌
한 줄 한 줄 실행되게 됩니다. 어떻게 실행되는지 살펴봅시다.

소스코드가 실행되는 순서

❶ 수행되어야 하는 동작이 담긴 명령(코드)들이 코드 영역 안으로 들어
가게 됩니다.

[그림 5-3]
코드 영역으로 들어간
명령

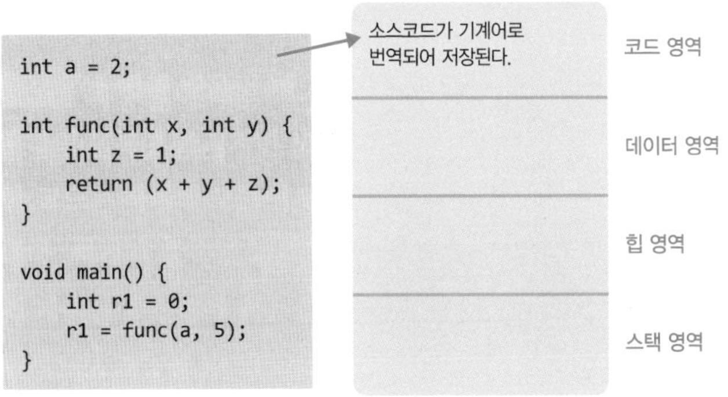

```
int a = 2;

int func(int x, int y) {
    int z = 1;
    return (x + y + z);
}

void main() {
    int r1 = 0;
    r1 = func(a, 5);
}
```

소스코드가 기계어로
번역되어 저장된다.

코드 영역

데이터 영역

힙 영역

스택 영역

❷ 레지스터가 코드 영역에서 실행되어야 할 부분을 가리키면 해당 순서대로 프로그램이 실행됩니다. 아래는 전역 변수인 a가 데이터 영역으로 들어가고 main() 함수가 스택 영역으로 들어가는 모습을 표현한 그림입니다.

[그림 5-4]
데이터 영역과
스택 영역으로 들어간
명령

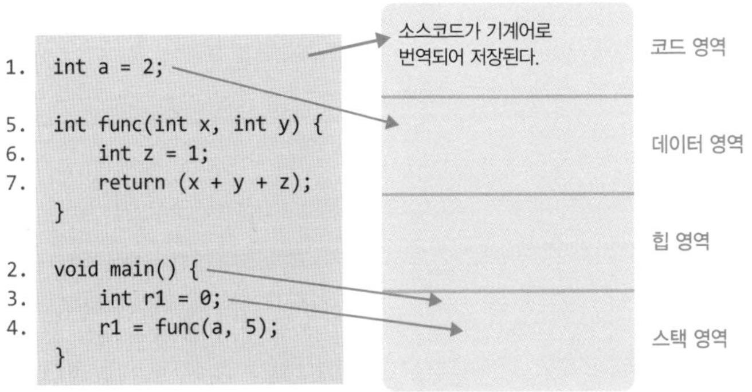

```
1.  int a = 2;

5.  int func(int x, int y) {
6.      int z = 1;
7.      return (x + y + z);
    }

2.  void main() {
3.      int r1 = 0;
4.      r1 = func(a, 5);
    }
```

소스코드가 기계어로
번역되어 저장된다.

코드 영역

데이터 영역

힙 영역

스택 영역

❸ main() 함수 내부에서 func() 함수가 호출될 때의 순간을 나타낸 아래 그림처럼 호출할 함수에 전달할 인자가 역순으로 스택에 쌓이게 됩니다. 아래 스택 영역의 'return address'라는 것은 func() 함수의 실행이 완료되었을 때 돌아올 위치를 나타냅니다.

```
1.   int a = 2;

5.   int func(int x, int y) {
6.       int z = 1;
7.       return (x + y + z);
     }

2.   void main() {
3.       int r1 = 0;
4.       r1 = func(a, 5);
     }
```

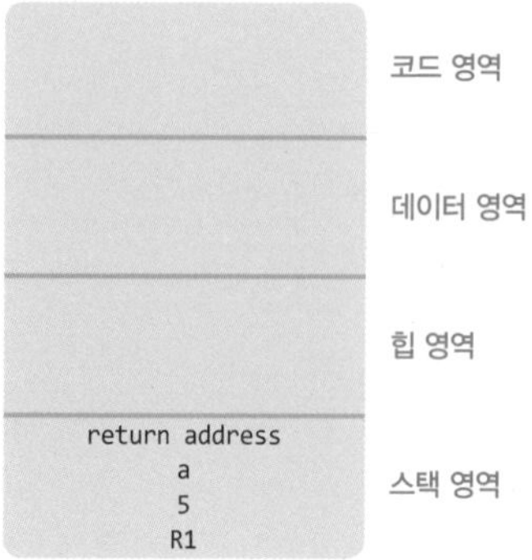

코드 영역

데이터 영역

힙 영역

```
return address
      a
      5
      R1
```

스택 영역

[그림 5-5]
호출할 함수에 전달할
인자가 역순으로 스택에
쌓임

이런 식으로 프로그램은 작성된 코드에 따라 순서대로 스택에 쌓였다가 완료되면 사라지는 과정을 반복합니다. 그렇게 스택에 실행할 데이터가 "쌓였다, 없어졌다"를 반복하는 동안 코드 영역과 데이터 영역에 저장된 값은 사라지지 않습니다. 그리고 모든 연산이 종료되면 방금 수행했던 프로그램에 관련한 데이터가 메모리에서 사라지게 됩니다.

2. 컴퓨터는 결국 0과 1을 계산해 줄 뿐이다

컴퓨터로, 그리고 프로그래밍으로 할 수 있는 일은 무궁무진합니다. 과거에 불가능하다고 생각했던 것도 구현이 가능하고, 이제는 컴퓨터나 스마트폰 없이 업무를 보거나 여가 시간을 보내는 것을 상상할 수 없을 정도입니다. 이제 컴퓨터는 우리 삶에서 많은 부분을 차지하게 되었습니다. 그래서 컴퓨터가 굉장히 많은 일을 할 수 있고 내부 연산이 수학적으로 엄청나게 복잡할 것이라고 생각하기 쉬운데(사실 제가 그랬습니다), 실제로는 그렇지 않습니다.

컴퓨터는 2진수, 1과 0으로 두 가지 상태 밖에 표현하지 못합니다. 하지만 이렇게 단순한 연산 구조를 가지고 필요한 모든 정보를 함축하고 모든 연산을 해낼 수 있습니다. 10진수의 모든 수를 2진수로 표현할 수 있으니 전기 신호가 켜지고 꺼지는 단 두 가지의 조합을 통해서 우리가 사용하는 모든 수를 표현할 수 있는 것입니다. 우리는 평소에 10진수를 사용하기 때문에 2진수로 표현된 시스템 신호를 보고 계산하여 10진수로 바꿀 수는 있어도 바로 이해하지는 못합니다. 마찬가지로 컴퓨터도 10진수를 바로 이해하지는 못합니다.

불어를 전혀 못하지만 프랑스 사람과 이야기를 해야 한다고 생각해봅시다. 번역기를 통해서 하고 싶은 말을 불어로 바꿔서 프랑스 사람에게 보여주며 대화를 하게 될 것입니다. 이와 마찬가지로 10진수와 2진수를 변환하며 사람과 컴퓨터는 서로 대화할 수 있게 됩니다.

2진수와 10진수

〈1번 카드〉

```
1 3 5 7 9 11
13 15 17 19 21 23
25 27 29 31 33 35
37 39 41 43 45 47
49 51 53 55 57 59
```

〈2번 카드〉

```
2 3 6 7 10 11
14 15 18 19 22 23
26 27 30 31 34 35
38 39 42 43 46 47
50 51 54 55 58 59
```

〈3번 카드〉

```
4 5 6 7 12 13
14 15 20 21 22 23
28 29 30 31 36 37
38 39 44 45 46 47
52 53 54 55 60
```

[그림 5-6]

매직 카드

〈4번 카드〉

```
8 9 10 11 12 13
14 15 24 25 26 27
28 29 30 31 40 41
42 43 44 45 46 47
56 57 58 59 60
```

〈5번 카드〉

```
16 17 18 19 20 21
22 23 24 25 26 27
28 29 30 31 48 49
50 51 52 53 54 55
56 57 58 59 60
```

〈6번 카드〉

```
32 33 34 35 36 37
38 39 40 41 42 43
44 45 46 47 48 49
50 51 52 53 54 55
56 57 58 59 60
```

어릴 적 학습지에서 자주 보던 '매직 카드'라는 게임을 아나요? [그림 5-6]의 6가지 카드를 이용해 상대방이 생각하는 숫자를 맞출 수 있는 게임입니다. 위 6장의 카드를 상대방에게 보여주고 1~64까지의 숫자를 생각하게 한 후 카드를 한 장씩 보여주며 생각한 숫자가 들어있는 카드를 고르게 합니다.

예를 들어, 45를 골랐다면 1, 3, 4, 6번 카드를 고르게 될 것입니다. 이 카드 번호만 알면 상대방이 생각한 숫자가 45라는 것을 맞출 수 있습니다. 방법을 한번 살펴볼까요?

〈1번 카드〉에 나온 수는 모두 2진법으로 표현했을 때 첫째 자리가 1인 수입니다.

〈2번 카드〉에 나온 수는 모두 2진법으로 표현했을 때 둘째 자리가 1인 수입니다.

〈3번 카드〉는 2진법으로 표현했을 때 셋째 자리가 1인 수, 〈4번 카드〉는 넷째 자리가 1인 수, 〈5번 카드〉와 〈6번 카드〉은 각각 다섯째 자리가 1인 수, 여섯째 자리가 1인 수를 담고 있습니다.

상대방이 1, 3, 4, 6번의 카드를 골랐다면, 그 숫자는 2진법으로 표현했을 때 1, 3, 4, 6번째 자리 수가 1인 숫자라는 말이 됩니다. 즉 101101라는 뜻이 되고 이를 10진수로 변환하면 $1 \times 2^5 + 1 \times 2^3 + 1 \times 2^2 + 1 \times 2^1 = 45$가 됩니다.

이 게임은 10진법의 수는 2진수로 변환할 수 있고 변환된 값은 유일하다는 원리를 이용한 것입니다.

[그림 5-7]
10진수와 2진수 매칭표

$1 = 1_2$	$10 = 1010_2$	$19 = 10011_2$	$28 = 11100_2$	$37 = 100101_2$	$46 = 101110_2$	$55 = 110111_2$
$2 = 10_2$	$11 = 1011_2$	$20 = 10100_2$	$29 = 11101_2$	$38 = 100110_2$	$47 = 101111_2$	$56 = 111000_2$
$3 = 11_2$	$12 = 1100_2$	$21 = 10101_2$	$30 = 11110_2$	$39 = 100111_2$	$48 = 110000_2$	$57 = 111001_2$
$4 = 100_2$	$13 = 1101_2$	$22 = 10110_2$	$31 = 11111_2$	$40 = 101000_2$	$49 = 110001_2$	$58 = 111010_2$
$5 = 101_2$	$14 = 1110_2$	$23 = 10111_2$	$32 = 100000_2$	$41 = 101001_2$	$50 = 110010_2$	$59 = 111011_2$
$6 = 110_2$	$15 = 1111_2$	$24 = 11000_2$	$33 = 100001_2$	$42 = 101010_2$	$51 = 110011_2$	$60 = 111100_2$
$7 = 111_2$	$16 = 10000_2$	$25 = 11001_2$	$34 = 100010_2$	$43 = 101011_2$	$52 = 110100_2$	$61 = 111101_2$
$8 = 1000_2$	$17 = 10001_2$	$26 = 11010_2$	$35 = 100011_2$	$44 = 101100_2$	$53 = 110101_2$	$62 = 111110_2$
$9 = 1001_2$	$18 = 10010_2$	$27 = 11011_2$	$36 = 100100_2$	$45 = 101101_2$	$54 = 110110_2$	$63 = 111111_2$

[그림 5-8]
2진법과 10진법 변환

2진법 (0과 1로만 표현)	1	1	0	1
2의 거듭제곱	2^3	2^2	2^1	2^0
10진법 (2진법×2의 거듭제곱의 합)	$(2^3 \times 1) + (2^2 \times 1) + (2^1 \times 1) + (2^0 \times 1) = 13$			

이렇게 우리가 사용하는 수의 체계, 10진법을 모두 2진수로 표현할 수 있기 때문에 컴퓨터 연산에 2진수를 사용하게 됩니다. 2진법은 0과 1, 두 개의 숫자만을 가지고 수를 나타내는 표현법이고, 10진법은 0~9, 10개의 숫자를 가지고 수를 나타내며, 8진법은 0~7까지 8개의 숫자, 16진법은 0~9까지의 10개 숫자와 A~F까지 6개의 기호를 사용해 총 16개로 수를 나타내는 방법입니다. 모든 수는 2, 8, 10, 16진수로 표현이 가능하고 서로 변환이 가능합니다. 이 방법을 통해 컴퓨터는 우리가 사용하는 10진수를 2진수로 표현해 연산을 하게 됩니다.

우리가 무인도에 갇혀 그곳에 살고 있던 원주민과 대화를 하기 위해 색 깃발을 조합해 의사소통을 해야 한다고 상상해봅시다. 예를 들어서 "빨간 깃발을 한번 올리면 사냥감이 있다." "파란 깃발을 한번 들면 바닷물이 밀려오고 있다." "빨간 깃발, 파란 깃발을 각각 한번 들면 식사 시간이다." 등과 같이요. 총 10가지 색상의 깃발을 조합해 사인을 만든다면 편리하긴 하겠지만 10개의 깃발을 관리하기가 조금 까다로울 지도 모릅니다. 하지만 단 두 가지 색의 깃발만 가지고 있다면 관리하기도 편하고 짐도 줄어들 것입니다. 이처럼 2진수를 사용하는 이유는 2진수만으로도 모든 데이터 표현이 가능한 것도 있지만 단 두 가지 비트만으로 연산을 할 수 있어 좀 더 효율적이기 때문입니다.

컴퓨터는 왜 2진수를 사용하나?

컴퓨터는 기계이기 때문에 전기적 신호로 의미를 전달한다

컴퓨터가 2진수를 사용한다는 의미는 '스위치'를 사용한다는 의미와 같습니다. 컴퓨터는 기계이기 때문에 스위치를 통해 ON/OFF로 신호를 구분하게 됩니다. 그리고 ON/OFF 신호는 컴퓨터가 사용하는 최소 단위이기도 합니다. 그렇기 때문에 컴퓨터는 두 가지 신호(ON/OFF)를 통해 전기적 신호로 의미를 전달하기 위해 2진수를 사용하게 됩니다. ON을 표현할 때는 1, OFF를 표현할 때는 0을 사용하며 그렇게 표현된 1과 0을 '1비트'라고 합니다. 그리고 1과 0은 숫자를 의미한다기보다 스위치가 켜졌다, 꺼졌다 하는 것을 나타내는 상징적인 숫자라고 보면 됩니다.

컴퓨터 내부에는 전기 신호로 동작하는 '트랜지스터'라는 소자가 엄청나게 많습니다. 이 트랜지스터가 어떻게 전기 신호로 동작하느냐면, 전기 신호가 들어오면 '1(True)', 전기 신호가 들어오지 않으면 '0(FALSE)'으로 상태를 바꾸게 됩니다. 컴퓨터는 이 1과 0의 상태를 보고 어떤 연산을 할지 파악하게 됩니다.

> 트랜지스터(Transistor) Trans(바뀜) + Resistor(저항)의 합성어로, 전기회로 내에서 전자의 증폭과 스위칭을 담당하는 소자다.

[그림 5-9]

2진수와 스위치

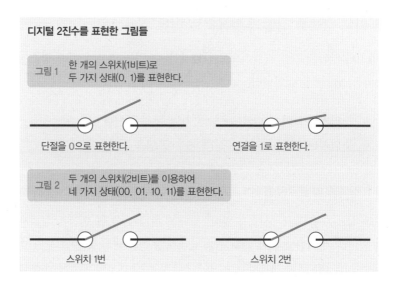

컴퓨터가 2진수를 사용하는 이유는 2진수를 통해 복잡한 연산을 단순하게 표현하기 때문에 속도가 빠르며 오류까지 2진수로 담기 때문에 오류를 최소화할 수 있다는 점 때문입니다. 만약 2진수가 아닌 2이상의 n진수로 신호를 표현하게 되면 그만큼 오류가 발생할 확률과 연산의 시간이 늘어나기 때문에 비효율적이며 정확도가 2진수에 비해 떨어지게 됩니다.

컴퓨터를 구성하는 회로에서는 '노이즈^{Noise}'라는 것이 발생하게 됩니다. 시스템에서 전기적, 기계적 이유로 발생하는 불필요한 신호를 '노이즈'라고 하며, 데이터를 전송할 때 노이즈로 인해 데이터가 달라지기도 합니다. 이를 막기 위해 전송하는 문자마다 미리 정해진 방법으로 데이터를 보내게 되며 2진수를 사용해도 노이즈가 발생하는 것은 피할 수 없다고 합니다. 하지만 2진수가 아닌 2진수 이상의 n진수를 사용하게 되면 노이즈가 더 크게 발생하기 때문에 컴퓨터는 2진법 체계를 사용합니다.

여기서 잠깐!

대부분의 컴퓨터 시스템은 이 2진수 체계를 가지고 있지만 최근 3진법 반도체 구현과 양자 컴퓨터 개발이 진행되고 있다고 하니 미래에는 2진수가 아닌 다른 컴퓨터도 볼 수 있지 않을까요?

두 가지 상태로 어떻게 컴퓨터는 많은 일을 처리할까?

1과 0의 연산을 가장 직관적으로 생각해볼 수 있는 것은 우리가 평소에 조명을 껐다 켜는 것입니다.

- 스위치를 끄면 → OFF → 상태: 0 → 조명을 끈다.
- 스위치를 켜면 → ON → 상태: 1 → 조명을 켠다.

예 1: 상태를 1비트로만 표현

위와 식으로 컴퓨터는 신호를 받아, 상태에 따라 해야 할 연산을 처리하게 됩니다. 하지만 우리가 흔히 쓰는 요즘의 조명은 어떤가요? 컴퓨터 모니터의 밝기만 해도 세세하게 조정이 가능하죠? 1과 0의 신호를 조합하면 조명이 완전히 꺼지고 완전히 켜진 상태뿐 아니라 조명이 조금 밝고, 매우 밝은 상태까지 조정이 가능합니다. 여기서 신호를 조합한다는 말은 상태를 표현하는 비트의 수를 늘린다는 뜻이 됩니다. 아래를 봅시다.

- 밝기 1로 설정 → 상태: 001 → 조금 밝다.
- 밝기 8로 설정 → 상태: 111 → 매우 밝다.
- 밝기를 0으로 설정 → 상태: 000 → 꺼지다.

예 2: 상태를 3비트로 표현

1비트로만 상태를 표현했을 경우 1과 0, 단 두 가지의 상태 밖에 표현하지 못하지만, 3비트를 사용해 상태를 표현할 경우 000, 001, 010, 011, 100, 101, 110, 111 총 8가지의 상태를 표현할 수 있게 됩니다.
한 개의 비트로는 단 두 가지의 상태만 나타낼 수 있지만 이 조합이 무수히 많아지면 무수히 많은 상태를 표현할 수 있습니다. 8비트를 사용한다고 하면 28가지의 상태, 100비트를 사용한다고 하면 2100가지의 상태를 표현할 수 있습니다. 이를 바탕으로 우리가 평소에 프로그램을 통해 수행하는 많은 기능을 사용할 수 있게 되는 것입니다.

구분	상태	표현
한 개의 영역	2^1[1비트]	[0], [1]
두 개의 영역	2^2[2비트]	[0,0], [0,1] [1,0], [1,1]
세 개의 영역	2^3[3비트]	[0,0,0], [0,0,1], [0,1,0], [0,1,1], [1,0,0], [1,0,1], [1,1,0], [1,1,1]

그렇다면 이미지는 2비트만 가지고 어떻게 표현하게 되는 걸까요? 비밀은 바로 한 픽셀당 색상을 표현하는 RGB 숫자를 2진수로 바꿔준다는 점입니다. 컴퓨터는 숫자와 문자를 표현하는 것과 마찬가지로 이미지조차 숫자로 표현합니다. 우리가 흔히 얘기하는 픽셀의 수는 이미지를 표현하기 위해 사용된 배열을 의미하고 거기에는 색을 표현하는 숫자 값이 들어가게 됩니다. 그리고 그 숫자 값은 다시 2진수로 변환되어 컴퓨터가 이해하게 됩니다.

[그림 5-10]
이미지와 픽셀

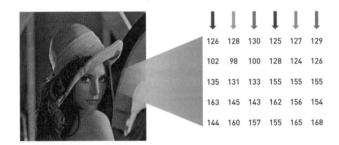

RGB 컬러 이미지

우리가 컴퓨터를 살 때 흔히 "디스크 용량이 크다, 적다." 이렇게 말하곤 하죠? 이 용량은 정확하게 어떤 것을 의미하는 걸까요?

[그림 5-11]
디스크 용량 확인

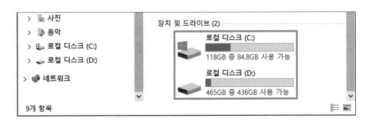

구분	2진수 단위	용량	10진수 단위
1KB(Kilo-Byte)	2^{10}B	1,024B	–
1MB(Mega-Byte)	2^{20}B	1,048,576B	$\sim 10^6$B
1GB(Giga-Byte)	2^{30}B	1,073,741,824B	$\sim 10^9$B
1TB(Tera-Byte)	2^{40}B	1,099,511,627,776B	$\sim 10^{12}$B
1PB(Peta-Byte)	2^{50}B	1,125,899,906,842,624B	$\sim 10^{15}$B

[표 5-2]
컴퓨터가 표현하는
정보 단위

이 정보 단위는 컴퓨터가 1과 0을 저장할 수 있는 크기를 의미합니다. 위에서 1비트로 0과 1, 두 가지의 상태를 표현할 수 있고 3비트로는 8가지의 상태를 표현할 수 있다는 것을 떠올려 봅시다.

만약, 내가 가진 컴퓨터 디스크의 용량이 1TB(테라바이트)라고 해봅시다. 일단 1바이트=8비트를 의미하는 단위입니다. 따라서 1TB는 다음과 같이 표현할 수 있으므로 총 $2^{8796093022208}$만큼의 상태를 표현할 수 있다는 의미가 됩니다.

```
1TB
= 1024GB
= 1024 × 1024 MB
= 1024 × 1024 × 1024 KB
= 1024 × 1024 × 1024 × 1024Byte
= 1024 × 1024 × 1024 × 1024 × 8Bit
= 8796093022208Bit
```

3. 자료구조, 왜 중요할까?

자료구조란?

지금까지 자료(데이터)를 비트로 어떻게 표현하는지 알아보았습니다. 그렇다면 '자료'의 '구조'는 어떤 것을 말하는 걸까요? 자료구조란, 사전적으로는 '자료의 집합'을 의미합니다. 자료들이 논리적으로 정의된 규칙에 의해 나열되어 있는 것을 자료구조라고 하는데, 자료에 대한 처리를 효율적으로 수행할 수 있도록 자료를 구분지어 표현한 것입니다. 물건을 옮길 때 정리하지 않고 마구잡이로 물건을 옮기는 것보다 겹겹이 잘 쌓거나 잘 포개서 옮기는 것이 훨씬 더 물건을 많이 옮길 수 있습니다. 보관할 때도 마찬가지로 잘 정리된 물건이 같은 공간에라도 더 많이 들어가게 됩니다. 이와 같이 '자료구조'를 이용해 데이터를 잘 정리정돈 해 놓는다면 데이터를 효율적으로 저장하고 관리할 수 있습니다. 그리고 코드의 실행시간을 단축하거나 메모리 용량을 절약하기 위해 자료구조를 이용하게 됩니다.

자료구조를 사용하면 다음과 같은 이점이 생깁니다.

- 코드의 처리 시간을 단축할 수 있다.
- 데이터의 크기를 줄여 메모리 용량을 절약할 수 있다.
- 데이터의 활용 빈도가 높아진다.
- 데이터를 수정하거나 관리하기가 쉽다.
- 잘 짜인 자료구조를 이용한 프로그램은 쉽고 간단하다.

자료구조는 간단하게 말해서 '자료를 잘 정리해 놓을 수 있는 매뉴얼'이라고 생각하면 됩니다. 매뉴얼을 통해 자료를 잘 정돈해 놓았다는 것이 어떤 의미인지 예를 통해 살펴봅시다.

자료구조의 종류

우리가 사용할 데이터가 Ture, False만 필요한 데이터라면 자료구조는 크게 필요가 없습니다. 앞서 살펴본 것처럼 두 개의 비트만으로 연산을 하면 되기 때문입니다. 컴퓨터가 다룰 수 있는 기본 자료구조는 딱 세 가지에 밖에 없습니다. 숫자, 문자, True/False가 이에 해당합니다. 하지만 컴퓨터는 더 다양하고 세밀한 연산을 수행해야 하며 기본 자료형 세 가지를 조합해서 수행하므로 더 다양한 자료구조가 필요합니다. 동일한 데이터를 여러 개 모아 처리하는 배열과 같은 자료구조가 이에 해당합니다.

자료구조는 크게 '선형 자료구조'와 '비선형 자료구조'로 나눌 수 있습니다. 선형 자료구조는 데이터가 일렬로 나열되어 있는 것을 말하고, 비선형 자료구조는 데이터가 일렬로 나열되어 있지 않고 특정한 형태를 띄고 있는 것을 의미합니다.

[그림 5-12]
자료구조의 종류

선형 자료구조

선형 자료구조는 한 원소 뒤에 하나의 원소만이 존재하는 자료구조를 의미합니다. 자료들이 직선 형태로 나열되어 있고, 원소 간의 순서가 고려됩니다.

선형 리스트

선형 리스트(Linear List) 자료구조는 프로그래밍에서 배열(Array) 타입으로 정의하게 됩니다. 배열은 데이터가 많아지고 속성이 같은 데이터를 그룹으로 관리할 필요가 있을 때 사용하게 됩니다. 예를 들어 사과, 포도, 바나나, 복숭아를 표현하는 데이터가 있을 때 이들의 데이터를 따로따로 관리하고 사용하는 것보단 '과일'이라는 배열을 만들어 그 안에 넣고 관리하는 것이 편하기 때문에 사용합니다.

[그림 5-14]
선형 리스트

접근이 빠르고 간단하기 때문에 정말 많이 사용하는 자료구조 중 하나입니다. 하지만 배열 요소의 순서를 바꾸고 데이터를 삭제한 후 빈 배열을 처리하는 것이 어렵다는 단점이 있습니다.

연결 리스트

연결 리스트(Linked-List)는 배열과 다르게 데이터를 저장할 때 데이터를 저장하는 공간과 함께 그 다음에 나올 데이터가 저장된 공간을 가리키는 주소 값을 동시에 가지고 있습니다. 즉 데이터 값과 다음 공간의 주소 값, 이렇게 두 공간을 하나의 데이터로 관리합니다. 배열의 경우 데이터의 크기가 가변적이지 않아 크기가 모자라면 메모리를 더 할당하고 배열 데이터를 복사해야 해서 비효율적입니다. 하지만 연결 리스트의 경우 다음 데이터의 주소 값을 추가만 하면 되니 크기를 마음대로 늘릴 수 있다는 장점이 있습니다. 하지만 배열처럼 접근 속도가 빠르지 않기 때문에 조회보다 수정, 삭제가 잦은 데이터의 경우 연결 리스트를 사용합니다.

[그림 5-15]
연결 리스트

```
12 ●─────▶ 99 ●─────▶ 37 ●─────▶ ☒
```

스택

스택(Stack)은 리스트 자료구조에 포함되지만 조금 특별한 경우입니다. 스택은 마지막에 들어온 데이터가 가장 먼저 나가는 LIFO(Last In First Out) 구조를 가진 자료구조입니다. 우리가 웹 페이지의 뒤로 가기를 하면 가장 마지막에 들어갔던 페이지로 이동하게 되는 것과 같습니다.

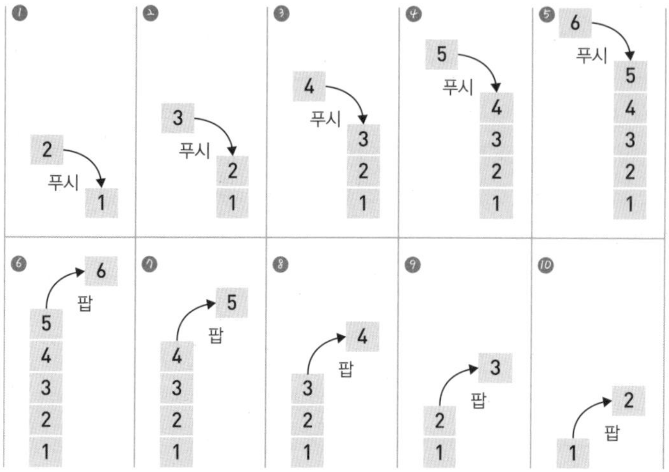

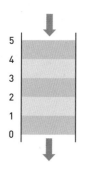

[그림 5-16]
스택

큐

큐(Queue)도 마찬가지로 리스트 자료구조에 해당하지만 조금 특별한 경우입니다. 큐는 처음 들어간 데이터가 가장 먼저 나가는 FIFO(First In First Out) 구조를 가진 자료구조입니다. 은행에서 대기표를 가장 먼저 뽑은 사람이 가장 먼저 은행 업무를 보고 나갈 수 있는 것과 같습니다.

[그림 5-17]
큐

비선형 자료구조

비선형 자료구조란, 한 원소 뒤에 여러 개의 원소가 존재할 수 있는 자료 구조를 말합니다. 인접한 전/후 원소 간에 다대다 관계가 성립됩니다. 선형 자료구조에 비해 데이터들의 관계를 표현하기에 적합합니다.

트리

트리(Tree)는 데이터를 노드(정점)로 표현하고 연결된 관계를 에지(간선)로 표현한 비선형 계층적 자료구조를 말합니다.

[그림 5–18]
트리

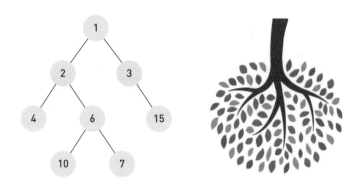

트리의 대표적인 예로 컴퓨터의 디렉토리 구조를 들 수 있습니다. 이렇게 계층적인 구조를 가진 자료구조를 트리라고 하며 선형 자료구조가 데이터를 저장하고 꺼내는 것에 초점이 맞춰져 있다면 비선형 자료구조는 데이터를 표현하는 데 초점을 맞춘 자료구조입니다.

[그림 5–19]
트리 자료구조인 컴퓨터
디렉토리

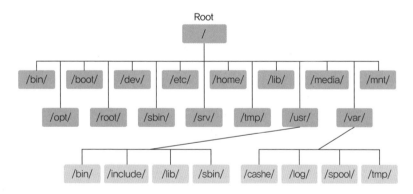

그래프

그래프(Graph)는 노드(정점), 에지(간선)으로 이루어진 자료구조를 말하며 그런 의미에서 트리는 그래프의 한 종류입니다. 트리와 달리 그래프는 노드마다 간선이 있을 수도 있고 없을 수도 있으며 부모 노드와 자식 노드라는 개념이 존재하지 않습니다. 즉 계층적이지 않다는 의미가 됩니다. 그래프는 모델이나 객체, 이에 대한 관계를 유연한 방식으로 표현하는 데 사용됩니다.

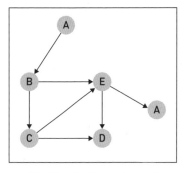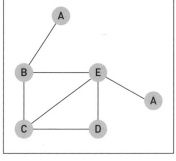

[그림 5-20]
그래프

(a) 유향 그래프(Directed graph)　　　(b) 무향 그래프(Undirected graph)

알고리즘과 시간 복잡도

알고리즘이란, 어떤 문제를 해결하기 위해 정해진 일련의 절차나 방법을 공식화한(일반화한) 형태로 표현한 것을 의미합니다. 그리고 어떤 문제를 해결하기 위해 필요한 계산 절차나 처리 과정의 순서도 의미합니다. 즉, 무언가를 조립할 때 들어있는 설명서와 같은 역할을 합니다. 피규어를 조립할 때 설명서를 보지 않고 마음대로 조립할 수도 있지만, 설명서를 보면 가장 빨리 피규어를 조립할 수 있을 것입니다. 이처럼 알고리즘도 입력과 출력 사이의 연산을 가장 빨리 할 수 있도록 해주는 지침서 같은 것이라고 생각하면 됩니다. 예를 들어, 배열 데이터 안의 요소를 숫자가 작은 순으로 정렬해야 된다고 하면 어떤 방법을 사용해야 가장 빨리 배열 데이터를 정렬할 수 있는지 해답을 제시해주는 것이 '알고리즘'인 것입니다.

시간 복잡도

시간 복잡도란, 특정 알고리즘이 어떤 문제를 해결하는 데 걸리는 시간을 말합니다. [4, 2, 3, 9, 7]이라는 배열이 있을 때 3이 몇 번째에 위치하는지를 검사하는 알고리즘을 구현한다고 해봅시다. 앞에서부터 하나씩 검사하면 4 → 2 → 3으로 총 3의 시간이 걸리게 됩니다. 만약 배열이 [4, 2, 9, 7, 3] 순으로 저장되어 있다면 총 5의 시간이 걸리게 됩니다. 5가지 원소를 가진 배열에서 특정 원소가 어디에 위치하는지 앞에서부터 하나씩 검사하며 찾는다고 할 때, 운이 좋으면 한 번에 찾게 되고 운이 나쁘면 5번 만에 찾게 됩니다. 이럴 경우 시간 복잡도는 어떤 것으로 측정해야 할까요? 여러 개념이 있지만 '아무리 많이 걸려도 이 시간 안에는 끝날 것'의 개념이 시간 복잡도에서는 가장 중요합니다. 이렇게 최악의 경우를 계산하는 방식을 '빅-오^{Big-O}' 표기법이라고 합니다. 찾는 시간이 실수 시간 만에 끝날 경우 O(1)이라고 표기합니다. 이처럼 O 안에 걸리는 시간을 표기하는 것이 '빅-오 표기법'입니다.

[그림 5-21]
시간복잡도 그래프

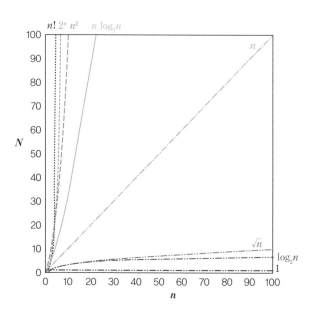

165

O(1) (Constant, 상수 시간)

입력 데이터의 크기에 상관없이 언제나 일정한 시간이 걸리는 알고리즘을 나타내며 데이터가 크든, 적든 성능에 영향을 거의 미치지 않습니다. 가장 빠른 시간이라고 할 수 있습니다.

O($\log_2 n$) (Logarithmic, 로그시간)

입력 데이터의 크기가 커질수록 시간이 로그(log)만큼 짧아지는 알고리즘을 나타냅니다. 예를 들어, 데이터가 10배가 되면 처리 시간은 2배 커지게 됩니다.

O(n) (Linear, 선형시간)

입력 데이터의 크기에 비례해 처리 시간이 증가하는 알고리즘을 나타냅니다. 예를 들어, 데이터의 크기가 10배가 되면 처리 시간도 10배가 됩니다.

O($n \log_2 n$) (Linear-Logarithmic, 선형로그시간)

입력 데이터의 크기가 커질수록 시간이 로그(log)배만큼 커지는 알고리즘을 나타냅니다. 예를 들어, 데이터가 10배가 되면 처리 시간은 20배가 됩니다.

O(n^2) (Quadratic, 제곱시간)

입력 데이터의 크기가 커질수록 처리 시간이 제곱이 되는 알고리즘을 나타냅니다. 예를 들어, 데이터가 10배가 되면 처리 시간은 100배가 됩니다.

공간 복잡도

공간 복잡도(Space Complexity)란, 프로그램의 성능을 나타내는 지표 중 하나로 작성한 프로그램이 얼마나 많은 공간(메모리)을 차지하는지를 나타내는 방법입니다. 컴퓨터 성능의 발달로 인해 메모리 공간이 충분해져 공간 복잡도의 중요성은 시간 복잡도에 비해 낮아졌지만, 그래도 메모리를 최소로 사용하는 것은 여전히 중요합니다.

```
int a = 10;
```

일반적으로 공간이 하나 생성되는 것을 1이라고 표현하므로 위 코드에서 변수 a가 한 개 생성되었기 때문에 위 코드의 공간복잡도는 O(1)이 됩니다.

자료구조와 알고리즘, 왜 중요할까?

우리가 만드는 프로그램을 하나의 건물에 비유해 봅시다. 잘 만들어진 건물 안에서 사람들은 편리하게 생활할 수 있게 됩니다. 건물이 잘 지어지지 않아 비가 오면 물이 새고, 태풍이 와서 건물이 쓰러진다면 건물의 역할을 제대로 해낼 수 있다고 할 수 없습니다. 따라서 튼튼하고 견고하고, 생활하기 편리한 건물을 지으려면 잘 설계할 수 있는 설계도가 필요합니다. 건물을 지을 때 어떤 구조로 지을지, 몇 명을 수용할 수 있는지, 주차장은 몇 개가 필요한지 여러 요소를 고려해야 합니다.

이와 마찬가지로 사람들에게 좋은 경험을 안겨줄 수 있는 프로그램을 만들기 위해서는 프로그램을 잘 설계하는 것이 중요합니다. 자료구조는 프로그래밍의 기초가 되는 부분으로, 효율적이고 오류가 없고 사용하기 편리한 소프트웨어가 되기 위한 기본 골격과 같은 역할을 합니다.

그리고 개발을 조금 해본 개발자라면 잘 알고 있는 사실이 하나 있습니다. 최적의 자료구조와 알고리즘은 이미 내장 함수 안에 구현되어 있다는 것입니다. 예를 들어, 배열 안의 원소를 정렬하려고 할 때, 직접 정렬 알고리즘을 구현할 필요 없이 프로그래밍 언어마다 구현되어 있는 정렬 함수를 사용하면 됩니다. 내가 직접 구현한 것보다 내장 함수를 사용하는 것이 더 빠르고 효율적인데 왜 자료구조와 알고리즘이 중요하다고 하는 걸까요?

자료구조가 중요한 이유는 크게 두 가지 관점으로 나누어집니다.

프로그램 관점에서

피부의 솜털까지 표현할 수 있는 고화질의 카메라가 있다고 해봅시다. 현존하는 모든 카메라 중 가장 화질이 좋지만 그 카메라로 찍은 사진은 1장당 1GB가 넘고 동영상은 5GB가 넘는다면 성능이 아무리 좋아도 어느 누구도 구매하지 않을 것입니다.

하드웨어 외에 소프트웨어 관점에서도 마찬가지입니다. 출발점과 도착점의 최적의 경로를 찾아주는 지도 앱을 개발한다고 해봅시다. 최소 시간으로 갈 수 있는 경로를 안내해주면서 각종 교통 정보까지 보여주는 기능을 가지고 있는 프로그램입니다. 하지만 최단 경로와 교통정보를 안내해주는 데 30분의 시간이 소요된다면, 그 지도 앱을 사용할까요? 직접 찾아가는 것이 더 빠를지도 모릅니다.

고기능과 효율성(속도, 용량)은 엄연히 별개입니다. 속도가 빠르고 용량이 작은 프로그램이 고기능을 가졌지만 무거운 프로그램보다 많은 사람들이 더 찾는 프로그램이 될 것입니다. 이처럼 사람들이 사용하기 편리한 프로그램을 만들려면 효율적인 자료구조와 최적의 알고리즘을 사용해서 코드를 짜야 합니다. 즉, 시간 복잡도와 공간 복잡도가 작은 알고리즘을 상황과 필요한 논리 구조에 맞게 사용할 수 있는 개발자가 좋은 성능의 편리한 프로그램을 개발할 수 있게 됩니다.

개발자 관점에서

회사에서 집까지 가는 지하철 노선도를 알고 있어 항상 그 방법대로만 출퇴근을 한다고 해봅시다. 하지만 버스로 한 번에 갈 수 있는 방법이 있다거나 지하철에 내려서 버스로 환승하는 것이 더 빠르다는 것을 알게 되면 어떨까요? 우리는 출퇴근 시간을 가장 단축할 수 있는 방법을 선택할 것입니다. A라는 기능을 개발해야 할 때 이렇게도 저렇게도 개발할 수 있겠지만 우리가 자료구조와 알고리즘을 잘 안다면 최적의 방법으로 A라는 기능을 개발할 수 있게 됩니다.

수학을 배울 때 문제를 많이 풀어 문제의 유형이나 패턴을 외우는 것에는 한계가 있습니다. 공식의 증명과 원리를 알아야 수학 공식을 응용하거나 변형할 수 있게 됩니다. 이처럼 기본적인 프로그램 구현 원리를 모르면 문제가 발생했을 때 문제의 진짜 원인을 파악할 수 없을 수도 있고, 더 나은 최적의 방법이 있어도 사용할 수 없을지도 모릅니다. 내장 함수나 API 사용에만 의존하면 프로그래밍이 마주한 문제를 제대로 풀 수 있는 논리력을 잃게 됩니다. 또 API나 함수를 제대로 사용하기 위해서라도 그 속에 담긴 구현 원리를 이해하는 것이 중요합니다.

5장을 마치며

자료구조나 알고리즘을 공부할 때, 많은 양의 공부가 필요하지만 한번 공부해둬도 금세 까먹기 쉽습니다. 꼭 자료구조나 알고리즘을 세세하게 알고 처음부터 끝까지 구현할 수 있도록 공부할 필요는 없습니다. 자료구조를 공부해야 하는 이유는 구현이 아니라 원리 파악에 있기 때문입니다. 자료구조별 어떤 특성이 있으며 어떤 상황에서 어떤 자료구조와 알고리즘을 쓰는 것이 최적인지 아는 정도로 공부하면 됩니다.

개발자
상식

개발자가 되기 전에
알았어야 할 것들

6장

운영체제, 네트워크, 데이터베이스

5장에서 배운 컴퓨터 구조와 마찬가지로 이 장에서 배우게 될 운영체제, 네트워크, 데이터베이스에 대한 내용은 개발자가 되기 위해 꼭 알아야 하는 기본 지식입니다. 직무에 따라 앞서 배운 내용이 직접적으로 필요하지 않을 수도 있습니다. 하지만 모든 내용이 서로 연결되어 있어 직접적이든 간접적이든 필요한 순간이 올 것입니다.

우리가 어떤 분야에 대해 배울 때, 현재는 사용하지 않는 내용이라 할지라도 그 분야에 관한 역사를 배우게 됩니다. 과거의 현상을 이해하면 현재와 미래를 이해할 수 있는 통찰력을 얻을 수 있기 때문입니다. 마찬가지로 기초 지식을 잘 갖춰 놓으면 프로그래밍을 하며 마주하게 되는 많은 문제에 대한 통찰력을 얻을 수 있게 됩니다. 컴퓨터 전공 지식은 관련 내용의 기억이 희미하더라도 다시 찾아봤을 때 바로 이해가 되는 수준으로 익혀 놓는 것이 좋습니다.

이 장에서는 방대한 양의 운영체제, 네트워크, 데이터베이스에 대한 기본 토대를 가볍게 훑고 직관적으로 이해할 수 있는 것을 목표로 합니다.

1. 윈도우즈, 맥, 우분투, 운영체제 이야기

컴퓨터의 운영체제는 크게 두 가지가 가장 익숙할 텐데요. 점유율이 95%에 달하는 윈도우즈^{Windows}와 애플 컴퓨터를 사용하는 사람이라면 익숙할 MacOS가 있습니다. 그 다음 서버 운용 등에 많이 사용하는 오픈소스 기반 운영체제 리눅스(우분투)가 있습니다. 그리고 스마트폰에도 운영체제가 있습니다. 구글의 안드로이드, 애플의 iOS로 크게 분류됩니다. 그렇다면 운영체제는 정확히 무엇을 의미하고 왜 컴퓨터에 꼭 존재해야 할까요?

리눅스는 배포판에 따라 다양한 버전이 있는데. 그 중 우분투가 널리 사용된다.

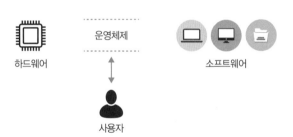

[그림 6-1]
운영체제의 역할

하드웨어   운영체제   소프트웨어

사용자

운영체제란?

컴퓨터의 본체를 살펴보면 생각보다 부품이 많지 않은 것을 알 수 있습니다. 컴퓨터의 뇌를 담당하는 중앙처리 장치^{CPU}와 뇌의 용량과 같은 역할을 하는 메모리가 있고, 그 외 메인보드, 그래픽 카드, SSD(하드디스크 대신 쓰이는 저장장치)가 있습니다. 이 중 운영체제는 어디에 있을까요? 운영체제는 위에서 언급한 구성품(하드웨어)이 아니라 저장 장치 안에 들어있는 소프트웨어입니다.

운영체제^{OS, Operating System}란, 시스템 자원을 관리하는 역할을 하는 배 위의 선장과 같은 존재입니다. 시스템 자원을 사용자가 잘 사용할 수 있도록 '사용 환경을 제공하는 여러 프로그램의 모임'을 바로 운영체제라고 합니다. 여기서 말하는 시스템 자원은 컴퓨터의 구성품인 CPU, 메모리(램), SSD 등을 말합니다. 이를 관리하고 통제하고 사용하는 것은 모두 운영체제가 소프트웨어적으로 결정하게 됩니다. 운영체제가 없다면 하드웨어 (CPU, 메모리, SSD 등)는 아무 일도 할 수 없습니다. 지시를 내려주는 선장이 없기 때문이죠. 사용자가 전원을 켜거나 인터넷 브라우저를 켜는 등의 명령을 내리면 해당 명령을 수행하기 위해 시스템 자원을 어떻게 분배할 것인지 결정하게 됩니다.

특히 운영체제의 능력은 곧 '메모리를 잘 관리하는 능력'이라고 할 수도 있습니다. 1만 평짜리 공간이 있을 때 이것저것 잘 배치해 잘 활용한다면 항상 쓰이는 공간이 아닐지라도 단 한 평도 낭비하지 않을 수 있습니다. 하지만 1만 평짜리 공간에서 1천 평만 활용할 능력밖에 없다면 나머지 공간은 낭비하게 됩니다. 메모리(램) 32GB가 장착된 컴퓨터의 운영체제가 8GB 메모리만 활용할 능력밖에 없다면 좋은 메모리의 부품을 구매해도 말짱 도루묵이 되는 것처럼요.

커널은 배 위의 선장이다

운영체제에는 '커널^{Kernel}'이라는 것이 있습니다. 앞서 운영체제는 배 위의 선장과 같은 역할을 한다고 했는데, 운영체제에서도 '커널'이 하는 일을 비유한 것입니다. 컴퓨터 전원을 켜는 동시에 운영체제가 실행됩니다. 어떤 소프트웨어가 컴퓨터에서 실행되기 위해서는 해당 소프트웨어 프로그램이 메모리 위에 올라가 있어야 합니다. 운영체제가 실행되지 않는다면 컴퓨터의 어떤 기능도 사용할 수 없기 때문에 전원이 켜지는 동시에 운영체제가 실행되는 것입니다.

하지만 운영체제는 규모가 꽤 큰 프로그램이기 때문에 운영체제 내의 모든 프로그램이 메모리에 올라간다면 한정된 메모리 공간에 심한 낭비가 생깁니다. 따라서 운영체제 중 항상 필요한 부분만 메모리에 올리고, 그렇지 않은 부분은 필요할 때마다 메모리에 올리게 됩니다. 이때 항상 필요한 부분, 즉 메모리에 상주하는 운영체제의 핵심 부분을 '커널Kernel'이라고 합니다. 그래서 커널은 좁은 의미의 운영체제라고도 합니다.

[그림 6-2]
선장 역할을 하는 커널

어떤 배가 있고, 배에는 '커널'이라는 선장이 상주하고 있다고 상상해봅시다. 선장은 고객의 요청을 받아 목적지까지 배를 운항하거나 물건을 운반합니다. 그리고 선장은 선원 중 한 명이라도 제 임무를 다하지 않거나 농땡이 피우는 것을 싫어합니다. 또 선원이 일하는 곳과 고객이 배를 이용하는 곳을 철저히 분리해서 배를 운항하는 데 한치의 오류도 허용하지 않습니다. 그리고 고객의 요구가 있으면 어떤 서비스든 쾌적하게 제공하기 위해 노력합니다.

175

위 예는 운영체제를 '배'에, 운영체제의 커널을 '선장'에 비유한 것입니다. 비유한 내용을 실제 운영체제의 동작 방식으로 나타내면 [표 6-1]과 같습니다.

[표 6-1]
선장과 커널의 역할

선장	커널
선장은 고객들에게 요청받은 일을 수행한다.	운영체제의 커널 사용자와 하드웨어 사이에서 사용자의 명령을 받아 수행한다.
선장은 모든 선원이 임무를 다하도록 관리한다.	커널은 CPU 사용량을 극대화하도록 자원들을 관리한다.
선원들이 일하는 곳과 고객들이 이용하는 곳을 철저히 분리한다.	하드웨어 제어권은 전적으로 운영체제가 관리하며 사용자는 애플리케이션 단계에서 하드웨어에 직접적으로 접근할 수 없다.

우리가 상상한 배는 매우 커서 경력이 많은 선장이 필요합니다. 선장은 경력도 많고 배를 운용할 수 있는 능력이 뛰어나지만 배의 손님들과는 다른 나라에서 온 선장이라고 해봅시다. 그렇게 되면 손님의 요구와 선장의 전달 사항을 잘 해석하여 손님들에게 전달할 수 있는 매니저급의 사람이 필요합니다. 여기서 말하는 매니저급의 사람은 운영체제의 '셸^{Shell}'을 의미합니다.

[그림 6-3]
시스템 하드웨어와
커널, 셸

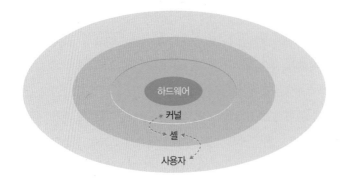

'커널'의 가장 하단에는 시스템의 자원이라고 할 수 있는 하드웨어가 있습니다. 그리고 커널 위에는 셸이 있고, 셸 위에 사용자가 존재하며 사용자의 입력을 받게 됩니다. 셸은 사용자와 운영체제 간에 대화를 가능하게 해주는 명령어 해석기 역할을 하는 프로그램입니다. 사용자가 명령을 내리면, 셸이 이를 해석하여 커널에 전달하고, 커널은 명령을 수행하여 결과를 전송합니다. 다시 셸이 커널에서 보낸 결과를 사용자에게 전달하고 사용자는 최종 결과를 받게 됩니다. 즉, 셸은 사용자의 명령을 받아들이는 인터페이스라고 할 수 있습니다.

운영체제의 제어 단위

운영체제는 [그림 6-4]와 같이 구성되어 있으며, 컴퓨터의 시스템 자원과 응용 프로그램(Application)을 제어할 수 있도록 [표 6-2]와 같은 관리 단위가 있습니다.

[그림 6-4]
운영체제의 구성

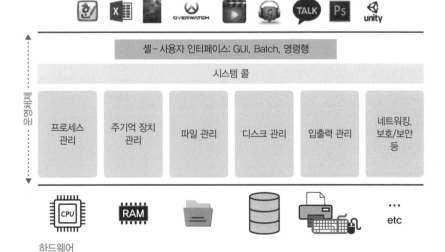

177

관리 단위	내용
프로세스 관리 (Process Panagement)	프로세스를 생성하고 실행을 제어하고 관리한다.
메인 메모리 관리 (Memory Management)	프로세스가 실행될 수 있도록 메인 메모리 공간을 할당하고 회수한다.
파일 관리 (File Management)	파일을 보조기억 장치에 저장하고 파일시스템을 운영한다.
입출력 관리 (I/O Management)	컴퓨터 시스템에서의 입력과 출력을 관리한다.
보조기억 장치 관리 (Secondary Storage Management)	SSD와 같은 보조기억 장치의 공간을 할당하고 관리한다.
네트워킹 (Networking)	컴퓨터 통신에 필요한 자원들을 제어, 관리한다.
정보 보안 관리 (Information Security Management)	사용자 인증 및 실행 권한을 관리한다.
명령 해석 시스템 (Command Interpreter System)	운영체제에 보내는 사용자 명령을 해석하고 관련 함수를 실행한다.

[표 6-2]
운영체제의 관리 단위

운영체제의 관리 단위를 잘 곱씹어보면, 우리가 평소 컴퓨터를 사용할 때 꼭 필요한 기능임을 알 수 있습니다. 우리가 프로그래밍을 할 때, 마우스 또는 키보드로 텍스트 파일을 열어 작성해야 합니다. 이는 운영체제가 '입출력 관리'를 해주기 때문에 가능한 것이고, 생성한 소스코드를 실행할 때 프로세스를 생성하여 실행하게 되는데, 이는 운영체제가 '프로세스 관리'를 해주기 때문에 가능한 것입니다.

운영체제의 운용 기법

운영체제는 배 위의 선장이라고 했습니다. 선장마다 선원과 배를 관리하는 스타일이 모두 다르겠죠. 운영체제마다 시스템을 관리하는 방식을 '운영체제의 운용 기법'이라고 하며 크게 7가지 방식이 있습니다.

일괄 처리 시스템

일괄 처리 시스템^{Batch Processing System}은 초기의 컴퓨터 시스템에서 사용된 운영체제의 시스템 관리 스타일입니다. 1950년대 1세대 초기 운영체제가 이용하던 시스템이라고 할 수 있습니다. 일괄 처리 시스템은 일정량 또는 일정 기간 동안 데이터를 모아 한꺼번에 처리하는 방식입니다. 컴퓨터 시스템을 효율적으로 사용할 수 있지만, 지금처럼 컴퓨터가 많은 양의 일을 처리해야 하는 시대에는 잘 맞지 않는 스타일이라고 할 수 있습니다.

다중 프로그래밍 시스템

다중 프로그래밍 시스템^{Multi-Programming System}은 1960년대 2세대 운영체제가 사용하던 시스템 기법입니다. 하나의 CPU와 주기억 장치를 이용해 여러 개의 프로그램을 동시에 처리하는 방식을 말합니다. 하나의 주기억 장치에 두 개 이상의 프로그램을 적재한 후 하나의 CPU와 대화하며 동시에 처리합니다.

실시간 처리 시스템

실시간 처리 시스템^{Real Time Processing System}은 다중 프로그래밍 시스템과 마찬가지로 1960년대 2세대 운영체제가 사용하던 시스템 기법입니다. 데이터가 발생한 직후 또는 데이터 처리 요구가 있는 즉시 처리하여 결과를 산출하는 방식을 의미합니다. 실시간 처리가 필요한 교통 제어, 은행 온라인 업무 등 빠른 처리가 필요한 작업에 주로 사용됩니다.

다중 처리 시스템

다중 처리 시스템^{Multi-Processing System}은 다중 프로그래밍 시스템과 마찬가지로 1960년대 2세대 운영체제가 사용하던 시스템 기법입니다. 다중 처리 시스템은 여러 개의 CPU와 하나의 주기억 장치를 이용해 여러 개의 프로그램을 동시에 처리하는 방식을 말합니다. 여러 CPU가 하나의 메모리를 공유하기 때문에 단일 운영체제에 의해 관리됩니다. 프로그램의 처리 속도는 빠르지만 메모리와 입출력 장치(I/O) 등의 자원을 공유해야 하기 때문에 스케줄링이 필요합니다.

시분할 시스템

시분할 시스템Time Sharing System은 1960년대 3세대 운영체제가 사용하던 시스템 기법입니다. 여러 명의 사용자가 사용하는 컴퓨터가 사용자들의 프로그램을 번갈아가며 처리해줌으로써 각 사용자에게 독립된 컴퓨터를 사용하는 느낌을 주는 방식을 말합니다. 다중 프로그래밍 시스템보다 높은 CPU 사용률과 처리량으로 더 많은 작업을 실행할 수 있도록 했습니다.

다중 모드 시스템

다중 모드 시스템Multi-Mode Processing System은 1970년대 초반 4세대 운영체제가 사용하던 시스템 기법입니다. 일괄 처리 시스템, 시분할 시스템, 다중 처리 시스템, 실시간 처리 시스템을 한 시스템에서 모두 제공하는 방식입니다.

분산 처리 시스템

분산 처리 시스템Distributed Processing System은 1970년대 중반 5세대 운영체제가 사용하던 시스템 기법으로 현재 운영체제에서 사용하는 시스템 기법입니다. 여러 개의 컴퓨터(프로세서)를 통신 회선으로 연결하여 하나의 작업을 처리하는 방식을 말합니다. 최근에는 처리해야 할 데이터양이 많아지면서 한 시스템에서 이를 한꺼번에 처리하는 데 많은 시간이 소요됩니다. 이를 분산 처리 시스템을 이용해 여러 시스템에 분산시켜 처리하고, 결과를 한꺼번에 모아 전송하여 빅데이터 처리도 빠른 시간 안에 해결할 수 있도록 해줍니다.

운영체제의 3대장 – 윈도우즈, MacOS, 리눅스

오늘날 가장 많이 사용하는 세 가지의 운영체제는 각기 다른 뚜렷한 특징과 매력이 있습니다.

"MacOS=주방 특선, 윈도우즈=호텔 뷔페,
리눅스=가정식"

호텔 뷔페는 남녀노소 누구나 즐길 수 있도록 다양한 요리가 기본적으로 제공되고 해산물부터 육류, 채소, 그리고 애피타이저부터 메인 요리, 디저트까지 다양한 종류의 음식이 있고 원하는 종류의 음식을 가져다 먹으면 됩니다. 다양한 여러 요리를 한 접시에 담으면 다소 음식의 모양새는 예쁘지 않지만 누구나 원하는 음식을 손쉽게 골라 먹을 수 있다는 점에서 윈도우즈 운영체제와 비슷합니다. 윈도우즈는 초보자도, 전문가도 사용할 수 있도록 쉬운 조작 방법과 인터페이스를 제공하고 별도의 지식 없이도 기본으로 사용할 수 있는 다양한 애플리케이션이 설치되어 있습니다. MacOS보다 디자인은 세련되지 않지만 호불호 없이 사용할 수 있다는 점에서 우리에게 친숙하고, 전 세계 점유율 1위를 차지하고 있는 운영체제입니다.

일명 '오마카세'로 불리는 주방 특선은 요리 전문가가 설정해주는 대로 음식을 즐기기만 하면 됩니다. 그리고 음식을 보기 좋고 아름답게 내어주죠. 원하는 대로 음식을 선택할 순 없지만 요리 전문가가 선정한 음식이므로 믿고 먹을 수 있을 것입니다. 이처럼 MacOS는 폐쇄적인 성격으로 기능 접근을 제한하는 경우가 많지만 운영체제 자체가 안정적이기 때문에 예전에는 전문가들이 많이 사용했던 운영체제이기도 합니다. 유려하고 아름다운 GUI와 인터페이스로 굳건한 팬층을 가진 운영체제입니다.

집에서 직접 요리를 해먹을 때를 생각해봅시다. 기본으로 구성되어 있는 주방 장비는 전문 레스토랑에 비해 비슷하지만 요리를 하는 사람의 실력에 따라 고급 장비를 구축할 수도 있고 전문가 못지 않는 요리를 만들어 낼 수도 있습니다. 이처럼 리눅스는 기본으로 제공되는 커널 외에 기본 설치 프로그램이나 필요한 프로그램을 직접 설치해서 사용해야 합니다. 기본적인 지식 없이는 원하는 대로 환경을 구성하기 조금 어려울 수 있지만 본인의 입맛대로 환경을 구성할 수 있습니다. 그렇기 때문에 개발환경에 딱 맞춰 사용할 수 있어 서버용 컴퓨터로 가장 많이 사용되는 운영체제입니다.

각 운영체제의 세부 특징은 다음과 같습니다.

윈도우즈

- 국내 점유율이 90% 이상이며 호불호가 갈리지 않고 많은 사람이 이용할 수 있다.
- 사용자가 직관적으로 기능을 사용할 수 있는 인터페이스를 갖추고 있다.
- 리눅스용 윈도우즈 하위 시스템WSL, Windows Subsystem for Linux이라는 개발용 플랫폼을 통해 개발자들이 선호하는 리눅스 도구를 사용해서 개발환경을 구축할 수 있다.
- 많은 사람이 편리하게 이용하도록 미리 설정되어 있는 설정과 애플리케이션이 많은 것이 단점이기도 하다.

- WSL을 사용하더라도 이미 많은 애플리케이션이 설치되어 있어 개발환경을 구축할 때 난잡할 수 있다는 단점 때문에 아직까지 리눅스와 맥보다 개발자 친화적이지 않다는 의견이 있다.
- C#, .NET 등의 윈도우즈 기반 언어로 개발할 때 사용하면 편리하다.

[그림 6–6]
윈도우즈 11 인터페이스

MacOS

- 예전에는 전문가나 서버용 컴퓨터로 사용했던 유닉스 계열의 운영체제다.
- 유닉스 계열의 운영체제이므로 크기가 작고, 이해하기 쉽고, 프로세스간 호환성이 좋다.
- 폐쇄적인 환경으로 바이러스에 걸릴 걱정이 거의 없다.
- 유닉스 기반의 터미널을 사용하기 때문에 리눅스 명령어를 그대로 사용해서 개발환경을 구성할 수 있다.
- 운영체제 업데이트 비용이 저렴하고 운영체제의 안정성과 보안이 보장된다.

최초로 MacOS에서 바이러스가 나왔을 때 일주일 동안 피해를 입은 시스템이 50대가 채 되지 않았다고 한다.

- 애플의 Mac, iOS, watchOS 등의 소프트웨어 개발을 위한 IDE인 XCode, 리눅스용 패키지 관리 애플리케이션 홈브루^{Homebrew} 등을 사용할 수 있으므로 개발자 친화적이다.
- 부드러운 GUI 인터랙션과 제스처 등 다른 제조사에서 흉내낼 수 없는 견고하고 특별한 사용자 경험을 제공한다.
- 윈도우즈와 다른 방식으로 조작해야 하기 때문에 적응 기간이 필요하다.

[그림 6-7]
MacOS 몬터레이

리눅스

- 주로 서버용 컴퓨터로 사용하는 유닉스 계열의 운영체제다.
- 서버용 컴퓨터는 서버를 구성하는 프로그램 외에 다른 불필요한 애플리케이션이 없고 단순해야 하기 때문에 크기가 작고, 이해하기 쉽고, 프로세스간 호환성이 좋다.
- 프리 소프트웨어^{Free Software}다. 프리 소프트웨어란 공짜라는 뜻이 아니고 자유로운 소프트웨어라는 것을 의미하는데, 자유롭게 사용하고 복사하고 배포 및 개선을 할 수 있다는 뜻이다.

- 앞서 설명한 커널 소스가 공개되어 있기 때문에 전 세계 수많은 개발자가 기여하고 이를 개선하고 배포하기 때문에 안정적이라고 할 수 있다.

- 모든 소스가 공개되어 있기 때문에, 사용자가 원하는 대로 프로그램을 최적화할 수 있다.

- 윈도우즈나 맥에서 기본으로 제공하는 프로그램조차 설치를 해주어야 하는 것이 번거로울 수 있으나 원하는 프로그램만 설치해서 쾌적하게 시스템을 구축할 수 있다는 면에서 장점이 되기도 한다.

- GNU 컴파일러 모음 GCC^{GNU Compiler Collection}이라는 오픈소스 컴파일러가 무료로 제공되기 때문에 윈도우즈나 맥과는 다르게 리눅스의 IDE나 개발 툴은 별도로 구매하지 않아도 된다.

- 다중 작업과 다중 사용자, 다중 스레드를 쾌적하게 지원하기 때문에 서버 컴퓨터로 많이 사용된다.

[그림 6-8]
리눅스 인터페이스

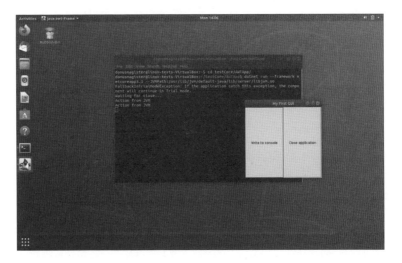

2. 눈에 보이지 않는 네트워크 이야기

우리가 컴퓨터를 새로 구매하고, 인터넷이나 네트워크가 구성되지 않는 환경에서 컴퓨터를 사용한다고 생각해봅시다. 그러면 컴퓨터로 할 수 있는 일에는 어떤 것이 있을까요? 컴퓨터에 기본적으로 내장되어 있는 그림판, 메모장, 게임 등의 프로그램을 실행할 수 있는 것이 전부일지도 모릅니다. 우리가 미국에 있는 구글 서버에 접속해 구글 사이트를 이용하는 것도, 프로그래밍 언어 팩이나 개발도구를 설치하는 것도 모두 네트워크가 없으면 불가능합니다. 컴퓨터가 아이언맨에 등장하는 자비스처럼 할 수 있는 일이 무궁무진해진 것은 모두 네트워크와 인터넷의 발달 때문이라고 해도 과언이 아닙니다. 없으면 큰일나지만 항상 당연한 것처럼 사용하기만 했던 네트워크와 인터넷은 무엇을 의미하고 어떻게 구성되어 있는지 한번 살펴봅시다.

네트워크란?

네트워크^{Network}는 'net(그물)'과 'work(일하다)'가 합쳐진 단어로, 하드웨어끼리 그물망처럼 연결되어 데이터를 주고받는 일을 합니다. 과거에는 먼 거리의 사람과 통신하기 위해 봉화대처럼 커다란 탑 위에 축을 달고, 그 주위에 여러 판자들을 매달아 여러 기호를 조합해 신호를 전달했고 이를 망원경을 통해 확인했습니다. 시대가 발전함에 따라 이러한 아날로그적 방식과는 다르게 전기 신호를 이용해 전화나 라디오, TV 등으로 먼 거리의 사람과 통신을 할 수 있게 되었습니다. 컴퓨터가 발명된 후 먼 거리의 컴퓨터(또는 하드웨어)끼리 연결하고 통신하기 위해 '네트워크'라는 개념이 사용되었습니다. 그리고 네트워크를 통해 지금처럼 아주아주 먼 거리에 있는 정보도 빠르고 손쉽게 가져올 수 있게 되었습니다.

인터넷은 실제로 어떻게 연결되는 것일까?

일단 네트워크의 동작 방식을 알아보기 전에 '프로토콜Protocol'과 'OSI Open Systems Inter-Connection 참조모델'이라는 것을 알아야 합니다.

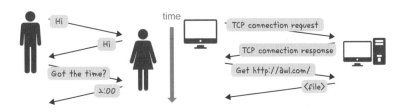

[그림 6-9]
네트워크의 동작 방식

프로토콜은 컴퓨터나 통신 장비 사이에 메시지를 주고받는 양식과 규칙을 말합니다. 우리가 서로 약속을 잡을 때 어디서 만날지, 몇 시에 만날지, 무엇을 할지 등을 정하는 것과 비슷합니다. 또 택배나 우편물을 보낼 때 받는 사람의 정보와 주소, 보내는 사람의 정보와 주소를 기입하도록 되어 있죠? 이처럼 어떤 사람, 물체 간에 무언가 약속을 하거나 서로 정보를 주고받을 때 서로 이해할 수 없는 언어를 사용한다거나 주고받을 데이터가 무엇인지 모른다면 통신을 할 수 없습니다. 컴퓨터와 통신기기도 마찬가지입니다. 규칙을 정해놔야 통신을 원활하게 수용할 수 있기 때문에 '프로토콜'이라는 개념이 등장한 것입니다.

[그림 6-10]
여러 기기들의 통신 연결

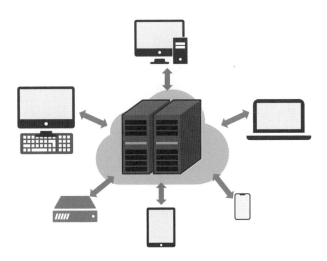

그리고 OSI 참조 모델은 국제표준화 기구^{ISO, International Organization for} ^{Standardization}에서 컴퓨터 통신 기능을 계층 구조로 나눠 정리한 모델로 일종의 통신 규칙 모음이라고 생각하면 됩니다. 과거에는 여러 업체가 관련 장비끼리 서로 통신을 하고 싶을 때 서로 다른 장비 간의 호환성이 없어 다른 업체의 장비를 연결하여 사용하는 데 어려움이 있었습니다. 때문에 장비 간의 호환을 위해 국제표준화 기구(ISO)에서 모든 시스템의 상호 연결에 있어 문제가 생기지 않도록 표준과 학습도구를 만들었습니다. 이것이 바로 OSI 참조 모델입니다. 이제 이 표준을 이용해서 장비별 포트가 다른 문제, 프로토콜이 다른 문제로 통신이 어려웠던 점을 해결하게 되었습니다. OSI는 보통 7개의 계층으로 구성되어 있습니다. 데이터를 어떤 요소로 어떻게 전달하면 좋을지, 통신이 끊기거나 장애가 생겼을 때는 어떻게 해야 하는지 등에 대한 내용을 담은 규칙인 것입니다.

OSI 7계층

[표 6-3]은 OSI 7계층을 정리한 표입니다. 이렇게 보면 "프로토콜과 OSI로 대체 뭘 한다는 거지?" 하는 의문이 들 수 있습니다. 네트워크란 것은 눈에 보이지 않은 수많은 신호를 전달하는 것이기 때문에 다소 추상적이고 이런 규약들이 왜 필요한지 감을 잡기 어렵기 때문입니다.
그렇지만 자동차를 수리하는 모습과 비교하면 조금 이해가 될 것입니다. 자동차 타이어가 펑크가 났을 때 자동차를 통째로 바꾸거나 수리하지 않고 타이어만 바꾸면 됩니다. 엔진이 고장나면 엔진만 교체하면 되고요. 자동차 회사들은 자동차의 엔진, 타이어, 보닛, 범퍼 등의 자동차 부품의 규격들을 정의하고 부품별로 모듈화를 해두었습니다. 그렇기 때문에 설계도 단순해지고 교체도 쉬워졌습니다. 마찬가지로 OSI와 프로토콜은 멀리 있는 곳의 기기에 데이터를 주고받기 위해 정해진 규격입니다.

[표 6-3]

OSI 7계층

계층 단계	계층 이름	내용	사용 프로토콜
제1계층	물리 계층	네트워크 케이블의 재질이나 커넥터의 형식, 핀의 나열 방법 등의 '물리적인 요소'를 규정한다.	애플리케이션 프로토콜(HTTP 등)
제2계층	데이터 링크 계층	직접 연결된 기기 사이의 논리적인 전송로(데이터 링크)를 확립하는 방법을 규정한다.	
제3계층	네트워크 계층	동일 또는 다른 네트워크의 기기와 연결하기 위한 주소와 경로의 선택 방법을 규정한다.	
제4계층	전송 계층	데이터를 통신할 상대에게 확실하게 전달하는 방법을 규정한다.	TCP/UDP
제5계층	세션 계층	데이터를 흘려보내는 논리적인 통신로의 확립과 연결/끊기에 대해 규정한다.	IP/ICMP/ARP
제6계층	표현 계층	애플리케이션 데이터를 통신에 적합한 형태로 변환하는 방법을 규정한다.	이더넷
제7계층	응용 계층	애플리케이션별로 서비스를 제공하는 방법을 규정한다.	

인터넷과 네트워크는 같은 말인가?

먼저, 인터넷은 어떻게 탄생하게 되었을까요? 오늘날의 인터넷은 유튜브도 보고, 온라인 게임도 하고, 메신저도, 웹 서핑도 할 수 있게 해주는 재미있는 기술입니다. 그렇지만 인터넷은 놀랍게도 처음에 군사용 목적으로 개발되었습니다. 미군 국방부가 핵 미사일로부터 군사 기밀 정보가 저장된 중앙 서버를 보호하기 위해 처음 개발된 것이 인터넷입니다. 이를 '아르파넷ARPAnet'이라고 하는데 중앙 서버가 공격받더라도 연결된 다른 수많은 서버가 있었기 때문에 정보의 손실을 막을 수 있었다고 합니다.

[그림 6-11]
최초의 인터넷,
아르파넷

그리고 과학자들은 같은 공간에 있지 않아도 계산 능력을 공유하기 위해 지금의 컴퓨터와 비슷한 연산 기계를 서로 연결시켜야 했습니다. 이때 사용된 것이 패킷교환 방식입니다.

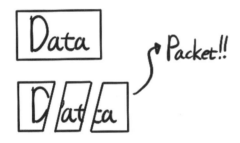

[그림 6-12]
패킷

'패킷 ^{packet}'이란 것은 간단하게 말해서 데이터의 조각입니다. 데이터를 조각 내어 전송하고 다시 합치는 방식으로 통신을 고안해냈습니다. 그리고 앞에서 언급했던 프로토콜 같은 규약을 만들어 서로 데이터를 교환했습니다. 이 방식이 바로 지금의 '인터넷'의 시초입니다. 지금의 인터넷도 서로 다른 장치를 연결한 것을 의미합니다. 인터넷은 '~간의'라는 뜻의 'inter'와 네트워크의 'net'이 합쳐진 단어로 네트워크(좁은 의미로 컴퓨터)와 네트워크를 연결하면 인터넷이라고 합니다. 즉, 서로 다른 컴퓨터 두 대가 연결되기만 해도 이를 '인터넷'이라고 부를 수 있는 것입니다.

우리는 평소에 인터넷을 네트워크와 혼용하여 사용하고 있는데, 네크워크는 좁은 범위의 인터넷이므로 의미가 비슷합니다. 컴퓨터와 컴퓨터를 연결한 범위가 전세계적으로 크다면, 인터넷, 컴퓨터와 컴퓨터가 한 대만 연결되어 있어도 되는 작은 범위는 네트워크라고 생각하면 됩니다.

3. 정보들은 모두 어디에, 데이터베이스 이야기

커다란 도서관에 있을 때 우리가 쉽게 원하는 책을 찾을 수 있는 것은 책에 대한 정보가 잘 정리되어 있기 때문입니다. 여기서 말하는 책의 정보는 도서명, 출판사, 발행년도, 작가명 등 책을 찾을 때 필요한 내용을 의미합니다. 이처럼 어떤 '정보'를 잘 정리해서 필요한 것들만 쏙쏙 뽑아낼 수 있도록 데이터를 저장하는 공간을 '데이터베이스'라고 합니다.

[그림 6-13]
도서 정보가 잘 정리된 서가

출처
https://unsplash.com/photos/
BLjdrEqcwyE

데이터베이스의 사전적 의미는 "여러 사용자가 원하는 정보를 얻기 위해 모아둔 자료의 집합"을 말합니다. 구조적으로 통합된 하나의 주제와 관련된 의미 있는 데이터의 모음이라고 할 수 있습니다.

데이터베이스란?

서버는 사용자가 무언가를 요청하면(예를 들어, 로그인 정보, 주문 정보 등) 해당 정보를 제공하는 역할을 하는 컴퓨터입니다. 그리고 서버에서 '정보'를 가져오기 위해 필요한 것이 데이터베이스입니다.

[그림 6-14]
지저분한 바탕화면

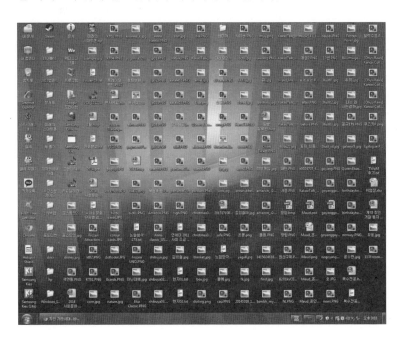

[그림 6-15]
잘 정리된 폴더

[그림 6-14]와 같이 지저분한 바탕화면에서 내가 원하는 파일을 찾는 것은 쉽지 않을 것입니다. [그림 6-15]처럼 속성별로 폴더를 만들고 속성에 해당하는 파일을 안에 넣어 정리하면 내가 원하는 파일을 잘 찾을 수 있게 되겠죠. 이처럼 정보가 무작위로 아무렇게나 나열되어 있다면 서버가 사용자의 요청 정보만 쏙 뽑아 제공하기 어렵게 됩니다. 따라서 정보나 데이터를 속성별로 묶어 정리해서 사용자가 요청한 정보를 빠르게 제공할 수 있기 위해 데이터베이스를 사용하게 됩니다.

예를 들어 쇼핑몰을 이용하는 사용자가 2021년 12월에 주문한 목록을 보고 싶다고 한다면, 데이터베이스의 사용자 테이블에 저장된 '사용자의 아이디' 속성과 주문 테이블에 저장된 '주문 아이디' '구매 날짜' '구매한 상품명' '상품의 가격' 등의 속성을 이용해 사용자가 요청한 자료를 찾아 서버로 보내주게 됩니다.

DBMS

DBMS^{Data Base Management System}는 데이터베이스를 관리하는 '시스템'을 의미합니다. 하나의 식당에서 음식을 제공하기 위해 손님이 들어오면 자리를 배정하는 순서, 대기 순서를 작성하는 방법 등 각 식당만의 운영 노하우나 규칙이 있을 것입니다. 이처럼 데이터베이스를 운영하기 위한 규칙이 정해져 있고 이를 조작하는 별도의 소프트웨어를 '데이터베이스 관리 시스템^{DBMS}'이라고 합니다.

DBMS의 대표적인 종류로는 오라클, MySQL, MariaDB 등이 있습니다. 오라클은, 오라클사에서 제공하는 DBMS로, 윈도우즈와 리눅스 등 다양한 운영체제에서 사용할 수 있고 다른 DBMS에 비해 대용량의 데이터를 관리하기에 적합하므로 글로벌 데이터베이스 시장에서 점유율이 가장 높으며 주로 큰 서버를 운용하는 대기업에서 많이 사용합니다.

관계형 데이터베이스와 SQL

관계형 데이터베이스

관계형 데이터베이스RDS, Relational Database Service는 데이터베이스의 한 종류로 실무에서 가장 많이 사용하는 방식입니다. 데이터베이스 내의 데이터를 '사람', 데이터로 이루어진 테이블을 '사람들의 모임'이라고 생각해봅시다. 각 사람들은 모임을 이루고 관계를 이루게 됩니다. 서로 다른 모임과 연결이 되기도 합니다. 그리고 모임이 하나 둘 커져 서로 교류를 맺게 됩니다. 이처럼 관계형 데이터베이스는 데이터 간에 관련이 있는 것을 서로 연결해 관계로 표현하는 데이터베이스를 말합니다. 그리고 서로 관련 있는 데이터들을 '테이블'로 표현하는데, 테이블 안의 데이터를 '키(key)'와 '값(value)'로 표현합니다.

예를 들어, 축구 동호회가 있다고 해봅시다. 그리고 동호회 안에 많은 회원이 있습니다. 이들은 모두 축구를 좋아한다는 특징을 가지고 모이게 되었습니다. 이를 관계형 데이터베이스로 표현하면 테이블 이름을 '축구 사랑 동호회'로 만들 수 있고 그 안의 각 회원을 테이블의 데이터로 넣으면 됩니다. 새로운 회원이 추가될 때마다 '회원 키'에 새로 들어온 회원의 이름을 넣는 식으로 데이터를 추가하게 됩니다.

SQL

많은 종류의 데이터베이스 중에서 관계형 데이터베이스를 관리하기 위해 만들어진 언어를 'SQLStructured Query Language'이라고 합니다. SQL은 Structured라는 단어에서 알 수 있듯이 구조를 갖춘 언어를 의미합니다.

[그림 6-16]
SQL 테이블

id	title	author	publisher	date_received
1000	Romeo and Juliet	William Shakespeare	NULL	2012-04-01
1001	Don Quixote	Miguel de Cervantes Saavedra	NULL	2015-03-31
1002	The Little Prince	Antoine de Saint-Exupery	NULL	2018-12-21
1003	Harry Potter and the Philosopher's Stone	Joanne Kathleen Rowling	Bloomsbury Publishing	2017-06-26
1004	The Lord of the Rings	John Ronald Reuel Tolkien	Allen & Unwin	2014-07-29
1006	Alice's Adventures in Wonderland	Lewis Carroll	Macmillan	2015-11-26
1007	The Old Man and the Sea	Ernest Miller Hemingway	Charles Scribner's Sons	2014-11-02
1008	The Great Gatsby	Francis Scott Key Fitzgerald	NULL	2019-01-12
1009	Harry Potter and the Deathly Hallows	Joanne Kathleen Rowling	Bloomsbury Publishing	2017-07-21

구조를 잘 갖추었다는 뜻은 어떤 정보를 담을 테이블이 있고, 지정된 속성이 있으면 해당 속성을 변경할 수 없고, 지정된 형식의 데이터로만 저장할 수 있다는 것을 의미합니다. [그림 6-16]은 도서명, 작가, 출판사, 등록된 날짜를 담은 속성이 있는 '책 정보' 테이블을 나타낸 것인데 [그림 6-16]의 속성에 없는 인기도, 구매 횟수 등의 정보는 테이블 구조를 아예 바꾸지 않는 이상 추가하는 것이 불가능합니다. 책의 인기도와 구매 횟수 등의 속성을 추가하기 위해 '판매 실적'이라는 테이블을 하나 더 만들어 '책 정보' 테이블의 id와 결합하여 서로 다른 테이블의 연결 관계를 표현할 수 있습니다.

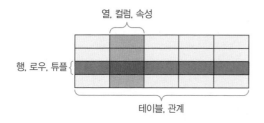

[그림 6-17]
관계형 데이터베이스

관계형 데이터베이스에서 속성을 의미하는 용어로는 '열, 컬럼, 속성'이 있습니다. 그리고 해당 속성을 가진 하나의 데이터를 '행, 로우, 튜플'이라고 합니다.

물품번호	물품 이름	수량
1	축구공	2
2	농구공	2
3	야구공	5

→ 스키마

→ 인스턴스

[그림 6-18]
스키마와 인스턴스

관계형 데이터베이스에서는 테이블과 속성을 처음 생성했으면 처음 생성한 속성과 다른 데이터는 추가할 수 없다고 했죠? 이처럼 테이블이 미리 정해진 형태를 '스키마Schema'라고 합니다. 그리고 스키마의 원소 집합을 '인스턴스Instance'라고 합니다.
각 스키마에서 인스턴스가 하나씩 선택되어 각 원소들은 서로 관계를 맺게 됩니다(물품번호, 물품 이름, 수량 → (1, 축구공, 2)). 그리고 이 관계들이 모여 테이블(릴레이션)이 되며 이렇게 표현된 데이터베이스를 관계형 데이터베이스라고 부르게 됩니다.

쿼리

쿼리^{Query}란, 원하는 데이터만 뽑을 수 있도록 서버가 데이터베이스에 요청하는 메시지입니다. 쿼리를 통해 데이터베이스를 관리하기 위한 명령을 하거나, 원하는 정보를 뽑기 위한 요청 작업을 할 수 있게 됩니다.

```
select * from book_information where author = 'William Shakespeare";
```

의 코드는 윌리엄 셰익스피어가 작가인 책의 정보를 조회하는 쿼리문의 예입니다. 책 정보 테이블에 저장된 책의 수가 무수히 많다면, 특정 출판사, 특정 연도에 출판한 책을 조회하는 등 조건을 추가해 원하는 정보만 뽑아야 합니다. 다양한 조건이 추가되는 상황에서 데이터의 규모와 작업의 복잡성이 큰 경우에도 쿼리문을 이용하면 빠르고 효율적으로 정보를 데이터를 추출할 수 있게 됩니다.

관계형 데이터베이스를 사용하는 이유

그럼 우리는 왜 관계형 데이터베이스를 사용해야 할까요? 이 질문에 대해서는 다음처럼 몇 가지로 답할 수 있습니다.

- 서로 다른 테이블에서 관계된 각 속성을 통해 Join 기능을 사용할 수 있다.

[그림 6-19]
서로 다른 테이블의
Join

물품 테이블

물품번호	물품 이름	수량
1	축구공	1
2	농구공	1
3	축구공	2

담당자 테이블

명단번호	물품 담당	물품번호
001	손흥민	2
002	박지성	3
003	이강인	1

기본 키 ◀────

외래 키 ◀────

- 구조화된 데이터 형태 덕분에 원하는 데이터를 쉽게 요청, 삽입, 삭제, 수정할 수 있다.
- 데이터들을 쉽게 집계 및 분석할 수 있다.
- 인덱스를 추가하여 빠른 검색을 할 수 있다.
- ACID 트랜잭션(처리) 기능이 있다.

여기서 잠깐!

ACID 트랜잭션

데이터베이스 시스템의 '무결성(데이터의 정확성과 일관성을 유지하고 보증하는 것)'을 보장해주는 것을 말한다.

A(Atomicity, 원자성): 작업이 일부만 실행되다가 중단되지 않도록 보장한다.

C(Consistency, 일관성): 데이터베이스의 일관성을 유지하며 문제가 생기면 작업 전체를 중단한다.

I(Isolation, 독립성): 연관된 작업을 수행할 때 다른 작업이 끼어들지 못하도록 보한다.

D(Durability, 지속성): 성공적으로 수행된 작업은 영원히 유지한다.

친구에게 돈을 송금했는데, 송금 시스템에서 오류가 발생하여 송금이 되지 않았을 경우 보통 어떻게 되나요? 송금 처리 전체를 취소하여 돈을 송금하기 전으로 돌아가게 되어 다시 내 통장에 돈이 들어오게 됩니다. 이처럼 어떤 처리 작업이 성공적으로 끝나거나 아니면 아무 작업도 발생하지 않는 것을 ACID 트랜잭션이라고 합니다.

관계형 데이터베이스가 아닌 것은 무엇일까?

구조화된, 형식이 갖춰진 데이터베이스가 관계형 데이터베이스이고, 이를 위해 만들어진 언어를 SQL이라고 했습니다. 그러면 관계형 데이터베이스가 아닌 데이터베이스는 어떤 모습일까요?

데이터베이스 언어는 크게 SQL과 NoSQL으로 구분할 수 있습니다. NoSQL은 'SQL이 아닌 데이터베이스 언어'를 총칭하는 말입니다.

NoSQL 데이터베이스 언어는 구조화된 테이블 형식이 아닌 데이터베이스 언어를 말하고 관계형 테이블과는 다른 방식으로 데이터를 저장합니다. SQL처럼 정해진 모습이 있는 것이 아니고 데이터 모델에 따라 다양한 유형이 있습니다. 그렇다고 SQL을 아예 사용하지 않는 것은 아니고 기존 SQL이 가지고 있는 특성뿐만 아니라 다른 특성을 부가적으로 지원합니다.

NoSQL은 빅데이터의 등장으로 인해 데이터와 트래픽 수가 기하급수적으로 증가함에 따라 다양한 비정형데이터를 저장하기 위한 데이터베이스가 필요해져서 등장한 개념입니다. 특히 데이터가 어떤 형태로 들어올지 모를 때, 사용하기에 적합합니다.

NoSQL의 종류

Key-Value 데이터베이스

키와 값으로 이루어진 '저장'과 '조회'라는 가장 간단한 원칙에 충실한 데이터베이스입니다. Key(키)와 Value(값)가 하나의 묶음으로 저장되는 구조로, 단순하고 속도가 빠르고 분산 저장 시 유용한 데이터의 형태를 가지고 있습니다. 대표적인 종류로는 레디스^{Redis}, 아마존 다이나모 DB^{AWS DynamoDB}, Riak, 오라클 버클리 DB^{Oracle Berkely DB} 등이 있습니다.

[그림 6-20] Key-Value 데이터베이스	키	값
	K1	AAA, BBB, CCC
	K2	AAA, BBB
	K3	AAA, DDD
	K4	AAA, 2, 01/01/2015
	K5	3, ZZZ, 5623

Document 데이터베이스

Document 구조의 데이터베이스는 계층 관계를 표현할 수 있는 데이터를 말합니다. 트리 형태로 데이터를 저장할 수 있고, 컬럼과 스키마가 없는 것이 특징입니다. Document 내에 Field라는 것을 정의하고 Field 내에 다시 Key, Value를 저장합니다. 대용량 데이터 저장에 적합하고 다양한 속성이 있는 데이터를 관리하기 유용합니다. 대표적인 종류로는 몽고 DB^{MongoDB}, 애저 코스모스 DB^{Azure Cosmos DB}, 카우치 DB^{CouchDB}, 마크로직^{MarkLogic}, OrientDB 등이 있습니다.

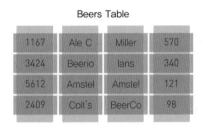

[그림 6-21]
Document 데이터베이스

Graph 데이터베이스

데이터를 노드로 표현하고 노드 사이의 관계를 에지로 표현하는 그래프를 이용해 데이터를 저장하는 데이터베이스입니다. 관계형 데이터베이스보다 성능이 좋고 유지보수가 용이한 것이 특징입니다. 대표적인 예로는 Neo4j, Blazegraph, OrientDB 등이 있습니다.

[그림 6-22]

그래프 데이터베이스

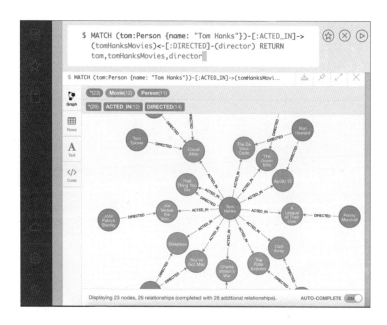

SQL vs. NoSQL

SQL과 NoSQL의 가장 큰 차이점은 '관계'를 정의하는지에 대한 여부입니다. SQL은 위에서 언급했듯이 특정 속성값을 통해 서로 다른 테이블을 Join하여 사용할 수 있는 기능을 제공합니다. 반면, NoSQL은 각 테이블을 하나의 데이터셋, 그 자체로 간주합니다.

[그림 6-23]

SQL vs. NoSQL

출처
https://gowithcode.com/
sql-vs-nosql

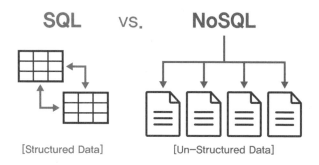

학창 시절에 경험했던 선생님을 떠올려 봅시다. 융통성이 좋고, 학생들의 다양함을 포용하는 선생님도 있고 엄격하고 규칙, 규율을 중시하는 선생님도 있었죠? 각 선생님의 스타일이 "뭐가 맞고 뭐가 틀리다"라고 할 순 없을 것입니다. 각기 다른 장단점을 갖고 있기 때문이죠. 엄격한 선생님일 경우 조금의 규칙도 어기면 안 되지만 선생님의 룰만 따른다면 학교생활에 큰 어려움은 없을 것입니다. 융통성이 좋은 선생님의 경우 원하는 대로 학교생활을 할 순 있겠지만 스스로 규칙과 생활을 정해야 한다는 어려움이 있을 것입니다.

엄격한 선생님은 'SQL'을 비유한 것이고 융통성이 좋은 선생님은 'NoSQL'을 비유한 것입니다. SQL은 데이터 모양을 미리 정의하고(스키마) 처리하기 때문에 복잡한 쿼리를 통해 원하는 정보를 추출하기 유용합니다. 하지만 다른 측면에서 보면 이미 정해진 스키마 때문에 데이터 작업이 제한적입니다. 때문에 데이터스키마를 정의하는 데 많은 시간이 들고, 구조의 변화가 생기면 모든 시스템에 까다로운 작업을 통해 적용시켜야 한다는 단점이 있습니다.

NoSQL은 구조화되어 있지 않은 데이터를 위해 틀에 얽매이지 않은 스키마를 가지고 데이터를 다양한 방식으로 저장할 수 있습니다. 이러한 유연성 때문에 구조를 정의하는 데 시간이 들지 않고 문서마다 고유한 구조를 가질 수 있고 변경사항이 생기면 데이터 구조를 확장하거나 수정하기 쉽습니다. 하지만 수정 시 모든 컬렉션을 다 수정해줘야 하고, 데이터를 일관적으로 관리하기 어려울 수 있습니다.

그래서 언제 무엇을 사용해야 하나?

SQL과 NoSQL 중 어떤 것이 "좋다, 맞다"가 아니라, 상황에 따라 내가 사용할 데이터의 형태와 목적에 따라 선택하여 사용해야 합니다. 그리고 꼭 두 가지 중 하나를 선택해야 하는 것은 아닙니다. 웹에서 서버를 SQL에 저장 관리하고, 캐싱 데이터는 NoSQL을 저장하는 식으로 종종 하나의 서비스에서 SQL과 NoSQL을 둘 다 사용하기도 합니다.

SQL을 사용해야 하는 때는 다음과 같습니다.

- 복잡한 쿼리나 데이터베이스 분석이 필요할 경우
- 높은 부하가 예상될 경우
- 데이터가 크게 쌓이거나 데이터 구조를 변경할 일이 없는 경우

그리고 NoSQL을 사용해야 하는 때는 다음과 같습니다.

- 지속적으로 새로운 기능들이 추가되고 변경되어 데이터를 사전에 정의하기 힘든 경우
- 데이터 정합성이나 일관성이 최고 우선순위가 아닌 경우
- 데이터양이 많은 경우

6장을 마치며

5장부터 6장까지는 컴퓨터 공학과 관련된 기본적인 내용을 빠르게 훑어 보았습니다. "컴퓨터 공학의 토대가 되는 기본 지식을 공부할 시간에 코딩 공부를 더 열심히 하면 빠르게 실력자가 될 수 있지 않을까?" 하고 생각할 수도 있습니다. 하지만 개발자가 된다는 것은 단순히 프로그래밍을 할 수 있는 것을 의미하는 것이 아닙니다. 개발자는 컴퓨터 시스템 원리를 이해하여 프로그래밍을 할 수 있고, 구조적인 사고를 할 수 있는 사람이어야 하기 때문입니다. 개발자가 되기 시작한 시점에는 크게 중요하지 않을 수 있지만 이와 같은 컴퓨터 기술의 근간을 이루는 지식은 경력이 쌓일수록 빛을 발하게 될 것입니다.

개발자에겐 상식
비전공자에겐 고급지식

개발자
상식
개발자가 되기 전에
알았어야 할 것들

'개발'의 범주는 생각보다 넓게 분포되어 있습니다. 해커의 침입을 막는 보안 전문 개발
자부터 인공지능을 개발하는 개발자, 게임 개발, 윈도우 개발 등. 하지만 지금 시대에서
다루는 '서비스'는 크게 '웹'과 '앱', 두 가지로 나눌 수 있다고 해도 과언이 아닙니다. 사
용의 편리함이나 설치와 접근의 간편함 때문에 앱 서비스의 사용이 증가하면서 한때는
웹이 사라질 것이라는 이야기까지 나온 적이 있습니다. 하지만 여전이 웹이 우리 생활에
차지하는 영역은 비대하고 그 중요성이 증가하고 있습니다.

서비스 앱이 많아지면서 사용자들은 그 기로에서 정말 필요한 앱이 아니면 다운받지 않
기도 합니다. 한번 삭제하면 뒤도 돌아보지 않기도 하고요. 그렇게 되면서 오히려 사용
자들을 끌어들이기 위한 방도로 웹의 필요성이 커지고 있기도 합니다. 시장에서 "웹이
냐, 앱이냐"의 문제는 마치 "짬뽕이냐, 짜장이냐, 아니면 짬짜면이냐"의 문제처럼 모호
하지만 큰 딜레마를 낳는 문제이기도 합니다.

이 장에서는 웹 서비스와 앱 서비스의 차이를 알아보고 이 둘의 서비스를 개발하려면 어
떤 것이 필요한지 살펴보겠습니다.

1. 웹이냐 앱이냐 그것이 문제로다

우리에게 익숙한 온라인 서비스 중에 어떤 것은 웹과 앱 서비스 모두 제공하는 경우도 있고 앱을 설치해야만 이용할 수 있는 경우도 있습니다. "둘 다 있으면 당연히 좋은 게 아닌가?" 하는 의문이 드는데, 기업들은 왜 선택적으로 웹과 앱을 제공할까요? "짜장면(웹)을 시킬 것인가, 짬뽕(앱)을 시킬 것인가, 짬짜면(하이브리드)을 시킬 것인가" 하는 것처럼 단순히 기획자나 개발자의 기호로 나눌 수 있는 문제는 아닙니다. 다양한 이유가 있지만 대표적으로 웹과 앱을 구분하는 이유는 웹과 앱의 서비스가 주는 형태와 서비스의 경험 때문입니다.

[그림 7-1]
여러 가지 앱 서비스

자주 사용하거나 수시로 들어가야 하는 경우 앱을 설치해서 사용하도록 해야 하고 웹의 아웃바운드 링크를 통해 사용자를 유입시켜야 하는 경우 웹의 형태로 서비스를 제공해야 합니다. 따라서 서비스의 비즈니스 모델 BM, Business Model에 따라서 혹은 시장 검증 모델에 따라 서비스를 웹으로 제공해야 하는지, 앱으로 제공해야 하는지 나뉜다고 볼 수 있습니다.

아웃바운드 링크
서로 다른 도메인 사이에서 연결된 링크다.

비즈니스 모델
(Business Model)
기업 업무, 제품 및 서비스의 전달 방법으로 이윤을 창출하는 방법을 의미한다.

우리가 구글, 네이버, 다음 등의 포털 사이트에서 무언가를 검색해서 정보를 얻을 때는 꼭 앱을 다운받지 않아도 불편함을 느끼지 않을 수 있습니다. 그리고 포털 사이트의 특성상 한 기업의 웹 사이트에 머물러 있지 않고 이리저리 이동하게 됩니다. 예를 들어 네이버에서 검색한 결과가 다음이나 구글 페이지, 인스타그램 또는 다른 사이트로 매칭되어 있으면 해당 페이지로 이동하여 원하는 정보를 얻습니다. 그리고 다시 돌아와 인터넷 서핑을 계속하곤 합니다. 그리고 단순 검색을 위해 로그인을 굳이 하지 않아도 됩니다.

하지만 이커머스 서비스를 이용해 물건을 사려고 한다고 해봅시다. 자주 이용하는 곳이라면 로그인을 하여 적립금을 사용하거나, 연결된 계좌나 카드를 사용해야 합니다. 그렇기 때문에 나의 정보가 항상 저장되어 있고 내 구매 기록에 맞게 최적화되어 있는 앱을 이용하는 것이 편리할 것입니다.

웹 서비스

웹은 크롬, 인터넷 익스플로러, 사파리 등의 '웹 브라우저'를 통해 동작하며 문자, 음성, 영상 등의 멀티미디어 정보를 인터넷망을 통해 연결시켜주는 서비스를 말합니다.

[그림 7-2]
크롬 웹 브라우저로 이용하는 웹 서비스

우리가 브라우저를 열어 https://google.co.kr이라는 URL을 주소창에 입력해서 접속하면 구글의 서버에 있는 HTML 파일이 내가 접속한 브라우저(클라이언트)로 전달됩니다. 그러면 HTML 파일에 연결된 이미지, 동영상, 텍스트 등의 수많은 파일이 보기 좋게 웹 페이지로 구성됩니다.

'웹'의 가장 특징은 사용자가 별도의 앱이나 프로그램을 설치하거나 업데이트하지 않아도 중앙 서버에 있는 가장 최신 파일을 불러올 수 있다는 점입니다. 그리고 웹 브라우저에 종속되어 있기 때문에 반드시 웹 브라우저를 거쳐야 하며, 웹 브라우저를 열고 주소창에 원하는 웹 주소를 입력해 들어가야 하기 때문에 접근성이 떨어지고 사용자 데이터 수집에 대한 한계가 존재합니다.

이러한 웹 서비스의 특징은 다음과 같습니다.

1. 사용자가 별도로 다운받지 않아도 항상 최신 버전의 서비스를 이용할 수 있다.
2. 개발에 필요한 시간 및 노력이 앱에 비해 비교적 적을 수 있지만 웹 브라우저에 종속되기 때문에 앱에 비해 다양한 상호작용(Interaction)을 구현하기 어렵다.
3. 웹 브라우저에서 탐색하는 과정을 거쳐야 하기 때문에 앱에 비해 사용성이 떨어진다.
4. SEO 관련 태그 스트립팅을 통해 아웃바운드 링크가 잘 되게 하면 바이럴 마케팅이 잘 될 수 있다.
5. 웹 페이지들은 클릭을 통해 다른 페이지로 전환되는 방식으로 이루어지기 때문에 페이지를 제한적으로 구성해야 한다.

SEO(Search Engine Optimization)
검색 엔진 최적화를 의미한다.

바이럴 마케팅
(Viral Marketing)
사용자들이 서로 서비스를 홍보하거나 전달하면서 자연스럽게 인터넷상에서 화제가 되도록 하는 마케팅이다.

앱 서비스

앱은 스마트폰에서 사용할 수 있는 애플리케이션 서비스를 말합니다. 그리고 앱(어플)은 웹과 다르게 iOS 혹은 안드로이드에 맞춘 독립적인 동작을 하는 서비스입니다. 그리고 프로그램 공급의 편의, 보안을 위해 스토어에서 공급합니다.

[그림 7-3]
스마트폰으로 이용하는
앱 서비스

출처
https://www.zuerich.com

웹 서비스는 수정할 사항이 있을 때 개발자가 서버 파일을 수정하면 사용자는 업데이트를 바로 확인할 수 있습니다. 하지만 앱 서비스는 앱의 업데이트 후에 앱 스토어와 안드로이드 구글 마켓의 심사 과정을 거쳐 배포가 되고, 사용자가 새로운 버전의 앱의 업데이트를 받아야만 확인할 수 있습니다. 그렇기 때문에 업데이트가 바로바로 일어나지 않는다는 점을 고려하면 서비스의 변경이 잦을 때는 앱 서비스가 유용하지 않을 수 있습니다.

앱 서비스의 특징은 다음과 같습니다.

1. 화면에 대한 터치 방식으로 서비스가 동작하기 때문에 스와이프, 줌인, 드래그 등 입력 방식이 다양하다.
2. 종속성이 강하기 때문에 한 번 설치해 많이 이용하게 되면 계속 사용하게 되지만, 한 번 삭제하면 다시 이용하지 않는 경우가 많다.
3. 접근성이 높고 스마트폰에 최적화된 성능이나 사용 환경을 제공할 수 있다.
4. 웹에 비해 구현에 다소 시간이 걸리고, iOS와 안드로이드를 별도로 개발해야 한다.
5. 사용자의 서비스 이용 행태나 취향 등의 데이터를 수집하여 분석하기가 용이하다.

그리고 앱 서비스 종류는 다음과 같습니다.

[그림 7-4]

네이티브 앱 vs 웹 앱
vs 하이브리드 앱

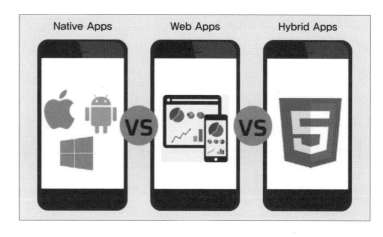

출처
https://xyroh.com

모바일 웹, "웹의 미니어처" 버전

모바일 웹 ^{Mobile Web}은 데스크톱 브라우저에서 실행되는 웹 애플리케이션을 스마트폰에서 사용하는 모바일 웹 스크린 크기로 줄여 놓은 것을 말합니다. 모바일용 웹을 구현한 몇몇 사이트에서는 URL 주소에서 www를 m 으로 바꾸면 모바일 크기의 웹 사이트로 접속되는 것을 볼 수 있는데 이 때 보여지는 웹을 '모바일 웹'이라고 합니다. 일반적으로 웹을 개발할 때 와 똑같은 방식으로 개발하고 크기만 줄인 것이기 때문에 '웹의 미니어처 버전'이라고 할 수 있습니다. 웹을 개발하는 방식과 동일하게 개발하게 됩니다.

웹 앱, "웹의 미니어처 세상"

모바일 웹과 혼동할 수 있지만, 약간 다른 개념입니다. 모바일 웹이 단순 히 화면의 크기만 줄인 것이라면 웹 앱 ^{Web App}은 모바일에 최적화하여 개 발한 웹을 말합니다. 모바일 웹은 데스크톱 웹에서와 동작 방식이 동일하 지만 웹 앱은 단일 페이지 방식을 사용해 모바일에서의 사용성을 높인 것 을 말합니다. 모바일 웹이 웹의 크기를 줄인 미니어처 버전이라면, 웹 앱 은 크기도 줄이고 모바일 환경에도 맞추었기 때문에 '웹의 미니어처 세상' 이라고 할 수 있습니다.

211

네이티브 앱, "근본적인 형태의 앱"

네이티브 앱은 'Native(토종의)'라는 뜻처럼 우리가 일반적으로 스마트폰의 스토어(애플의 경우 앱 스토어, 안드로이드의 경우 구글플레이 스토어)에서 다운받아 사용하는 근본적인 앱을 말합니다. 네이티브 앱^{Native App}은 웹 브라우저로 접속이 불가능하고 매번 스토어에서 업데이트를 해주어야 합니다. 네이티브 앱은 제스처, 인터랙션 등 사용자가 스마트폰에서 사용하기 편리하게 개발되어 사용성과 디자인 측면에서 웹보다 더 좋은 서비스를 개발할 수 있다는 장점이 있습니다.

주로 안드로이드에서 사용할 수 있는 앱은 안드로이드 SDK^{Software Development Kit}를 사용해 자바 또는 코틀린으로 제작할 수 있고, 아이폰에서 사용할 수 있는 앱은 XCode라는 툴을 통해 오브젝트-C, 스위프트로 개발할 수 있습니다.

하이브리드 앱, "웹과 앱 그 사이"

하이브리드 앱^{Hybrid App}은 겉보기에는 앱이지만 실제로는 웹 기반의 앱 기능을 차용한 형태입니다. 예를 들어 네이버 앱 같은 경우는 웹 브라우저에서 네이버를 접속한 것과 동일해 보이지만 앱에서만 제공하는 기능(음성 인식, 스마트 렌즈 등)을 제공하고 있습니다. HTML 기반의 웹 앱으로 개발한 후 최종 앱 배포에 필요한 부분만 아이폰, 안드로이드 플랫폼 안에서 처리하여 네이티브 앱과 웹 앱의 장점을 모으고 단점을 보완한 앱을 '하이브리드 앱'이라고 합니다. 즉, 웹과 동일하게 보여줘도 되는 부분은 웹 앱처럼 개발을 하고 네이티브 앱의 기능이 필요한 부분만 추가한 것입니다. 앱에서만 사용할 수 있는 기능이 많은 경우 네이티브 앱, 그렇지 않을 경우 하이브리드 앱으로 서비스를 개발하는 경우가 많습니다.

하이브리드 앱을 개발할 수 있는 프레임워크로 가장 유명한 것은 리액트 네이티브^{React Native}와 플러터^{Flutter}가 있습니다. 둘 다 안드로이드와 iOS용 앱을 동시에 개발할 수 있고 특정 플랫폼에 구애받지 않고 앱용 핵심 기능을 개발할 수 있는 프레임워크입니다. 가장 큰 차이점은 리액트 네이티브는 자바스크립트를 사용하고 플러터는 다트라는 언어를 사용한다는 점입니다.

웹 개발을 배울까, 앱 개발을 배울까?

앞서 살펴본 내용들은 기업과 기획의 관점에서 웹과 앱의 차이에 관한 것이었습니다. 그렇다면 개발자의 입장에서는 웹 개발과 앱 개발 중 어떤 것을 배워야 하는지 고민스러울 것입니다. 상대적으로 웹 개발자의 수요가 조금 더 높지만 점점 서비스의 형태가 웹과 앱의 경계는 허물어지고 있는 추세로 바뀌고 있습니다. 트렌드의 흐름에 따라 어떤 때는 웹 개발자의 수요가 높을 수도, 어떤 때는 앱 개발자의 수요가 높아질 수 있기 때문에 지금 당장 "어떤 것이 더 대세다!"라고 할 순 없습니다.

웹 개발 안에서도 과거에는 웹 개발 언어로 자바가 대세였지만 최근에는 Node.js와 리액트를 사용할 수 있는 자바스크립트가 대세로 보입니다. 이 역시도 절대적이지 않습니다. 그래서 제가 추천하는 방법은 일단 시작하게 된 기술에 대해 깊게 파보자는 것입니다. 즉, "우연한 계기로 사용하게 된 기술을 마스터하자"는 것입니다.

예를 들어, 처음 입사한 회사가 자바 기반의 웹 개발을 하는 곳이라 자바를 배우게 됐다면 자바스크립트 시장이 커지고 있다고 해서 눈을 돌릴 필요가 없다는 얘기입니다. 어떤 회사에서 A라는 기술을 다룰 줄 아는 개발자가 필요한데, 한 구직자는 A, B, C를 얕게 다뤄 보았고 다른 구직자는 B라는 기술에 능숙한 사람이라고 해봅시다. 고용하는 개발자의 입장에서는 후자를 뽑을 가능성이 높습니다. 전자의 구직자는 회사에서 원하는 기능을 더 빨리 개발해줄 수 있을지 모르지만 후자의 구직자는 더 튼튼한 코드를 만들어줄 수 있기 때문입니다. 단순히 돌아가는 코드를 만드는 것뿐 아니라 코드의 구조, 재사용성, 가독성, 성능까지 고려하여 코드를 짜는 것은 경험이 더 깊은 개발자만이 다룰 수 있는 영역이라고 볼 수 있습니다. 여러 기술을 섭렵하는 것보다 문제 상황이 생겼을 때 발빠르게 대처할 수 있는 능력, 맡은 일 외에 여러 가지 기능(성능, 가독성, 재사용성 등)까지 고려하여 코드를 짜는 것에 익숙해지는 것이 더 중요합니다.

2. 웹 개발자가 알아야 하는 것들

웹 개발자는 우리가 매일 사용하는 웹 사이트와 웹 애플리케이션을 만드는 사람을 말합니다. 그리고 웹 서비스의 기획자, 디자이너 또는 클라이언트가 기획하고 디자인한 내용을 바탕으로, 프로그래밍을 통해 웹 사이트를 만듭니다. 단순히 웹 프로그래밍을 하는 것 외에도, 기획, 디자인팀과의 소통에 능해야 하고, 요구사항대로 웹을 만들 수 있어야 하며, 웹 프로그래밍을 위한 언어와 프레임워크를 다룰 줄 알아야 합니다. 더 나아가서는 웹 서비스의 트래픽을 모니터링하고 이를 바탕으로 버그나 개선사항을 도출하는 것도 웹 개발자가 하는 일이라고 할 수 있습니다.
그리고 웹 개발 안에서도 '프런트엔드'냐, '백엔드'냐로 나뉘게 됩니다.

- **프런트엔드:** 사용자가 웹 브라우저를 통해 시각적으로 보는 웹 페이지의 구성요소와 레이아웃 등 웹의 '앞단'을 담당하게 됩니다. 단순히 웹 페이지 요소를 작업하는 것 외에도 사용자가 웹 페이지를 통해 상호작용하는 것을 모두 다루게 됩니다. 보거나 듣거나 클릭할 수 있는 것(이미지, 동영상, 드롭다운 메뉴 등) 모두 프런트엔드 개발자가 담당하는 일이라고 할 수 있습니다.
- **백엔드:** 일반적으로 사용자가 볼 수 없는 부분에 대한 기능을 구현하는 웹의 '뒷단'을 담당합니다. 특히 서버와 데이터베이스에 대한 전반적인 플로우를 구현하게 됩니다. 예를 들어 프런트엔드 개발자가 버튼을 만들었으면 버튼을 클릭했을 때의 기능에 대한 비즈니스 로직을 백엔드 개발자가 만들게 됩니다.

비즈니스 로직
(Business Logic)
백엔드에서 작성하는 로직이자 프로그램을 만들 때 필요한 논리적인 흐름이다.

프런트엔드 개발자가 껍데기를 아름답게 만드는 일이라면, 백엔드는 껍데기 속을 알차게 채우는 사람이라고 할 수 있습니다.

[그림 7-5]
프런트엔드 vs 백엔드

참고
https://www.pinterest.co.kr/
pin/100064422950171817/

웹 개발자가 알아야 하는 요소들

웹 개발을 위해 알아야 하는 많은 지식이 있지만, 대표적인 몇 가지만 소개하겠습니다.

적응형 웹과 반응형 웹

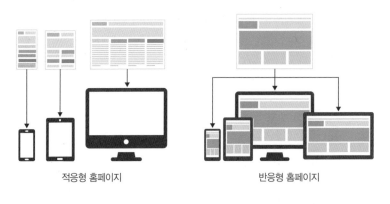

[그림 7-6]
적응형 vs. 반응형

적응형 홈페이지   반응형 홈페이지

적응형 웹(Static/Adaptive Web)은 모바일용 웹과 PC용 웹이 따로 만들어져 있는 것을 말합니다. 예를 들어 www.naver.com으로 접속하면 PC용 네이버 페이지에 접속하게 되지만 m.naver.com으로 접속하면 모바일

전용 네이버 페이지로 접속하게 됩니다. 이처럼 각 디바이스별로 독립적인 템플릿을 만들고 각각 디바이스에 맞는 페이지를 별도로 제작하고 랜딩(landing)되는 것을 적응형 웹이라고 합니다.

이에 반해 반응형 웹 Relative Web 은 동일한 템플릿으로 모바일, PC, 태블릿 등 모든 기기에 대응할 수 있는 웹을 말합니다. 웹 페이지의 크기를 넓히고 줄였을 때 웹 사이트의 레이아웃이 크기에 맞게 달라진다면 반응형 웹인 것입니다. 미디어 쿼리 Media Query 라는 기술을 사용해 해상도와 디바이스에 맞게 레이아웃을 변경하게 됩니다. 반응형 웹은 해상도(웹 페이지의 크기)별로 보여질 화면을 세심하게 정의해야 하기 때문에 초기 기획 단계와 개발에 좀 더 시간과 능력이 많이 들어가게 됩니다.

[그림 7-7]
반응형 웹

이 둘의 차이점이라고 하면, 반응형 웹의 경우 하나의 웹 사이트에서 쓰이는 모든 요소를 다운받고 각 화면의 해상도에 맞게 화면이 랜딩 landing 되는 것에 반해 적응형 웹은 감지된 디바이스에 맞는 필요한 요소만 다운받은 후 화면이 랜딩됩니다. 그렇기 때문에 반응형 웹의 경우 모든 리소스를 다운받게 되므로 로딩 속도가 느리고, 적응형 웹의 경우 필요한 리소스만 다운받으므로 로딩 속도가 빠르다는 장단점이 있습니다. 하지만 반응형 웹은 모든 기기에서 하나의 템플릿으로 적용할 수 있기 때문에 활용도가 높다는 장점이 있습니다.

웹 언어 & 프레임워크

프런트엔드든 백엔드든 웹 사이트의 중추가 되는 것은 HTML과 CSS입니다. HTML은 웹 사이트의 '골격'을 만드는 작업을 하고 CSS는 그 골격을 예쁘게 덮어주는 역할을 하며, 자바스크립트는 골격을 움직이는 '근육'과 같은 존재입니다. HTML과 CSS의 모든 태그와 요소를 외울 필요는 전혀 없습니다. 필요한 것이 있을 때 구글에 검색해서 찾아보고 사용하면 되기 때문입니다.

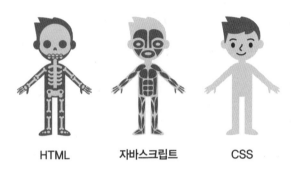

HTML   **자바스크립트**   **CSS**

[그림 7-8]
HTML, 자바스크립트, CSS

그러므로 HTML, CSS가 어떻게 동작하는지 어떤 역할을 하는지 알아두는 것이 더 중요합니다. 그리고 자바스크립트는 프런트엔드에서 웹의 요소들이 움직일 수 있게 해주므로 프런트엔드에서는 필수적인 언어이며 웹 개발자가 되려면 잘 알아야 하는 언어라고 할 수 있습니다. 백엔드에서는 자바스크립트를 대체할 다른 백엔드 언어가 있긴 하지만 프런트엔드와 백엔드를 동일한 언어로 개발할 수 있다는 장점 때문에 많은 백엔드 개발자들이 자바스크립트를 사용하기도 합니다. 프런트엔드에서 순수 자바스크립트로 개발하는 대신 앵귤러^{Angular}, Vue, 리액트 등의 프레임워크를 사용해 개발 시간을 단축할 수 있습니다. 프레임워크는 웹 개발 시 필요할 요소를 미리 정의해 놓은 템플릿과 같은 역할을 하기 때문입니다. 프런트엔드 프레임워크는 모두 자바스크립트 기반이기 때문에 순수 자바스크립트의 핵심을 공부하는 것이 중요합니다.

순수 자바스크립트를 '바닐라 자바스크립트 Vanilla JavaScript'라고 하는데, 플러그인이나 라이브러리, 프레임워크를 사용하지 않고 자바스크립트만을 사용하는 것을 의미합니다. 바닐라 자바스크립트가 아닌 다른 라이브러리나 프레임워크를 사용하면 미리 만들어 놓은 다른 기능을 직접 구현하지 않고 가져와 사용할 수 있게 됩니다. 다른 프레임워크나 라이브러리도 바닐라 자바스크립트로 구현되어 있기 때문에 바닐라 자바스크립트에 대한 깊은 이해가 선행된다면 프레임워크를 공부할 때 시간을 단축할 수 있을 것입니다. 그리고 프레임워크에 너무 의존하지 않고 순수 자바스크립트로 프런트엔드의 기능을 구현하는 것을 연습해 본다면 더 없이 좋습니다.

백엔드의 경우 구현해야 할 것은 크게 네 가지 기능입니다. 예를 들어 회원 관리 기능을 구현한다고 해봅시다. 회원을 생성하고(Create), 회원 정보를 불러오고(Read), 회원 정보를 수정하고(Update), 회원 정보를 삭제하고(Delete). 거의 모든 서비스가 Create, Read, Update, Delete(CRUD)로 나뉜다고 봐도 무방합니다.

CRUD를 빠르고 편리하게 구현하기 위해 여러 프레임워크가 존재하고 언어에 따라 사용하는 프레임워크도 다릅니다. 자바스크립트와 타입스크립트의 경우 Node.js라는 프레임워크를 사용하고 파이썬은 장고, 루비의 경우 루비 온 레일즈 등을 사용합니다. 각각의 프레임워크들은 장단점이 있으므로 상황에 맞게 선택하는 것이 좋습니다.

우리나라에서 가장 많이 사용하는 백엔드 언어와 프레임워크는 자바의 '스프링'입니다. 하지만 혼자서 개발을 해 볼 때, 프런트엔드를 구현하기 위해 자바스크립트를 배우고 백엔드를 위해 따로 자바를 배우는 것은 조금 어려우므로 자바스크립트를 가지고 풀스택(프런트엔드+백엔드)으로 개발하는 경우도 많이 있습니다.

자바스크립트는 백엔드 언어로 해외에서는 정말 많이 사용하는 언어이기도 하고 우리나라에서도 점점 인기가 높아지는 추세이므로 처음 백엔드 언어로 시작하기에 적합합니다. 그리고 루비의 '루비 온 레일즈' 프레임워크 같은 경우는 배워야 하는 것에 비해 많은 것을 구현할 수 있다는 장점이 있어 추천하는 언어입니다. 프런트엔드에 비해 백엔드는 사용할 수 있는 언어와 프레임워크가 다양한데, 프레임워크의 각기 다른 장단점을 서로 비교해보고 자신의 상황에 맞는 것을 선택하면 됩니다.

구분	언어	프레임워크
프런트엔드	HTML, CSS	–
	자바스크립트	앵귤러(Angular.js) 리액트(React.js) Vue.js
백엔드	HTML, CSS	–
	자바스크립트	Node.js
	자바	스프링
	파이썬	장고
	루비	루비 온 레일즈

[표 7-2]
프런트앤드와 백엔드에서 사용하는 언어와 프레임워크

3. 앱 개발자가 알아야 하는 것들

우리는 컴퓨터에서 기본 운영체제만을 두지 않고 여러 가지 필요한 프로그램을 사용하게 됩니다. 시간을 보기 위해, 웹 사이트 탐색을 위해, 문서를 작성하기 위해, 디자인 작업을 하기 위해, 워드, 브라우저, 포토샵 등을 이용합니다. 이처럼 스마트폰에서도 여러 유틸리티를 이용하기 위해 필요한 '앱(어플, 애플리케이션)'을 스토어에서 다운받아 사용하게 됩니다.

모바일은 컴퓨터 세계의 축소판이라고 할 수 있는데, 이렇게 모바일 기기에서의 프로그램을 '앱'이라고 하고 앱 개발자는 바로 이 앱을 만드는 사람을 말합니다. 즉, 앱 개발자는 여러 가지 앱 서비스를 통해 스마트 세상을 더 풍요롭게 해주는 사람이라고 할 수 있습니다.

앱은 사람들이 원하는 어떤 기능이든 담을 수 있습니다. 버스 시간을 확인해주는 앱, 뉴스를 보기 위한 앱, 여러 콘텐츠를 보기 위한 앱 등 나날이 업그레이드된 기능과 다양한 서비스로 사람들의 삶을 즐겁게 해주고 있습니다. 그만큼 수요가 많은 분야이기도 합니다. 그리고 웹 개발과의 차이점이라면 사용자들이 앱을 사용할 때 더 감각적이고 화려한 인터렉션을 요구하는데, 이를 잘 반영하여 개발해야 한다는 점입니다. 그리고 사용자가 최적의 인터페이스 환경을 사용할 수 있도록 하기 위해 A/B 테스팅 중심으로 개발을 하게 됩니다.

"네이티브 앱이냐, 하이브리드 앱이냐, 웹 앱이냐"에 따라 사용하는 언어와 플랫폼은 달라집니다. 하지만 공통적으로는 작은 화면을 잘 구성하기 위해 뷰와 관련된 클래스를 공부하는 것과 애니메이션을 다루기 위한 비동기 처리 방식을 공부하는 것 등이 앱 개발에 있어 중요하다고 볼 수 있습니다.

A/B 테스트
여러 시나리오 중 최적안을 선정하기 위한 시험 방법이다. 예를 들어 [A안: 메뉴를 상단에 배치], [B안: 메뉴바를 사이드에 배치]와 같은 식이다.

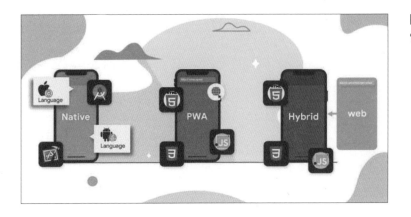

[그림 7-9]
앱 개발

앱 개발자가 알아야 하는 요소들

네이티브 앱 개발

네이티브는 '토종'이라는 뜻처럼, 가장 일반적이고 보편적인 앱을 말합니다. 안드로이드와 애플의 기기를 위한 iOS 운영체제에서 요구하는 언어로 각각의 앱을 제작하게 됩니다. 우리가 앱 내에서 지도 기능을 사용할 때 핸드폰의 GPS를 사용해야 하고 앱 내에서 사진을 불러오거나 찍을 때 내장 카메라 기능을 사용해야 하는데, 이렇게 디바이스 내의 기능을 많이 사용할 때는 네이티브 앱으로 만드는 것이 좋습니다. 빠른 속도로 앱 화면을 제공해 사용자에게 편리하게 제공할 수 있는 앱을 구현할 수 있기 때문입니다. 대신, 안드로이드와 iOS를 따로 제작하기 위해 많은 인력과 자원이 필요하며 두 배로 코딩을 해야 한다는 단점이 있습니다.

안드로이드는 인터페이스에 XML 파일을 빌드해서 화면을 보여주고 iOS는 이와 유사한 XIB 파일을 사용하는 등 안드로이드와 iOS 프로그래밍은 생각보다 많이 다른 영역입니다. 그렇기 때문에 둘 다 배우는 것은 사실상 어렵다고 할 수 있고 네이티브 앱 개발자들은 보통 둘 중 하나의 영역만 선택해 진로를 결정합니다.

안드로이드 개발: 자바, 안드로이드 프레임워크, 안드로이드 스튜디오

안드로이드는 계속 자바로 개발되어 왔기 때문에 안드로이드를 개발하려면 자바 공부가 필수입니다. 이제 코틀린이 대세라고 하지만 코틀린은 자바처럼 JVM을 기반으로 구동되는 언어이기 때문에 자바의 깊은 이해가 선행되면 코틀린을 이해하는 데도 큰 도움이 됩니다. 그리고 아직까지는 자바를 사용하는 곳이 더 많기 때문에 코틀린을 사용해야 하는 상황이 아니라면 자바를 먼저 배우는 것이 좋습니다. 그리고 자바를 어느 정도 다룰 수 있게 되었다면 객체지향 프로그래밍, 인터페이스, 클래스, 상속, 가비지 콜렉터, MVVM( ), 리액트 프로그래밍 등 고급 개념까지 이해해야 합니다.

그리고 안드로이드 프로그래밍을 할 때는 대부분 안드로이드 프레임워크를 사용해 앱을 개발하게 됩니다. 안드로이드 프레임워크의 종류로는 코로나 SDK, 폰갭(Phonegap), 앱셀러레이터(Appcelerator), 더앱빌더(TheAppBuilder), jQuery 모바일 등이 있으며 앱의 기능에 따라 적합한 프레임워크를 선택하여 사용하면 더 빠르게 앱을 개발할 수 있습니다.

안드로이드 스튜디오는 안드로이드 프로그래밍을 위한 IDE입니다. VS Code처럼 개발을 위한 코드 에디터와 여러 플러그인, 빌더 등이 내장되어 있고 안드로이드 기반 웨어러블 기기용 프로그래밍 지원이 가능하여 안드로이드 개발을 더 편리하게 할 수 있도록 해줍니다.

iOS 개발: 스위프트, 오브젝트-C, iOS SDK, iOS 프레임워크

대부분 학교나 학원에서는 안드로이드 프로그래밍을 많이 합니다. iOS 개발을 위해서는 맥 운영체제를 가진 애플의 컴퓨터가 있어야 하기 때문입니다. 하지만 안드로이드를 사용하지 않는 사람은 안드로이드 앱을 개발해도 사용하지 못하기도 하고, iOS 운영체제가 더 익숙한 앱 개발자라면 iOS 개발을 추천합니다. iOS 개발을 하려면 안드로이드와는 다른 iOS 운영체제에 대한 이해와 화면을 다루기 위한 다양한 기법을 연습해봐야 합니다. 그리고 앱 스토어는 구글플레이 스토어에 비해 등록 정책이 조금 까다롭습니다. 그렇기 때문에 앱 스토어의 정책과 애플의 가이드라인, 지도, 구매 등 여러 키트를 통해 ASO(App Store Optimization)에 대한 내용을 공부해야 합니다.

iOS 개발을 하려면 오브젝트-C와 스위프트라는 언어를 사용할 수 있습니다. 오브젝트-C는 상대적으로 제약이 많은데 이에 대한 대안으로 스위프트가 등장했습니다. 오브젝트—C에 비해 안정적이고 문법이 간결해서 배우기 쉽다는 장점이 있습니다. 그리고 iOS 개발을 위해서는 iOS 운영체제에 기반한 iOS SDK(앱 개발 도구)를 사용해야 합니다. 프레임워크로는 코코아터치, 코어 데이터, 코어 로케이션 등 iOS 나 OS X 애플리케이션 개발을 위한 것이 있습니다. 이도 마찬가지로 앱에서 필요한 기능이 라이브러리로 구현되어 있는데. 이를 사용하면 개발 속도를 단축할 수 있습니다.

웹 앱 개발

웹 앱 개발은 웹을 모바일에서 볼 수 있도록 축소한 화면과 동일한 형태로 일부 네이티브 앱 기능을 추가해 앱으로 개발하는 방법을 말합니다. 덕분에 안드로이드와 iOS 앱을 따로따로 개발할 필요 없이 동시에 같이 개발할 수 있습니다. 또한 네이티브 앱처럼 앱 스토어에 반드시 앱을 등록할 필요가 없어 웹 페이지 수정만으로도 업데이트를 즉각 반영할 수 있다는 장점도 있습니다. 단, 디바이스 내장 기능을 제공하는 데 한계가 있고 꼭 인터넷에 연결되어야만 서비스를 이용할 수 있으며 네이티브 앱보다 속도(퍼포먼스)가 떨어진다는 단점이 있습니다. 대표적인 개발 언어로는 JQuery 모바일이 있고 이 외 웹 개발에 사용하는 HTML, CSS, 자바스크립트 정도만을 가지고도 개발이 가능합니다.

하이브리드 앱 개발

하이브리드 앱은 '네이티브 앱' 개발과 '웹 앱' 개발 방식의 장점을 합친 방법을 말합니다. 웹 개발과 동일하게 일부 화면을 구현하고, 네이티브 기능이 필요한 부분을 API로 구현하여 앱을 개발하게 됩니다. 하이브리드 앱도 웹 앱과 마찬가지로 안드로이드와 iOS 앱을 동시에 개발할 수 있으며 디바이스의 내장 기능을 모두 사용할 수 있습니다. 네이티브 앱보다 개발 비용이 적게 들고 빠르게 개발이 가능하다는 장점이 있습니다. 단점은 대다수의 하이브리드 개발 플랫폼이 해외 오픈소스로 구현되어 있기 때문에 국내에서 활용할 수 있는 플러그인에 한계가 있다는 점입니다.

하이브리드 앱을 개발할 수 있는 프레임워크로는 리액트 네이티브^{React} Native, 아이오닉^{Ionic}, 사마린^{Xamarin}, 플러터^{Flutter}, 폰갭^{PhoneGap} 등이 있습니다. 이 중 가장 많이 사용하고 인기있는 프레임워크는 리액트 네이티브이며, 하이브리드 앱 개발을 위한 프레임워크는 대부분 HTML, CSS, 자바스크립트 기반입니다.

웹과 앱 개발자가 되기 위해서 필요한 것

웹과 앱은 사람들에게 가장 친밀하고 밀접한 서비스를 개발하는 영역입니다. 따라서 수요도 많고 공급도 많고 직관적으로 서비스를 구현해볼 수 있는 영역이기도 합니다. 웹과 앱을 개발할 때 필요한 역량은 다른 개발 역량과 크게 다르진 않지만 특별히 필요한 것은 다음과 같습니다.

개발을 위해 공통적으로 갖추어야 할 지식

1. (약간의) 컴퓨터 구조 지식
2. (약간의) 컴퓨터 보안 지식
3. (약간의) 응용 프로그램 인터페이스 지식
4. (약간의) 디자인 패턴 지식
5. (약간의) 네트워크 아키텍처 지식
6. (약간의) 소프트웨어 개발 방법론 지식
7. 프로그래밍 언어 및 쿼리 언어 지식
8. 함수형 프로그래밍, 객체지향 프로그래밍, 프로토콜 지향 프로그래밍 지식

웹 개발과 앱 개발을 할 때 필요한 지식

1. 버전 관리 시스템: 깃, 머큐리얼(Mercurial), SVN 등의 버전 관리 시스템을 통해 소스코드의 히스토리와 변경사항을 관리할 수 있는 지식
2. 와이어프레임 또는 프로토타이핑 도구: 개발자와 기획자, 디자이너 사이에 효율적인 의사소통을 도울 수 있는 프로토타이핑 도구와 와이어프레임의 활용법
3. 웹 서비스 관련 지식: HTML, CSS, 자바스크립트 등 기본적인 웹 언어의 이해도와 SOAP, REST, JSON, XML 등의 웹 서비스에서 데이터를 전송하고 관리하는 데 필요한 지식

앱 개발이라고 할 지라도 웹 기반 시스템과 연동되는 경우를 위한 기본적인 웹 개발을 할 경우가 많기 때문에 기본적인 내용은 필요하다.

5. 자동 테스트 도구: 오류를 빠르게 발견하고 디버깅할 수 있는 테스트 도구 지식
6. 데이터베이스 기술

웹 개발과 앱 개발을 위해 필요한 역량

1. 서비스 요구사항에 맞게 비즈니스 로직을 잘 구현할 수 있는 능력
2. 많은 사용자가 버그 없이 서비스를 누릴 수 있도록 웹/앱 서비스를 안정적으로 만드는 능력
3. 서드 파티(Third party) 라이브러리를 잘 사용해서 빠르게 구현하는 능력
4. 사용자 인터페이스 및 경험(UX/UI)에 대한 지식

그리고 위와 같은 역량은 바로 키울 수 있다기보다 많이 만들어보면서 서서히 익히게 될 수 있습니다. 그리고 웹/앱 개발을 배우는 가장 빠른 방법은 "일단 만들어보는 것"입니다. 개인적인 의견이긴 하지만 많은 분이 동감할 것이라고 생각합니다. 음표와 음정을 배운다고 해서 피아노를 칠 수 있게 되는 게 아닌 것처럼 개발 툴과 언어를 공부했다고 해서 프로그램을 만들 수 있는 것은 아니기 때문입니다. 일반적인 시험처럼 이론을 공부하는 방법보다는 필요한 기능이나 서비스를 생각해보고 직접 구현하면서 시행착오를 겪는 것이 서비스 개발에서는 중요합니다.

초심자에게 "무엇을 공부해라, 이것을 개발해라"라고 어느 누구도 조언할 수 없을 것입니다. 엔지니어링을 한다는 것은 주어진 환경과 조건에서 기준을 정해 문제 해결을 위한 아주 많은 방법 중 하나를 선택하는 것이기 때문입니다. 처음 가보는 낯선 곳에서 무작정 어떤 가게를 찾아가야 한다면 막막한 것처럼 이 과정의 정답은 무엇이고 어디로 가야할지 망망대해를 걷는 것 같은 기분이 들 것입니다. 하지만 그 길을 자주 가보고 여러 방법을 시도해보면 '좋은 서비스 개발자'가 되는 나만의 가장 빠른 길을 찾을 수 있게 될 것입니다.

4. 데브옵스 개발자가 알아야 하는 것들

"앱 개발자다, 웹 개발자다"라고 하면 무슨 일을 하는지 쉽게 감을 잡을 수 있지만 아직까지 '데브옵스 개발자'라고 하면 확 와 닿지 않습니다. 데브옵스 DevOps 라는 개념이 사용자에게 눈에 크게 띄는 영역이 아니기도 하고, 개발 결과가 가시적인 결과로 바로 이어지지 않는 영역이기도 하기 때문입니다.

라면을 판매하는 분식집을 생각해봅시다. A라는 가게는 일본식 라멘을 판매하고 고객에게 최대한 빨리 음식을 대접하기 위해 키오스크를 통해 주문을 받습니다. B라는 가게는 한국식 라면에 대파, 계란, 김치 등 다양한 재료를 추가해서 예쁜 그릇에 담아 내어 고객들에게 만족을 줍니다. 라면을 서비스라고 생각해보았을 때 각 가게(기업)마다 라면을 만드는 방식부터 빨리 또는 예쁘게 제공하는 방법이 각각 다를 것입니다. 이처럼 소프트웨어를 서비스하는 회사들도 회사마다 개발하고 배포하는 방식이 모두 다릅니다. 이 과정을 여러 툴을 도입하여 더 빠르고 좋게 다듬을 수 있도록 하는 사람이 데브옵스 개발자입니다. 라멘 가게에서 손님에게 빨리 음식을 제공할 수 있도록 키오스크를 사용하는 것처럼, 배포를 더 빨리 할 수 있도록 젠킨스 Jenkins 라는 툴을 사용할지, 쿠버네티스 Kubernetes 라는 기술을 사용할지 등을 고려하는 것도 데브옵스 영역이라고 할 수 있습니다.

데브옵스의 탄생

- Because the site breaks unexpectedly

    (운용 부문에 있어서 서비스에 예상치 못한 사고가 일어난다.)

- Because no one tells them anything

    (개발 부문이 변경된 내용을 운용 부문에 말하지 않는다.)

- Because They say No all the time

    (운용 부문은 항상 No라고 한다.)

과거에는 서비스를 만들어내는 개발과 서비스가 잘 동작하도록 하는 운영 영역이 크게 분리되어 있었습니다. 개발 영역에서 서비스에 변화를 주고 싶어하면 운영 영역은 안정적인 서비스를 위해 변화하고 싶지 않아 하는 일이 다반사였고 이 둘은 자주 충돌했습니다.

2009년 패드릭 드부와가 처음 'DevOps'라는 말을 언급하며 개발과 운영은 같은 길을 가야 하며 유기적으로 연결되어야 한다고 주장했습니다. 하지만 당시에는 어처구니없다는 반응이 대다수였던만큼 개발과 운영 사이의 골은 깊었습니다. 하지만 생각해보면 이 둘의 골을 매워 조직 전체가 하나로 움직여야 더 좋은 비즈니스를 만들어 낼 수 있고 서비스를 업그레이드할 수 있습니다. 시대가 변화하며 더 좋은 서비스를 빨리 개발하고 운영하는 곳이 기업 경쟁에 우위에 설 수 있게 되었고 클라우드^{Cloud}의 등장으로 개발과 운영의 벽이 점점 허물어지며 데브옵스라는 개념이 널리 퍼지게 되었습니다.

데브옵스 개발자란?

일단, 데브옵스^{DevOps}가 무엇인지부터 알아봅시다. 어떤 서비스를 개발하고 출시하고 사용자가 이용할 수 있도록 할 때, '개발, 빌드, 테스팅, 배포, 모니터링, 운영'이라는 과정을 거치게 됩니다. 그리고 이 6가지 과정은 뫼비우스띠처럼 서로 유기적으로 잘 엮여야 하는 부분이라고 볼 수 있습니다.

[그림 7-10]
데브옵스

출처
https://www.tibco.com

예를 들어, 페이스북과 같은 SNS 서비스를 런칭한다고 생각해봅시다. 서비스를 만들어서 배포하는 것까지가 '개발 영역'이고 이후 서비스 내에서 사용자들의 반응과 트래픽을 살펴보며 장애나 버그는 없는지, 사용자들이 서비스를 잘 사용하고 있는지를 확인하면서 안정적으로 서비스를 운용하는 것이 '운영 영역'입니다. 이때 댓글에 스티커를 달 수 있도록 하거나 음성 메시지 기능을 추가하거나 하는 등의 새로운 기능이 필요하다고 판단되면 해당 기능을 다시 개발하는 '개발 영역'으로 넘어가게 됩니다. 이렇게 서비스는 개발 영역과 운영 영역을 유기적으로 반복하며 서비스를 확장, 업그레이드합니다. 이 유기적인 반복 과정을 위한 영역이 바로 '데브옵스DevOps'인 것입니다. 단어 그대로 Develop(개발)과 Operations(운영)가 합쳐진 것입니다.

즉, 어떤 기능이 추가, 삭제되는 서비스 업그레이드 과정을 빠르게 하고, 개발에 필요한 환경을 잘 구축할 수 있도록 조직의 역량을 확장시키는 영역이라고 볼 수 있습니다. 앱 개발자는 "앱을 만든다" 웹 개발자는 "웹을 만든다"라고 한마디로 표현할 수 있지만 데브옵스 개발자는 그렇지 않습니다. 데브옵스는 '개발과 운영을 순조롭게 하는 일'이라고 할 수 있는데 그 일에는 시스템 관리가 있을 수도 있고, 인프라 관리가 있을 수도 있으며, 데이터베이스 관리가 있을 수도 있기 때문입니다.

> "데브옵스 개발자는 소프트웨어 개발 라이프사이클을 이해하고 소프트웨어 엔지니어링 툴과 프로세스를 도입해 전통적인 운영 과제를 해결하는 사람이다."
>
> – 이고르 칸토

데브옵스 개발자가 되기 위해서 필요한 것

개발자 커뮤니티인 레딧^{Reddit}에서는 우스갯소리로 신입 데브옵스 엔지니어는 존재하지 않는다는 말도 있습니다. 데브옵스 개발자는 개발과 운영에 대한 폭넓은 기술 지식이 있어야 하는데, 신입에게서는 보기드문 역량일 수 있기 때문입니다. 이는 여러 경험을 통해 개발 현장에 대한 깊은 이해와 실무 경험이 필요하다는 이야기도 됩니다. 그렇다고 해서 처음부터 데브옵스 개발자를 목표로 두지 않아야 할 이유는 없습니다. 이고르 칸토는 미디엄(Medium)이라는 주로 개발자들이 많이 이용하는 블로그에 데브옵스 엔지니어가 되고자 하는 사람들이 이해해야 하는 기술과 플랫폼에 대한 글을 연재했는데 내용은 다음과 같습니다.

- **기초:** 리눅스 관리, 파이썬, AWS 또는 다른 클라우드 플랫폼
- **구성:** 테라폼^{Terraform} 또는 앤서블^{Ansible}
- **버전 관리:** 깃과 깃허브
- **패키징:** 도커
- **배포:** 젠킨스
- **실행:** 아마존 ECS와 쿠버네티스
- **모니터링:** ELK 스택

위에 열거한 기술들은 현재 데브옵스 영역에서 많이 사용하는 기술로 이 기술은 언제든 바뀔 수 있습니다. 중요한 것은 어떤 플로우로 데브옵스 철학을 이루어나갈 수 있을 지입니다. 이를 위해서는 다음과 같은 역량이 필요합니다.

CI/CD

개발한 기능이나 서비스를 빌드하고, 결과물을 가지고 테스트하고 테스트 후에는 안정적으로 운영 환경에 배포하고, 배포하는 중에도 기존의 서비스가 멈추지 않게 무정지로 배포하고, 배포 후에는 서비스가 안정적으로 동작하는지 모니터링하는 이 과정을 '배포 파이프라인'이라고 합니다. 이 모든 과정에 문제가 없는지 알림을 받고 즉각 수정하고 가능하다면 자동으로 수정할 수 있게 해주는 일련의 과정을 CI/CD(지속적 통합, Continuous Integration / 지속적 제공, Continuous Delivery)라고 합니다.

인프라 유지보수 및 관리

사용자가 100명인 서비스에 10만 명이 사용해도 되는 컴퓨팅 자원이 사용되면 자원을 낭비하게 됩니다. 따라서 사용자 수에 맞게 컴퓨팅 환경을 잘 구축하고, 이벤트나 프로모션 시 급증할 수 있는 서비스 트래픽에 맞게 대응하여 서버를 '스케일 아웃' 하는 등의 일을 자동화하는 것을 말합니다.

성능 평가 및 모니터링

서비스를 개발하고 배포하고 운영하는 모든 과정에 이벤트가 발생하면 자동으로 모니터링을 할 수 있게 해주는 것을 말합니다. 예를 들어, 클라우드 환경에서 보안 이슈가 없는지, 서비스 운영 과정에 버그가 있는지 등을 실시간으로 감지할 수 있게 하는 채널을 구성하는 일도 데브옵스 개발자가 하는 일입니다.

데브옵스 엔지니어는 개발도 가능하고 운영도 가능한 사람이라고 볼 수 있습니다. 따라서 개발 능력뿐 아니라 네트워크나 시스템 엔지니어 기초, 인프라 등 다양한 영역을 알고 하나의 소프트웨어가 나오기까지의 과정을 큰 틀에서 이해하고 있어야 합니다. 그렇기 때문에 처음부터 데브옵스 개발로 들어가기보다는 백엔드 개발자가 데브옵스로 전환하는 경우도 많이 있다고 합니다. 평소에 큰 그림을 잘 그리는 시야를 가지고 있는 개발자라면 데브옵스 영역도 한번 고려해보면 좋을 것 같습니다.

7장을 마치며

웹과 앱 개발을 위한 직군으로는 백엔드, 프런트엔드, 데브옵스 등의 직군이 있습니다. 하지만 사실 웹과 앱의 경계, 프런트엔드와 백엔드의 경계, 백엔드와 데브옵스의 경계가 모호한 부분이 많습니다. 그리고 큰 회사가 아니라면 각 영역을 명확하게 구분하기 힘들고 상황에 따라 이 영역, 저 영역을 넘나들어야 하는 상황도 많을 것입니다. 게다가 그 영역을 넘나드는 상황을 스스로 통제할 수도 없을지 모릅니다. 따라서 잘 다룰 줄 아는 언어나 영역은 하나면 충분하고, 숙련자가 아닌 전문가가 되기 위해 노력해야 할 것입니다. 이미 하나의 언어나 영역을 잘 다룬다면 다른 언어나 영역 또한 금세 익힐 수 있다는 것을 의미하기 때문입니다.

여러 명이 하나의 보고서나 작업물을 작성할 때 도대체 뭐가 뭔지 모르겠던 적이 있지 않은가요? 어떤 문서를 누가 수정했는지, 어떤 문서가 최종본이고, 어떤 문서의 어느 부분을 수정했는지, 취합은 어떻게 해야 하는지 등 여러 명이서 하나의 산출물을 만들어내는 과정은 쉽지 않습니다. 그렇다고 한 작업이 끝날 때마다 뒤이어 작업을 하기엔 시간이 너무 오래 걸리겠죠.

그렇기 때문에 중간 결과물의 버전 관리를 잘 해주어야 합니다. 소프트웨어 산출물도 마찬가지입니다. 코드의 백업, 변경사항 추적 등 '버전 관리'를 잘 해주어야 협업에서 각자의 코드를 잘 합칠 수 있고 분업이 가능합니다.

이 장에서는 소프트웨어 산출물의 형상 관리(버전 관리)가 어떤 것인지 알아보고 이를 위한 툴이 어떤 것이 있는지 알아봅니다.

1. 형상 관리, 대체 뭘 관리한다는 걸까?

소프트웨어는 우리가 물리적으로 볼 수 있는 것이 아닙니다. 컴퓨터가 꺼지는 순간 사라져버리는 신기루 같은 존재라고도 볼 수 있습니다. 소프트웨어는 벌거벗은 임금님 우화에 나오는 '눈에 보이지 않는 옷'에 종종 비유되곤 합니다. 그렇다면 소프트웨어 개발자는 임금님의 '보이지 않는 옷'을 만드는 사람이라고 할 수 있습니다. 우화에서 보이지 않는 옷을 만드는 재단사들은 옷이 이렇게 만들어졌다, 저렇게 만들어졌다고 주장하지만 주변 사람들은 정작 옷이 보이지 않는다고 합니다. 소프트웨어를 개발할 때도 각자의 개발자가 보고 있는 소프트웨어의 모습이 다르기 때문에 종종 이 우화와 같은 상황이 벌어지곤 합니다.

[그림 8-1]
벌거벗은 임금님 우화

출처
위키피디아

그렇다면 소프트웨어의 '형상'을 관리한다는 것은 어떤 의미가 있을까요? '형상(形象)Configuration'은 '물건의 생긴 모양'이라는 뜻이 있습니다. 그렇다면 보이지 않는 무형의 소프트웨어에서 의미하는 형상은 무엇일까요?

소프트웨어에서 형상이란?

소프트웨어를 개발할 때, 한 번에 원하는 결과물이 만들어지지 않습니다. 그리고 대부분의 경우 여러 명과 협업하여 하나의 산출물을 만들게 됩니다. 그렇기 때문에 소프트웨어의 개발 및 유지보수 단계에서 중간 결과물 (문서, 소스코드, 데이터 등)이 많이 발생하게 됩니다. 중간중간 생기는 산출물에서 어떤 것이 추가, 수정되었는지 등 누가, 언제, 어떻게, 왜 해당 산출물을 만들었는지 추적하는 것이 프로젝트 관리에 있어 중요한 사안이 됩니다.

소프트웨어 형상의 사전적인 의미는 "소프트웨어 개발 생명주기 전반에 걸쳐 생성되는 모든 산출물"을 의미합니다. 즉, 소프트웨어에서 '형상'이란 소프트웨어를 개발하면서 발생하는 모든 결과물이라고 할 수 있습니다. 그리고 '형상을 관리'한다는 뜻은 산출물에서 어떤 것이 변경되었고 수정되었고, 새로 개발되었는지 추적하는 것을 말합니다.

형상 관리란?

철수와 영희는 로드북 소프트웨어의 신입 개발자입니다. 회사에서 새로 출시하는 웹 서비스에서 백엔드에 관한 일부 기능을 함께 맡게 되었습니다. 로드북 소프트웨어의 개발 팀장님은 철수와 영희에게 "회원 정보를 데이터베이스에서 불러올 때, 세션이 어느 정도 지나면 초기화 되도록 수정해주세요"라는 요청을 했습니다. 철수와 영희는 각자 맡은 임무를 성실하게 수행하고 배운 대로 소스코드 수정사항을 반영합니다. 며칠 뒤 팀장님은 철수와 영희에게 왜 기능을 개발하지 않았냐고 나무랍니다. 그 둘은 서로 기능을 개발했다고 주장합니다. 철수와 영희에게 무슨 일이 있었던 것일까요?

아직 형상 관리를 하는 데 서투른 신입인 철수와 영희는 그만 같은 파일을 동시에 수정하고 만 겁니다. 철수는 회원 세션이 초기화되면 메인 페이지로 돌아가게끔 수정했고 영희는 회원 세션이 초기화되면 로그인 페이지로 돌아가게끔 수정을 했던 것입니다. 그렇기 때문에 같은 파일은 서로 충돌을 일으켰고 수정사항이 반영되지 않았던 것입니다.

[그림 8-2]
형상 관리가
필요한 경우

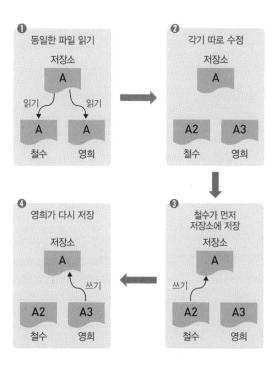

참고
https://peagcom.wordpress.com/2014/05/30/11-형상-관리/

이처럼 소프트웨어를 개발할 때 과정은 매 순간마다의 변화 과정을 잘 합치고 수정하는 것이 중요합니다. 그리고 누가 어떤 수정사항을 왜 반영했는지 알아야 버그가 생겼을 경우 추적할 수 있습니다. 소프트웨어에 어떤 변경이 일어난 후 변경에 대한 추적성 및 변경 히스토리를 알 수 있어야 동시에 여러 명이 함께 작업할 수 있는 '병렬 개발'이 가능해집니다.

따라서 '소프트웨어 형상 관리^{SCM, Software Configuration Management}'라는 것은
"소프트웨어 개발 과정에서 소프트웨어의 변경사항을 추적하여 체계적으
로 관리하고 유지하는 것"을 말합니다.

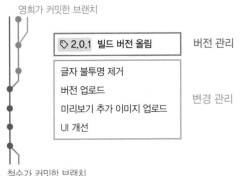

영희가 커밋한 브랜치

🏷 **2.0.1 빌드 버전 올림**　　버전 관리

글자 불투명 제거
버전 업로드
미리보기 추가 이미지 업로드
UI 개선　　변경 관리

철수가 커밋한 브랜치

[그림 8-3]
깃을 통해 형상 관리가
이뤄지는 모습

출처
https://sujinnaljin.medium.com/
software-engineering-형상-관
리에-대하여-932d14f6f341

위 그림은 깃을 통해 형상 관리가 이루어지는 모습을 시각적으로 표현한
것입니다. 회색 점은 어떤 기능을 새로 개발하여 반영할 때마다 생긴 것
이고 빨간색 점은 원래 있던 기능에서 다른 버전으로 따로 개발한 브랜치
(branch)를 의미합니다(뒤에서 자세히 살펴볼 것입니다). 이를 통해 변경 내
용을 업데이트할 때마다 어떤 기능을 만들었는지, 변경했는지에 대한 주
석을 달아 다른 사람도 파악할 수 있도록 할 수 있습니다.

'형상 관리'라는 것은 일반적으로는 더 큰 개념이지만 소프트웨어 개발
에 있어 '형상 관리'라고 하면 주로 버전 관리^{Version Control}, 수정 관리^{Revision}
^{Control}, 소스코드 관리^{Source Code Management}를 의미합니다. 그리고 형상 관리
와 버전 관리는 비슷한 의미로 사용됩니다. 즉, 형상 관리는 최종 결과물
(프로그램)에 대해 여러 버전을 관리하는 것으로 개발 중인 소스코드나 청
사진(설계도) 등 문서의 작업 단계별 버전을 관리하는 작업으로 정의되곤
합니다.

다시 로드북 소프트웨어로 돌아가봅시다. 이제 철수와 영희는 버전 관리
툴을 잘 사용하는 방법을 사수로부터 교육받게 되었습니다. 그러면 이 둘
의 작업 방식은 어떻게 바뀌었을까요?

1. 철수와 영희는 각자의 브랜치(작업 줄기)를 생성한다.
2. 철수와 영희는 각자 A.js 파일을 수정한다.
3. 철수와 영희는 각자의 변경사항을 설명과 함께 업데이트한다(Commit).
4. A.js에서 철수가 변경한 부분은 철수가 생성한 브랜치를 통해 확인이 가능하며, 영희가 A.js에서 변경한 부분은 영희가 생성한 브랜치를 통해 확인이 가능하다.
5. 개발팀 사수가 철수와 영희의 브랜치를 보고 기존 A.js에서 변경된 부분을 확인하고, 피드백을 준다.
6. 피드백을 바탕으로 철수와 영희는 최종적으로 선정한 변경사항을 취합한다 (Merge).

이처럼 형상 관리(버전 관리) 시스템을 통해 협업의 편의성을 도모하고, 소스코드의 변경사항을 기록하여 언제든 이전 상태로 되돌릴 수 있게 하며, 소스코드를 백업하여 분실의 위험에서 보호하고, 변경 전후 내용을 파악해서 추후 발생할지 모르는 버그 수정에 대비할 수 있습니다. 형상 관리 시스템을 사용하면 좋은 점은 다음과 같습니다.

1. 여러 명이서 함께, 동시에 개발할 수 있으며, 최종 결과물 취합이 용이하다.
2. 잘못된 변경사항이 있으면 이전 시점으로 돌아갈 수 있다.
3. 소스코드의 수정, 변경을 언제, 누가, 왜 했는지 추적이 가능하다.
4. 대규모 수정, 변경을 안전하게 진행할 수 있다.
5. 여러 다른 버전(브랜치, Branch)을 만들어 기존 프로젝트에 영향을 최소화하면서 새로운 부분을 개발할 수 있다.

2. 버전 관리 시스템 종류와 비교

로드북 소프트웨어는 사장님 한 명과 직원 7명이 있습니다. 사업과 관련된 모든 부분은 사장님이 처리합니다. 7명의 직원은 업무를 할 때 사장님의 지시만 따르면 되고, 업무 관련 결제를 올릴 때 사장님에게만 요청을 올리면 되니 운영은 빠르고 간편합니다. 하지만 어느 날, 알 수 없는 이유로 회사의 운영이 어려워졌습니다. 7명의 직원은 손을 쓸 수도 없이 한순간에 일자리를 잃게 될 위기에 처했습니다. 위기에 처한 로드북 소프트웨어를 7명의 직원들이 손을 잡고 **코파운더**가 되어 회사를 인수해 '코-로드북'이라는 회사를 새로 설립합니다. 새로 설립된 코-로드북은 한 명의 문제로 인해 회사가 위기에 처해도 나머지 코파운더 중 한 명이 기발한 아이디어로 회사를 살려내고 7명이 합심하여 회사의 운영을 이끌어 나갑니다. 그리고 각자의 다양한 운영 방식으로 회사를 잘 경영해 나가지만, 가끔 서로의 의견 화합 문제 때문에 업무 결제 처리가 조금 느리다는 단점이 있습니다.

> **코파운더(Co-Founder)**
> 공동 창업자

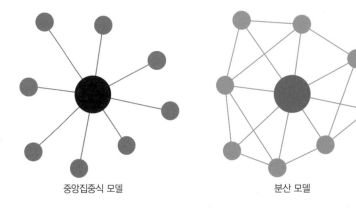

중앙집중식 모델   분산 모델

[그림 8-4]
중앙집중식 모델
vs. 분산 모델

참고
https://devlog-wjdrbs96.tistory.com/5

위 예에서 한 명의 사장님이 관리하는 회사는 '중앙집중식 모델'에, 7명의 코파운더가 운영하는 회사는 '분산 모델'에 비유한 것입니다.

버전 관리 시스템은 크게 '중앙집중식 모델CVCS, Centralized Version Control System'과 '분산 모델DVCS, Distributed Version Control System'로 나뉩니다. 버전 관리 시스템에서 중앙집중식 모델과 분산 모델에 대해 어느 것이 더 좋냐는 논쟁이 벌어지곤 합니다.

중앙집중식 모델은 프로그램 리소스가 여기저기 퍼지는 것을 막고 소프트웨어의 산출물을 중앙 서버에 저장하는 방식입니다. 그래서 개발자들이 코드의 현재 상태를 체크한 후 변경할 수 있습니다. 프로젝트의 복제(Clone)와 변경, 가지치기(Branch)가 필요 이상으로 많이 일어나는 것과 오픈소스의 취지와 어긋나는 일탈 행위가 벌어지는 것을 통제한다는 장점이 있습니다.

분산 모델은 중앙 서버를 왔다 갔다 하며 소스코드를 운반할 필요 없이 자유롭게 소스코드를 수정할 수 있어 편리하다는 장점이 있습니다. 중앙집중식 모델은 중앙 서버에 장애가 발생하면 파일을 꺼내 사용하거나, 망가진 데이터를 복구할 수 없으나 분산 모델에서는 각자 프로그램 소스코드를 가지고 있기 때문에 복구가 가능합니다.

최근에는 오픈소스의 움직임이 활발해지면서 개발자 각자가 코드 베이스의 변경사항을 추적하여 필요한 경우 변경사항을 취소하고 새로운 버전을 작업하는 동안 이전 버전에 대한 업데이트를 유지할 수 있는 원활한 프로세스 때문에 분산 모델을 사용하는 버전 관리 시스템을 많이 사용하는 추세입니다.

중앙집중식 모델(CVCS)

중앙 저장소를 공유하는 각각의 클라이언트(개발자)가 저장소의 일부분만을 사용하는 형태로 개발자들은 자신이 개발한 소스코드만 로컬(개발자가 작업하는 컴퓨터)에 임시로 저장한 후 개발하는 형태를 말합니다. 중앙집중식 모델을 클라이언트-서버 모델이라고도 합니다. 클라이언트-서버 모델은 중앙 저장소에서 프로젝트 관리의 모든 것을 처리하기 때문에 서버에 문제가 생겨 데이터가 삭제되면 불완전한 로컬 파일만 남게 된다는 치명적인 단점이 있습니다. 클라이언트−서버 모델을 사용하는 버전 관리 시스템의 종류로는 CVS^{Concurrent Version System}, SVN^{Subversion}이 있습니다.

CVS

1990년에 출시된 오픈소스 소프트웨어이고, 서버와 클라이언트로 구분되어 개발 과정에서 사용하는 파일의 변경 명세를 관리하기 위한 시스템입니다. 시스템이 안정적이라는 장점이 있으며 중앙에 위치한 리포지토리(저장소)에 파일을 저장하고 모든 사용자가 접근할 수 있도록 하는 방식입니다. Checkout으로 파일을 복사하고 Commit을 통해 변경사항을 저장할 수 있습니다. 파일의 히스토리를 보존하기 때문에 과거 이력을 확인할 수 있지만 변경사항을 반영하는 중 오류가 발생하면 이전 시점으로 복구가 어렵고 느리다는 단점이 있습니다.

[그림 8-5]
CVS 로고

SVN

모든 사람이 중앙 서버에 있는 같은 자료를 받아오고, 한 사람이 변경사항을 반영하는 순간 모든 사람에게 공유가 됩니다. 최초 1회에 한해 파일 원본을 저장하고 이후에는 실제 파일이 아닌 원본과 차이점을 저장하는 방식입니다. 이러한 방식은 앞서 철수와 영희의 예처럼 하나의 파일을 동시에 수정하고 반영하려고 하면 충돌이 일어날 확률이 높습니다. 하지만 사용하기 편리하고 직관적이라는 장점이 있으며 언제든지 원하는 시점으로 복구가 가능합니다.

[그림 8-6]

Subvison 로고

분산 모델(DVCS)

프로젝트에 참여하는 모든 클라이언트(개발자)가 전체 저장소에 대한 개
인적인 로컬저장소를 갖고 작업하는 형태를 말합니다. CVCS와는 다르
게 클라이언트(개발자)는 각자 전체 저장소의 사본을 로컬에 가지게 됩니
다. 이 사본을 클론^{Clone}이라고 합니다. DVCS에서는 '리모트^{Remote}'라는 개
념을 통해 다른 사람과 협업을 가능하게 합니다. 최근 대부분의 버전 관
리 시스템은 DVCS를 사용하고 있습니다. DVCS의 종류에는 버전 관
리 도구로 개발자들이 가장 많이 애용하는 깃^{Git}과 머큐리얼^{Mercurial}이 있습
니다.

깃

리눅스 커널 개발에 참여하는 전 세계 개발자들의 소스관리 도구로 사용
되고 있으며 우리가 알고 있는 아주 많은 라이브러리의 소스관리 도구로
도 사용되고 있습니다. 그리고 깃은 개발자가 중앙 서버에 접속하지 않은
상태에서도 개발이 가능하도록 지원하는 버전 관리 시스템이며 필수적인
기능 세트를 잘 갖추고 있습니다. 각 개발자들이 작업할 때 모든 작업이
로컬에서 이루어지고 네트워크 사용은 원격저장소로 저장할 때 한 번만
이루어집니다. 그렇기 때문에 개발할 때 처리 속도가 빠르고 웹상에 저
장소를 둘 수 있기 때문에 언제 어디서든 협업이 가능하다는 장점이 있습
니다.

[그림 8-7]
깃 로고

머큐리얼

저장소를 명시하거나 기존의 원격저장소에 복제하는 방식으로 소스코드를 관리할 수 있는 방식을 제공합니다. 머큐리얼은 이미 패키지 안에 모든 도구가 잘 만들어져 있는 상태로 들어 있습니다. 그렇기 때문에 머큐리얼은 '종합 공구 세트'에 비유할 수 있고 깃은 스위스 '군용 칼(맥가이버칼)'에 비유할 수 있습니다. 머큐리얼은 깃보다 사용하기 쉽고 강력하며 로컬에서 프로젝트를 쉽게 작업할 수 있다는 장점이 있지만 깃보다 자유도가 떨어진다는 단점이 존재합니다.

[그림 8-8]
머큐리얼 로고

깃과 깃허브는 뭐가 다르지?

깃은 앞서 언급했듯, 프로젝트를 '공유'하고, '백업'하고 '관리'할 수 있는 버전 관리 시스템입니다. 그렇다면 개발자라면 많이 들어봤을 깃허브 Github는 깃과 어떤 차이가 있을까요?

[그림 8-9]
깃과 깃허브

깃이 버전 관리 시스템, 즉 '소프트웨어'라면 깃허브는 깃에 저장된 프로젝트 변경, 수정 사항들이 저장되는 공간을 제공하는 클라우드 '서비스'라고 생각하면 됩니다.

유튜버 '노마드 코더'의 비유에 따르면 깃은 '커피'이고 깃허브는 '카페'라고 할 수 있습니다. 깃이 소스코드에서 몇 행의 어떤 부분이 변경되었는지에 대한 정보와 여러 버전의 파일을 가지고 있으면 이를 깃허브라는 웹 클라우드에 올려 언제 어디서든 편리하게 변경 내용을 올리고 다른 사람과 교환할 수 있는 것입니다. 우리가 언제 어디서든 카페에서 커피를 즐길 수 있는 것과 같습니다.

[그림 8-10]
저자의 깃허브 프로필

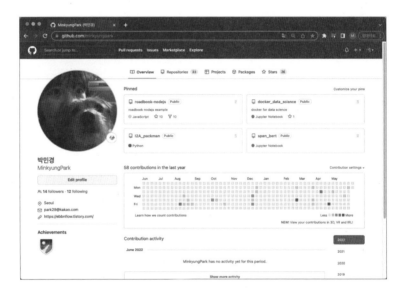

깃허브를 통해 소스코드의 히스토리 내역을 볼 수 있을 뿐 아니라 로컬 프로젝트를 클라우드 저장소인 깃허브에 업로드할 수 있고, 다른 사람의 리포지토리를 보고, 다른 사람의 프로젝트를 가져와서 수정할 수도 있습니다. 또 다른 개발자의 깃허브를 서로 팔로우하거나 협업하면서 교류할 수도 있고, 진행한 다른 프로젝트를 확인할 수도 있다는 점에서 '개발자들의 SNS'라고 볼 수 있습니다. 또 대형 회사(아마존, 페이스북, 구글, 에어비앤비, 깃 등)의 각 깃허브 계정을 볼 수 있는 재미도 쏠쏠합니다.

[그림 8-11]
비트버킷 vs. 깃허브
vs. 깃랩

깃허브처럼 소스코드 버전 관리 시스템의 내용을 원격 액세스로 제공하는 서비스로는 깃랩Gitlab, 비트버킷Bitbucket이 있습니다. 깃랩은 중앙 서버에 깃 저장소를 관리하는 방법이며 설치형 깃허브라고 할 수 있습니다. 본질은 설치형이지만 gitlab.com에서 호스팅 서비스 또한 제공합니다. 모든 프로젝트를 제어할 수 있고 프로젝트를 비공개로 설정할 수 있습니다. 그리고 비트버킷은 아틀라시안Atlassian이 소유한 웹 기반 호스팅 서비스로 깃 외에도 머큐리얼까지 지원합니다.

왜 깃을 사용해야 하는가?

앞서 소개한 여러 버전 관리 시스템 중 딱히 이유가 없다면 깃과 깃허브의 사용을 권장합니다. 개발자들이 가장 많이 사용하는 툴이기도 하고 가장 많이 사용하는 만큼 사용하는 방법이나 어려움이 있을 때 참고할 자료가 많기 때문입니다. 또 대부분의 개발자들이 깃을 사용하고 있으므로 협업할 때도 편리하고, 회사에서도 프로젝트를 깃으로 관리하는 경우가 많다는 이유로도 깃 사용을 추천합니다.

개발자들은 작업물을 컴퓨터의 특정 폴더에 넣어 놓게 됩니다. 작업을 하여 생성된 여러 리소스들이나 소스코드를 폴더 안에 저장하며 수정하고 업데이트, 삭제 등을 합니다. 내가 실수를 하였거나, 전에 수행했던 작업과 비교하여 뭐가 바뀐건지 헷갈릴 때 언제든 폴더 내의 상태를 이전으로 되돌릴 수 있습니다. 〈Ctrl〉+〈Z〉를 눌러 되돌리는 수준이 아니라 아예 저장되어 있는 모든 폴더의 상태를, 한 시간 전, 어제, 엊그제로 혹은 맨 처음으로 되돌릴 수 있게 됩니다. 또는 과거 작업 상태로 돌아가서 필요한 것만 현재 작업물에, 다른 과거 작업물에 적용할 수도 있습니다.

[그림 8-12]
깃 프로세스

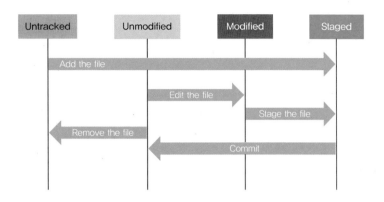

만약 깃허브를 사용하지 않고 로컬 컴퓨터의 폴더 안에서만 작업을 하게 된다면, 시점별 폴더를 압축해서 여러 개를 만들어 놓아야 합니다. 코딩을 하다 보면 메인 작업에서 해보기에는 위험이 있는 혹은 단순한 테스트 등을 진행하거나, 여러 버전을 만들어봐야 하는 경우가 굉장히 많습니다. 깃이 없다면 폴더를 통째로 따로 복사해서 각각에서 따로 작업을 해야 할 것입니다. 깃은 이런 불편한 점 없이 여러 버전을 넘나들며 작업을 할 수 있다는 큰 장점이 있으며 여러 사람과 협업도 편리하게 해주는 많은 기능을 제공합니다.

3. 깃 튜토리얼

아직 버전 관리 시스템을 사용해보지 않은 분이라면 대체 소스코드를 추적한다는 것이 무엇인지 감이 오지 않을 수 있습니다. 그렇기 때문에 약간의 사용법(Tutorial)과 더불어 깃을 사용하기 위한 기본적인 개념을 소개합니다. 직접 따라하지 않고 눈으로만 쭉 훑어봐도 되는데, 따라할 분은 먼저 https://git-scm.com/downloads에서 접속해서 깃을 다운받아 설치해줍니다. 설치 옵션은 개인적인 선호가 있는 것이 아니라면 모두 [Next]를 눌러주면 됩니다.

깃의 자세한 설치 방법은 'https://git-scm.com/book/ko/v2/시작하기-Git-설치'를 참고한다.

초기화, 스테이징, 커밋, 되돌리기

① 폴더 생성

먼저 원하는 곳에 테스트를 진행할 폴더를 생성합니다.

[그림 8-13]
폴더 생성

② 파일 생성

IDE로 생성한 폴더를 열고, 몇 개의 파일을 생성합니다. 여기서는 IDE로 VS Code를 사용했습니다. https://code.visualstudio.com/download 에서 다운로드 및 설치가 가능합니다.

저는 처음 폴더명을 GITTEST라고 지었고 그 폴더 안에 두 개의 파일 cat, mouse를 생성했습니다. 폴더명 옆에 아이콘을 클릭해 새 파일을 만들어도 되고, [EXPLORER] 탭에서 오른쪽 버튼을 눌러 새 파일을 클릭해도 파일을 만들 수 있습니다.

[그림 8-14]
파일 생성

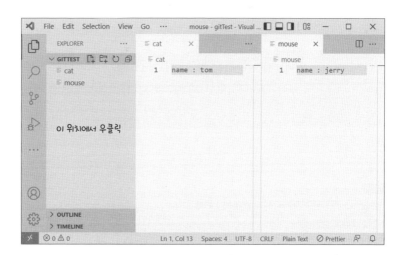

③ 명령창 띄우기

VS Code에서는 [터미널] → [새터미널] 탭을 클릭하여 띄울 수 있습니다.

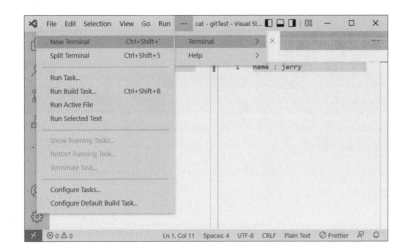

[그림 8-15]
명령창 띄우기

윈도우즈에서는 터미널을 사용하는 것 외에도 git bash를 사용할 수 있습니다. git bash는 깃의 터미널이라고 생각하면 됩니다. 윈도우즈의 탐색기에서 원하는 폴더 위치로 이동하고 오른쪽 마우스를 누른 후 'Git Bash Here'를 클릭합니다.

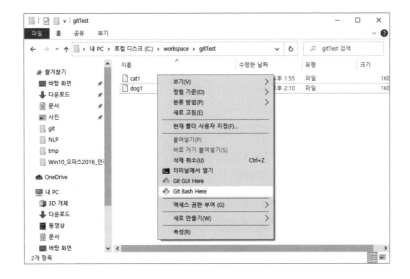

[그림 8-16]
git bash 사용

그러면 다음과 같이 명령창이 실행됩니다. 여기에 깃 명령어를 써서 사용해도 됩니다. 다른 폴더로 이동할 때는 'cd 폴더명' 명령어를 사용해주면 됩니다.

[그림 8-17]
git bash 실행

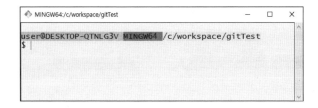

④ 초기화

다음 명령으로 깃을 초기화합니다.

```
git init
git config --global user.name "본인의 깃 닉네임"
git config --global user.email "본인의 깃 이메일"
```

이전 명령어 복사 〈↑〉 키

[그림 8-18]
초기화 진행

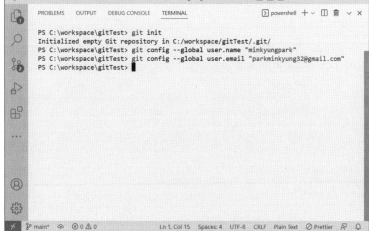

다음으로 git status 명령으로 현재 상태를 확인합니다.

```
git status
```

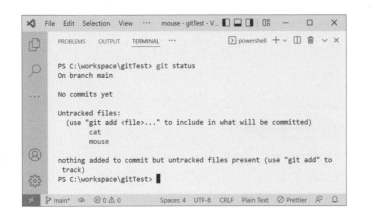

[그림 8-18]
현재 상태 확인

아직 아무것도 하지 않은 채 상태를 확인해보면, 'Untrackted files'라고 뜨는데, 아직 깃이 이 파일들을 관리하고 있지 않다는 의미가 됩니다.

⑤ 변경사항 더하기: git add

git add 명령어로 커밋할(깃에 반영할) 내용을 추가할 수 있는데, 이를 '스테이징'이라고 합니다. 이제 생성한 두 파일 cat과 mouse를 깃에 반영해보겠습니다. add를 하게 되면 커밋될 내용들이 뜨게 됩니다.

```
git add -A
```

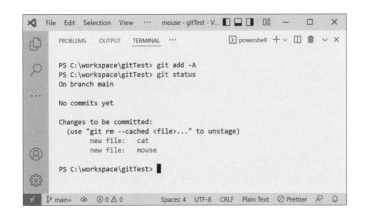

[그림 8-20]
git add로 변경사항
더하기

```
git add --all
git add .
git add *
```

add 뒤에 붙는 -A 옵션은 모든 변경사항을 반영하겠다는 의미입니다. --all과 .과 * 옵션 모두 -A 옵션과 같은 기능을 하고 모든 변경사항을 반영한다는 뜻입니다. 하지만 이렇게 모두 add하는 작업은 권장하지 않습니다. 중요한 설정파일과 IDE에서 제공하는 파일까지 모두 add할 필요가 없기 때문입니다. 이런 파일은 .gitignore로 관리할 수도 있지만 그때그때 반영해야 할 파일들만 add해주는 것을 권장합니다. 파일명을 일일이 지정하지 않아도 되고 한 번에 모두 반영할 수 있어서 편리해보이지만 어떤 내용을 커밋에 포함되는지 완전히 감춰진다는 점에서 좋지 않은 옵션입니다. 예를 들어, dog 파일을 생성하고 이를 반영한다고 합시다. git add dog 이후 커밋을 할 때 메시지를 이용해 git commit -m "add dog file" 이런 식으로 기록을 남겨놓을 수 있는데, git add * 해버리면 어떤 내용이 커밋에 포함되는지 알 수 없어 좋지 않습니다.

커밋 실수를 방지하는 가장 좋은 방법은 add와 commit 과정에서 어떤 내용이 추가되는지 계속 확인하는 것입니다. 이를 위해 -p 옵션을 사용하는 것이 좋습니다. git help 명령어를 통해 명령어의 옵션을 확인할 수 있습니다.

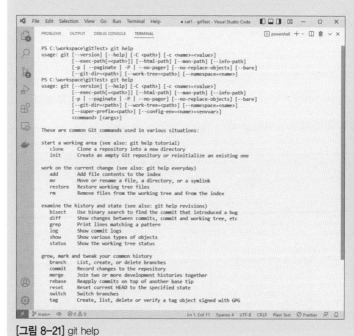

[그림 8-21] git help

⑥ 변경사항 반영하기: git commit

```
git commit -m "원하는 메시지"
```

이제 추가한 내용들을 깃에 반영해봅니다. 커밋^{commit}이란, 수정한 코드나 추가한 코드를 깃에 올려 저장하는 것을 말합니다. 현재 소스코드를 깃 저장소에 저장하는 것이며 커밋한 내용은 이제 깃이 추적하며 버전 관리를 할 수 있도록 도와줍니다. 깃은 반영된 소스코드, 리소스 등을 24시간 내내 추적합니다.

[그림 8-22]
commit으로 변경사항 반영하기

⑦ 반영사항 확인하기: git log

```
git log
```

git log는 변경사항의 기록을 확인할 수 있습니다. 이를 이용해서 이전 단계로 되돌리거나 버전을 관리 할 수 있는 것입니다.

[그림 8-23]
log로 반영사항 확인하기

방금 전에 커밋한 내용이 보이게 됩니다. commit 뒤에 나온 번호는 상태의 일련번호이고 이 번호를 통해 분기할 수 있게 됩니다.

⑧ 이전 상태로 되돌리기: git reset

```
git reset 커밋번호 6자리 --hard
```

git log를 통해 확인한 커밋번호의 앞 6자리를 이용해 이전 상태로 되돌릴 수 있습니다. 먼저 확인을 위해 **dog**라는 파일을 추가로 생성해봅니다.

[그림 8-24]
dog 파일 생성

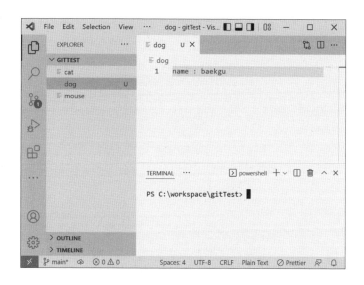

그리고, add commit을 통해 이를 반영합니다.

```
git add dog
git commit -m "add dog file"
```

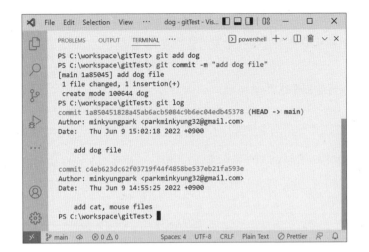

[그림 8-25]
add commit을 통해
되돌리기

이제 dog 파일을 생성하기 이전 상태로 되돌려 봅시다.

```
git reset c4eb62 --hard
```

[그림 8-26]
파일 생성 이전으로
되돌리기

c4eb62 이전의 로그들이 다 지워지고 c4eb62 상태로 되돌아옵니다. 이
전의 로그들이 다 지워진다는 것은 c4eb62 상태 이전에 반영했던 소스코
드들이 모두 지워진다는 의미입니다.

[그림 8-27]

c4eb62 상태로
되돌아오기

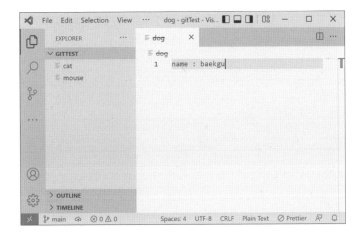

⑨ 이전 상태로 되돌리기: git revert

이전 상태로 되돌리는 방법에는 두 가지가 있습니다. 편의를 위해서 이전 상태로 되돌아간 것을 "과거로 돌아갔다"라고 하고, 이전 상태를 다시 그 전 상태로 되돌린 것을 "미래로 갔다"고 하겠습니다. reset은 로그를 아예 지워 버리기 때문에 미래로 되돌릴 수 없습니다. 한마디로 과거로 돌아갔다가 다시 미래로 갈 수가 없는 것입니다. 하지만 revert는 로그를 덮어쓰는 것이므로 다시 미래로 되돌릴 수가 있습니다.

예를 들어 1단계에서 dog 파일을 생성하고 add, commit한 후, 2단계에서 cat 파일을 생성하고 add, commit했다고 가정해보겠습니다. 1단계에서 커밋번호가 111111이고 2단계에서 커밋번호가 222222라면, git reset 111111 --hard를 하게 되면, 로그에는 111111의 커밋 상태만 남게 되어 다시 222222의 상태를 가질 수 없습니다. 하지만 git revert 222222를 하게 되면 새로운 커밋 상태 333333이 생성되고, 111111과 동일한 상태를 가지게 되어, 222222 상태로도 되돌아갈 수 있게 됩니다.

git revert 커밋번호 6자리

테스트를 위해 마찬가지로 cat, mouse 파일만 있던 상태에 dog 파일을 추가하고 add, commit을 합니다.

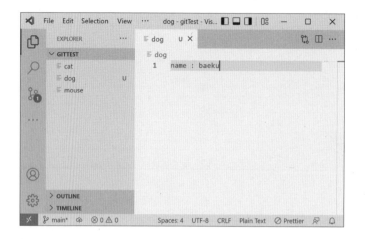

[그림 8-28]
dog 파일 추가

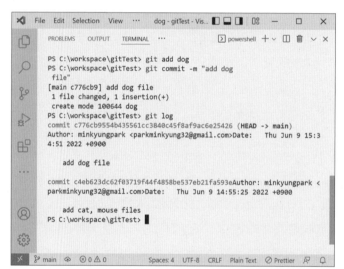

[그림 8-29]
add, commit 실행하기

이후, 다시 cat, mouse만 있던 상태로 만들려면 git revert c776cb를 입력해줍니다. reset을 사용할 때는 사용한 커밋번호의 상태로 되돌려주지만 revert는 사용한 커밋번호의 상태를 삭제해줍니다. 명령창으로 나올 때는 〈ESC〉를 누른 뒤 :wq를 입력하고 〈Enter〉를 누르면 되고 저장하지 않고 빠져나올 때는 :q를 입력하고 〈Enter〉를 누르면 됩니다.

```
git revert c776cb
```

[그림 8-30]

git revert 실행

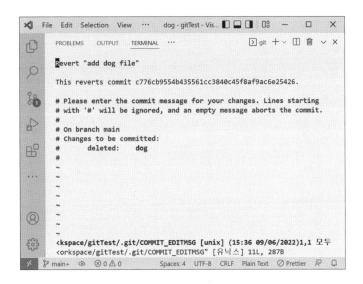

이렇게 vi 편집기가 열리게 되는데 저장하고 닫으려면 :wq를 입력해주면 됩니다.

[그림 8-31]

이전 상태로 돌아옴

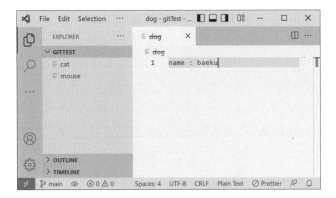

이렇게 하면 dog 파일은 삭제되고 처음에 cat, mouse 파일만 있던 상태로 돌아옵니다. revert를 하면 기존의 로그 위에, revert한 로그가 덧붙여집니다.

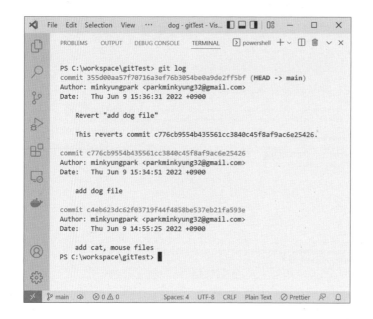

깃 브랜치: 같은 파일로 여러 버전 만들기

깃 브랜치

소프트웨어를 개발할 때, 깃의 브랜치^{Branch} 기능을 활용한다면 같은 팀끼리 작업 프로젝트를 공유하고 같이 작업할 수 있습니다. 또 혼자서 작업하더라도 여러 버전을 만들어야 할 때, 또는 본 작업에서는 시도하기 힘든 테스트를 할 때 '브랜치'라는 것이 굉장히 유용합니다.

동시에 다양한 작업을 할 수 있게 만들어 주는 기능인 브랜치를 이용하면 각자 독립적인 작업 영역(저장소) 안에서 마음대로 소스코드를 변경할 수 있습니다.

브랜치란 독립적으로 어떤 작업을 진행하기 위한 개념으로, 필요에 의해 만들어지는 각각의 브랜치는 다른 브랜치의 영향을 받지 않기 때문에 여러 작업을 동시에 진행할 수 있게 됩니다.

[그림 8-33]
브랜치가 한 개일 경우

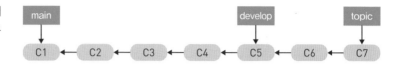

[그림 8-33]은 브랜치를 나누지 않고 작업을 수행한 경우입니다. 일단 기본 브랜치인 main 브랜치를 가지고 C1, C2, C3 등 여러 작업 내용을 커밋합니다. 그리고 C1~C4가 끝난 뒤에 C5 작업인 develop을 진행하고 C5, C6 작업이 끝난 후 C7 작업인 topic을 진행하게 됩니다. 이처럼, 브랜치가 없다면 작업을 모두 수행한 후 다른 작업자에게 넘겨줘야 합니다.

[그림 8-34]
브랜치가 여러 개일 경우

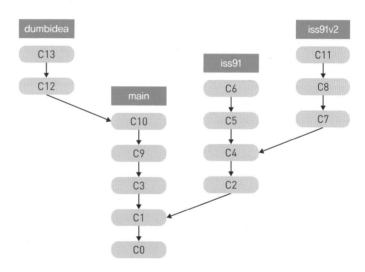

브랜치 기능을 활용한다면 하나의 작업을 여러 시점에서 개발할 수 있게 됩니다. 앞의 작업이 끝나기를 기다릴 필요 없이 동시에 여러 작업을 진행할 수 있게 됩니다. [그림 8-34]에서 dumbidea(단순 아이디어)를 구현하기 위한 브랜치, 메인 브랜치인 main, 이슈 91번을 해결하기 위한 브랜치 iss91, 이슈 91번의 2번째 버전 브랜치를 나누어서 작업한 후 최종 결과물을 하나의 브랜치로 합치기만 하면 됩니다.

깃의 공식 문서 참고
Branch Workflows:
https://git-scm.com/book/en/
v2/Git-Branching-Branching-
Workflows

깃 브랜치를 사용하기 위한 용어 정리

메인 브랜치

저장소를 처음 생성하게 되면 깃은 'Main'라는 이름의 브랜치를 자동으로 생성하게 됩니다. 따로 새로운 브랜치를 생성하지 않으면 저장소에 새로운 파일을 추가하는 것이나 소스코드를 수정하여 커밋하는 작업 모두 '메인 브랜치Main Branch'를 통해 이루어지게 됩니다.

통합 브랜치

언제든 배포할 수 있는 버전을 만들 수 있어야 하는 브랜치가 통합 브랜치Integration Branch입니다. 따라서 안정적인 상태, 즉 모든 기능이 정상적으로 동작하는 상태가 되어 있어야 합니다. 만약, 버그를 수정하거나 새로운 기능을 추가해야 한다면 통합 브랜치가 아닌 토픽 브랜치를 만들어 사용합니다. 일반적으로 마스터 브랜치를 통합 브랜치로 사용합니다.

토픽 브랜치

기능 추가나 버그 수정과 같은 단위 작업을 위한 브랜치를 토픽 브랜치Topic Branch라고 합니다. 토픽 브랜치는 보통 통합 브랜치로부터 파생해서 생성하고, 특정 작업이 완료되면 통합 브랜치에 병합하는 방식으로 작업하게 됩니다. 토픽 브랜치를 '피처 브랜치Feature Branch'라고 하기도 합니다.

체크아웃

깃에서는 항상 작업할 브랜치를 미리 선택해야 합니다. 맨 처음에는 마스터 브랜치가 선택되어 있는데 다른 브랜치로 전환하여 작업할 때 사용하는 명령어가 '체크아웃Checkout'입니다.

헤드

헤드^{Head}는 현재 사용 중인 브랜치의 선두 부분을 나타내는 이름입니다. 기본적으로는 메인의 선두 부분을 나타냅니다.

스태시

스태시^{Stash}란 파일의 변경 내용을 일시적으로 기록해두는 영역입니다. 커밋하지 않은 변경 내용이나 새롭게 추가한 파일이 인덱스와 작업 트리에 남아 있는 채로 다른 브랜치로 체크아웃하면, 그 변경 내용은 이전 브랜치가 아닌 체크아웃하여 전환한 브랜치에서 커밋할 수 있습니다. 단, 커밋 가능한 변경 내용 중에 전환된 브랜치에서도 한 차례 변경이 되어 있는 경우에는 체크아웃에 실패할 수 있습니다. 이 경우 이전 브랜치에서 커밋하지 않은 변경 내용을 커밋하거나, 스태시를 이용해 일시적으로 변경 내용을 다른 곳에 저장하여 충돌을 피하게 한 뒤 체크아웃을 해야 합니다.

[그림 8-35]
스태시

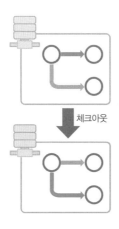

스태시 사용 안 함

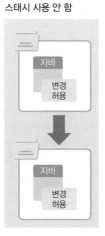

스태시 사용

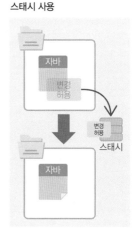

263

머지

머지merge를 사용하면, 여러 개의 브랜치를 하나로 모을 수 있습니다. [그림 8-36]에서 동그라미는 커밋한 이력을 의미하고 Main과 Feature(Topic) 브랜치로 나누어져 병렬로 진행되었던 작업이 마지막에 하나로 합쳐지는 것을 의미합니다.

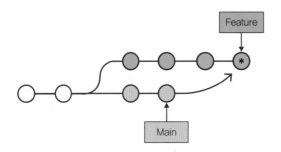

[그림 8-36]
머지

리베이스

통합 브랜치에 토픽 브랜치를 통합한다는 점에서 머지와 비슷하지만 특징이 약간 다릅니다. 머지는 변경 내용의 이력이 모두 남아 있어서 이력이 복잡해집니다. 반면, 리베이스Rebase는 이력이 단순해지지만, 원래 커밋 이력이 변경됩니다. 따라서 리베이스는 이력을 남겨둬야 할 필요가 없을 경우에 사용합니다.

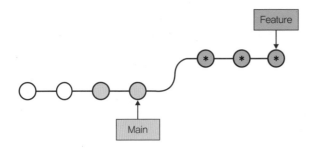

[그림 8-37]
리베이스

깃 브랜치 사용법

① 초기화 후 파일 생성

gitTest라는 폴더를 IDE로 열어줍니다. 이때 사용한 폴더는 `git init` 명령어로 초기화 작업을 마친 후의 상태여야 합니다.

[그림 8-38]
gitTest 폴더 열기

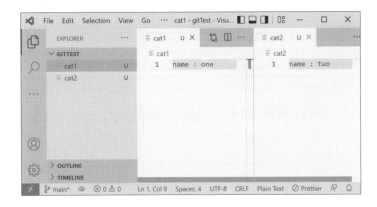

저는 이전에 작업했던 내용을 모두 지운 깨끗한 상태에서 진행하겠습니다. 그리고 먼저 cat1 파일과 cat2 파일을 폴더 안에 생성했습니다.

[그림 8-39]
git status

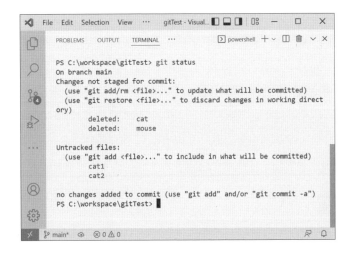

그리고 git status로 확인해보면 아직 커밋하지 않은 파일이 Untracked 하다고 뜹니다. Untracked하다는 것은 아직 파일들을 깃이 추적하고 있지 않다는 것을 의미합니다. 즉, 커밋이 필요하다는 의미가 됩니다. 해당 내용을 add, commit합니다.

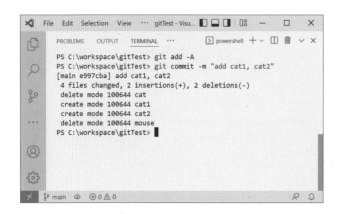

[그림 8-40]

git add, commit

② 새로운 브랜치 생성

```
git branch 브랜치명
```

cat1, cat2라는 파일 두 개를 추가한 후 mouse1, mouse2 파일을 추가해 줄지, dog1, dog2 파일을 추가해 줄지 고민이 되는 상황이라고 가정해봅시다. 일단 두 버전 다 만들어 봅니다.

여기서 중요한 점은, 아무 브랜치도 생성하지 않으면 처음에 생성되는 main 브랜치에서 작업을 수행한다는 것입니다. 이 상태에서 브랜치를 생성해주면, main 브랜치의 작업 내용 그대로 복사된 브랜치가 생성됩니다.

> **여기서 잠깐!**
>
> 2021년 기준으로 master 브랜치의 네이밍이 master에서 main으로 변경되었습니다. 기본 브랜치가 master로 설정되어 있다면 `git branch -M main` 명령어를 통해 master 브랜치를 main 브랜치로 바꾸어줍니다.

```
git checkout 브랜치명
```

브랜치 생성 후, 반드시 checkout을 해줘야 해당 브랜치로 전환되며 전환된 브랜치에서 작업이 수행됩니다.

[그림 8-41]
mouse 브랜치로
전환

먼저 mouse1, mouse2 파일을 추가해볼 mouse라는 이름의 브랜치를 생성하고 mouse 브랜치로 이동했습니다. 마스터 브랜치에서 생성한 브랜치이므로 처음 작업 내용 그대로 복사됩니다.

[그림 8-42]
mouse 브랜치에서
mouse1, mouse2
파일 생성

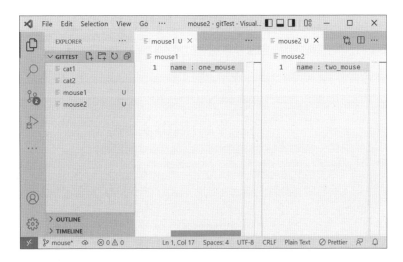

그리고 mouse 브랜치로 전환된 상태로 mouse1, mouse2라는 파일을 생성하고 git add mouse1, mouse2 명령어와 git commit -m "메시지" 명령어를 이용해 커밋합니다.

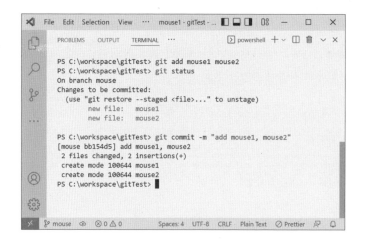

[그림 8-43]
git commit -m "메시지"
명령어로 커밋

만약 이 상태에서 main 브랜치로 체크아웃하지 않고 또 다른 브랜치를
생성하면 cat1, cat2, mouse1, mouse2 파일 모두 포함된 브랜치가 생성
되겠죠? 여기서 주의할 점은 git add -A와 같은 옵션을 사용하게 되면
mouse 브랜치의 작업 내용이 모든 브랜치에 적용됩니다.

저는 cat1, cat2, mouse1, mouse2를 가진 브랜치와 cat1, cat2, dog1,
dog2를 가진 브랜치를 생성하고 싶으니, 다시 main 브랜치로 이동한 후
dog 브랜치를 생성합니다.

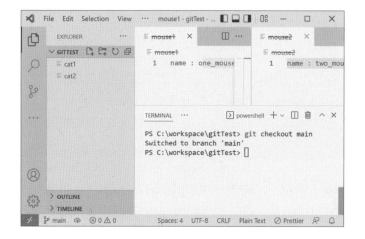

[그림 8-44]
main 브랜치로 돌아오기

`git checkout main`을 하게 되면 이렇게 mouse 브랜치에서 작업한 내용은 보이지 않게 됩니다. 이 상태에서 dog 브랜치를 생성해줍니다.

[그림 8-45]

dog 브랜치 생성

```
git branch   // 브랜치 확인
```

dog 브랜치로 이동 후, dog1, dog2 파일을 생성합니다. 이후 add와 commit을 실행합니다.

[그림 8-46]

dog 브랜치로 이동한 후,
dog1, dog2 파일 생성

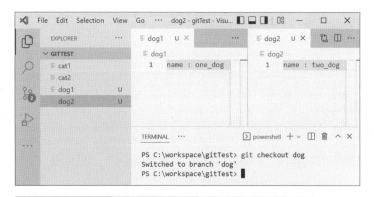

터미널 내용 모두를 지우는
명령어는 clear다.

269

③ 브랜치 합치기: merge

고민하다가 cat과 mouse 파일을 남기기로 최종 결정했습니다. 그러면 이제 main 브랜치에 mouse 브랜치를 병합해야 합니다.

```
git merge 브랜치명
```

일단 다시 main 브랜치로 돌아옵니다.
merge하게 되면, mouse 브랜치에 있던 작업 내용이 main 브랜치로 합쳐집니다.

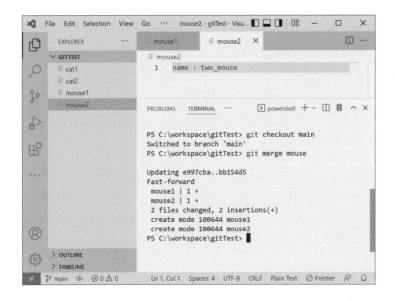

[그림 8-47]
브랜치 병합

이후 헷갈리지 않도록 되도록 브랜치를 삭제해주는 것이 좋습니다.

```
git branch -D 브랜치명
```

[그림 8-48]
브랜치 삭제

④ 브랜치 합치기: rebase

```
git rebase 브랜치명
```

master 브랜치에 mouse 브랜치의 작업 내용을 merge를 통해 병합해보았다면 이번엔, rebase를 통해 dog 브랜치에서 작업한 내용을 합쳐보겠습니다. 앞서 설명했듯이 rebase는 브랜치의 작업을 병합한다는 점에서는 merge와 같지만, rebase는 원래 커밋 이력이 변경됩니다.

[그림 8-49]

rebase

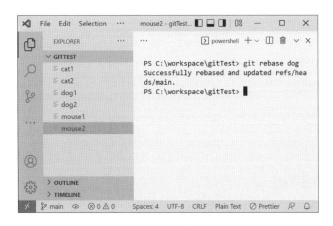

main 브랜치에서 dog 브랜치까지 병합했습니다!

```
git log --graph --all --decorate
```

명령어를 사용하여 확인하면, merge와의 차이를 볼 수 있습니다.

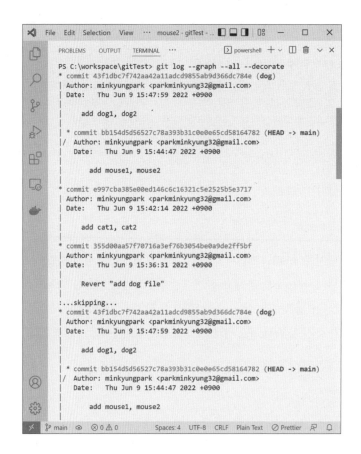

[그림 8-50]
여러 분기에서
작업 내용을 확인

병합된 브랜치들이 단순한 것을 볼 수 있습니다.

깃허브와 연동하기

앞서 사용했던 gitTest라는 폴더를 그대로 사용합니다. git init과 git config 등은 초기화되었다고 가정합니다.

① 깃허브에 접속하기

깃허브인 https://github.com/에 접속합니다.

[그림 8-51]
깃허브 접속

계정이 없다면 회원가입 후 로그인합니다.

[그림 8-52]
리포지토리 생성

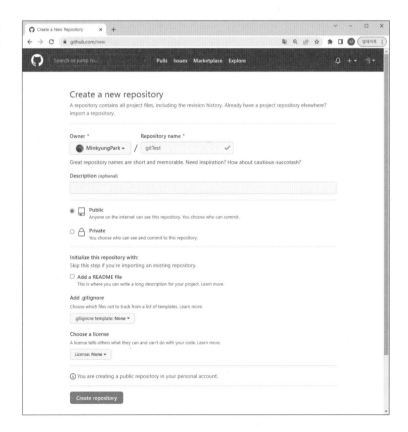

273

이후 [Create repository]를 클릭하여 저장소를 생성해줍니다. 앞서 진행한 튜토리얼에서 깃으로 관리되고 있는 소스코드 파일과 폴더는 '로컬저장소Local Repository'이고, 깃허브에 업로드하는 것은 '원격저장소Remote Repository'라고 합니다. 여기서 생성한 리포지토리는 원격저장소를 의미합니다.

원하는 저장소 이름과 간단한 설명을 입력한 후, [Create repository] 버튼을 클릭하면 저장소가 생성됩니다. Public을 선택하면 내 리포지토리를 모든 사람에게 공개하게 되고 Private는 나와 내가 초대한 사람만 이 저장소를 볼 수 있게 하는 옵션입니다. 저장소를 만든 후에도 변경 가능한 옵션이기 때문에 크게 고민하지 않아도 됩니다.

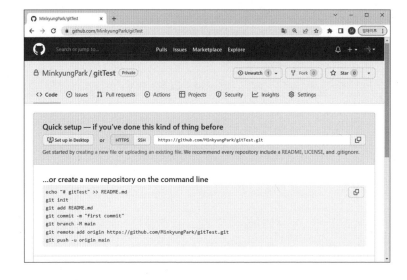

[그림 8-53]
리포지토리 생성 후
리포지토리 주소 복사

이후 간단한 명령어에 관한 설명이 뜨게 됩니다. 위 그림에서 Quick setup 아래에 있는 내 저장소의 주소를 이용해서 로컬저장소에 연결해 볼 것입니다.

② 깃허브에 내 소스 올리기

먼저 git status를 통해 지금까지 한 작업이 모두 commit되었는지 확인합니다.

[그림 8-54]

git status

이후, git remote 명령어를 입력합니다.

```
git remote
```

현 폴더의 원격 리포지토리를 확인하는 명령어입니다.

[그림 8-55]

git remote

설정한 적이 없기 때문에 아무것도 뜨지 않죠?

```
git remote add 원격저장소명 https://github.com/사용자명/리포지토리명.git
```

앞서 확인한 깃허브의 '내 저장소의 주소'를 이용해 원격저장소를 생성하는 하는 명령어입니다. 이 명령어를 이용하면 내 로컬 컴퓨터의 작업 폴더와 깃허브의 온라인 저장소가 연동되게 됩니다.

브랜치의 기본 이름이 main인 것처럼, 원격저장소의 기본 이름은 origin입니다.

원격저장소를 생성한 후, 연결(원격저장소에 로컬저장소의 내용을 그대로 집어넣기)해줍니다.

```
git push -u origin main
```

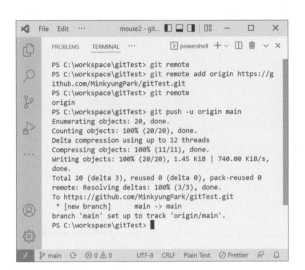

[그림 8-56]
원격저장소 연결

만약, 컴퓨터에서 처음 사용하는 계정이라면 사용자명과 패스워드를 물어볼텐데, 본인의 사용자명과 비밀번호를 입력해주면 됩니다. 연동이 완료되면, 이 컴퓨터(로컬)의 main 브랜치가 원격의 마스터 origin을 추적한다는 메시지가 제일 마지막에 뜨게 됩니다.

그리고 [new branch] main → main의 의미는 내 컴퓨터의 main 브랜치에서 깃허브 원격저장소의 마스터 브랜치로 이동했다는 뜻입니다.

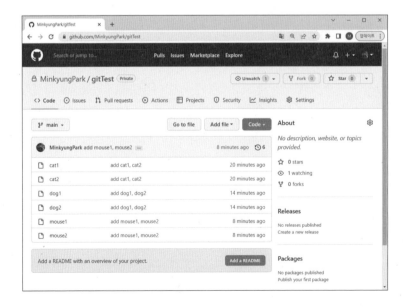

[그림 8-57]
main 브랜치 이동

작업이 완료된 후 해당 깃허브 저장소로 이동해보면, 이렇게 로컬의 작업 내용이 그대로 넣어진 것을 볼 수 있습니다.

[그림 8-58]
작업 내용 확인

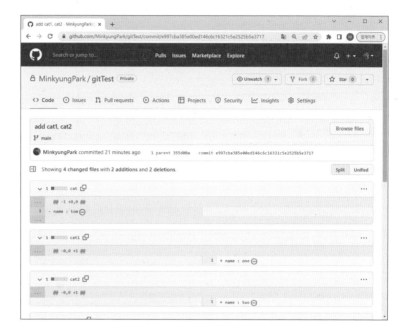

파일의 소스코드도 볼 수 있고, commit 메시지를 누르면 해당 commit에서 어떤 변화들이 일어났었는지도 확인할 수 있습니다.

③ 소스코드를 수정한 후 업데이트하기

소스코드를 수정한 후 마찬가지로 add, commit, push를 해주면 됩니다.

```
git add 파일명
git commit -m "msg"
git push origin main
```

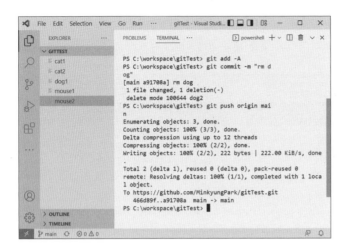

[그림 8-59]
수정 후 업데이트

그러면 수정된 내용이 깃허브의 원격저장소에 반영됩니다. 저는 dog2 파일을 삭제한 후, add, commit, push를 진행했습니다.

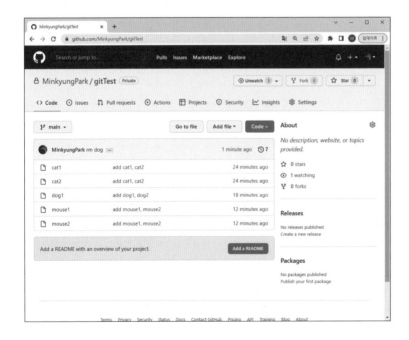

[그림 8-60]
원격저장소에 반영된
소스코드

원격저장소에도 잘 반영된 것을 볼 수 있습니다.

④ .gitignore 파일 사용하기

프로젝트를 진행하다 보면, 깃으로 관리하고 깃허브에 올릴 필요가 없거나 오히려 올리면 안 되는 파일이 있습니다. 코드를 실행하면 패키지가 다운받아지거나, 코드대로 빌드되어 자동으로 생성되는 파일들은 어차피 코드만 있으면 그때그때 실행해서 만들 수 있는데 굳이 깃에 무리를 주거나 깃허브 용량을 차지할 필요가 없습니다. 또 보안적으로 중요한 내용, 예를 들어 데이터베이스 계정 등이 담긴 파일은 공개되면 안 될 것입니다. 이럴 때 사용하는 것이 .gitignore 파일입니다.

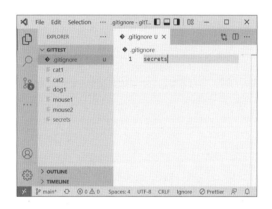

.gitignore와 secrets라는 파일을 생성합니다.

이후 .gitignore 파일에 숨기고 싶은 파일 이름을 지정해주거나 숨기고 싶은 확장자의 모든 파일(**예** 모든 텍스트 파일을 숨기고 싶을 땐 *.txt 등)을 입력, 저장해서 add, commit, push하면 .gitignore 파일에 작성된 파일은 깃허브에 업로드되지 않습니다.

⑤ 다른 사람 초대하기

해당 저장소에서 [Settings] → [Collaborators]를 클릭하고 깃허브의 사용자명이나 이메일을 입력하여 초대하면 됩니다.

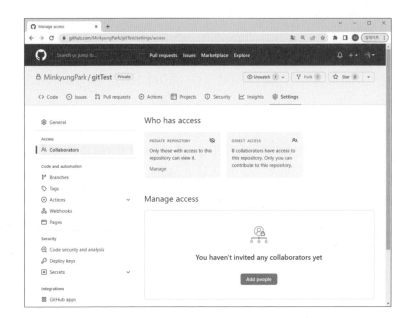

[그림 8-62]

git Collaborators

⑥ 깃허브에서 소스코드 다운받기

예를 들어 회사에 있는 컴퓨터로 작업한 후 깃허브에 소스코드를 올리고
집에 와서 깃허브에서 소스코드를 다운받아 이어서 작업한다고 가정해
봅시다. 이 테스트를 위해 저는 그냥 같은 컴퓨터에 폴더를 두 개 생성하
여 시뮬레이션해 보겠습니다.

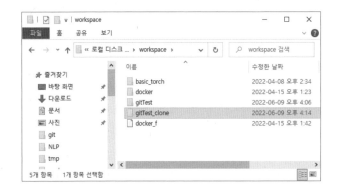

[그림 8-63]

폴더 생성

폴더를 하나 생성해 줍니다.

[그림 8-64]
IDE 열기
(집 컴퓨터에서의
작업이라고 가정)

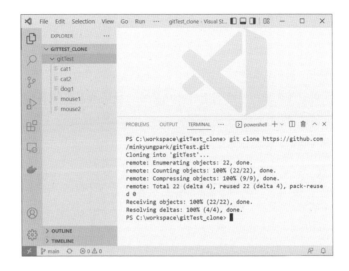

그리고 그 폴더를 IDE로 연 후, 터미널을 열어주고 다음 명령어를 입력
합니다.

```
git clone https://github.com/사용자명/원격저장소명.git
```

[그림 8-65]
명령어 입력
(집 컴퓨터에서의
작업이라고 가정)

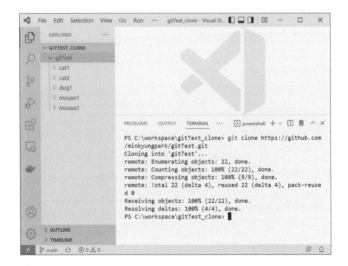

이렇게 되면 gitTest_clone 폴더 안에 원격저장소의 gitTest 파일을 다운 받게 됩니다.

```
cd gitTest
```

다운받은 폴더로 터미널을 이동시켜줍니다. 그리고, `git log` 명령어를 통해 로그를 확인해보면 이전에 작업했던 내용이 그대로 복사된 것을 볼 수 있습니다.

```
git log
```

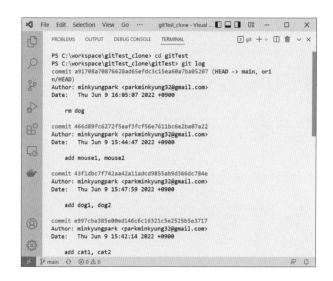

[그림 8-66]
복사 내용 확인
(집 컴퓨터에서
작업이라고 가정)

⑦ 작업 주고받기

gitTest_clone 폴더가 집 컴퓨터에 있고, gitTest 폴더가 회사 컴퓨터에 있다고 가정합시다.

집에서 먼저 zipWork 파일을 생성하고 여러 작업을 수행하고 `add`, `commit`을 합니다. 이 때 반드시 gitTest_clone 안의 gitTest 폴더에서 작업을 수행해주어야 합니다.

깃 commit 메시지 작성 규칙
은 https://blog.weirdx.io/
post/33832를 참고하자.

[그림 8-67]
zipWork 파일을
생성하고 여러 작업 수행
(집 컴퓨터에서의
작업이라고 가정)

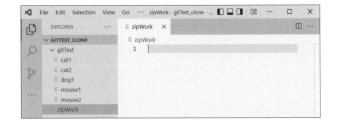

이 후, `git push origin main`을 통해 원격저장소에 변경사항을 업로드
합니다.

[그림 8-68]
변경사항
add commit push
(집 컴퓨터에서의
작업이라고 가정)

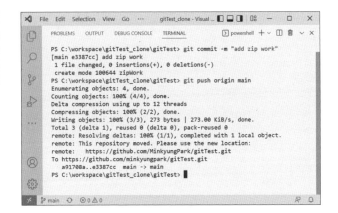

[그림 8-69]
변경 내용 확인

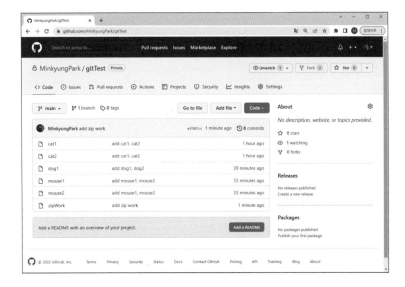

그리고 원격저장소에 들어가서 확인해보면 변경사항이 업로드된 것을 확인할 수 있습니다.

이렇게 일일이 원격저장소에 들어가서 확인하기 번거롭다면 다음 명령어를 사용하여 확인할 수 있습니다. 변경사항이 반영되지 않은 원래의 폴더 즉, 회사에서의 폴더 gitTest에서 다음과 같은 명령어를 입력합니다.

```
git fetch
git status
```

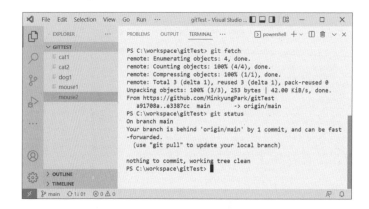

[그림 8-70]
명령어 입력
(회사 컴퓨터에서의
작업이라고 가정)

이 브랜치가 원격 origin의 main에 커밋 하나가 뒤쳐져 있다는 메시지를 볼 수 있습니다. 깃허브에서 다운받아야 할 사항이 하나 있다는 이야기입니다. 그럼 다운받아 봅시다.

```
git pull 원격저장소명 브랜치명
```

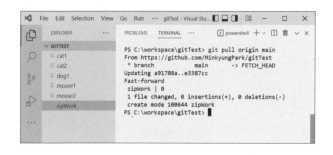

[그림 8-71]
다운받기
(회사 컴퓨터에서의
작업이라고 가정)

집에서 작업한 zipWork 파일을 원격저장소를 통해 다운받았습니다. commit 내역까지 다운받아서 확인할 수 있습니다. 반대로 회사에서 작업하여 집의 폴더로 다운받는 것도 가능합니다.

이제 반대로 회사에서 작업한 후 집에서 다운받아 봅시다.

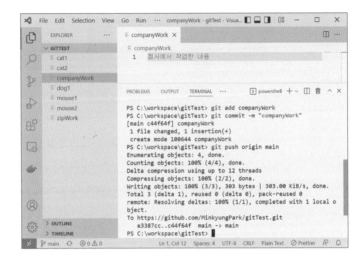

[그림 8-72]
회사에서 작업한 파일
(회사 컴퓨터에서의
작업이라고 가정)

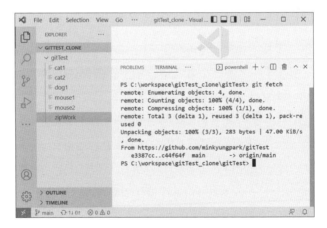

[그림 8-73]
집에서 작업 파일을
다운받음
(집 컴퓨터에서의
작업이라고 가정)

285

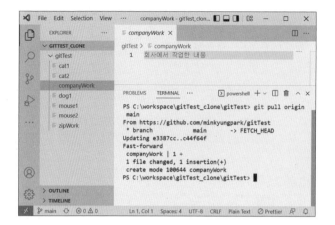

[그림 8–74]
다운받은 파일 확인
(집 컴퓨터에서의
작업이라고 가정)

이런 식으로 팀원과 작업할 때는, 먼저 fetch와 status를 통해 pull할 내용
이 있는지 먼저 확인하는 것이 중요합니다. 그렇지 않으면 충돌(conflict)
이 날 수 있기 때문입니다. 이렇게 분업을 하는 경우 pull할 내용이 있을
경우 pull해주지 않으면 push를 할 수 없습니다.

충돌 해결하기

충돌(Conflict)은 브랜치 간에도 발생하지만, 같은 브랜치에서 같은 파일
의 같은 부분을 원격의 두 컴퓨터가 같이 접근하는 상황에서도 일어납니
다. 충돌이 일어나면 프로젝트 파일이 사라지는 등의 문제가 생길 수도
있습니다. 그렇기 때문에 이 충돌을 다루는 방법이 굉장히 중요합니다.
예를 들어 A라는 로컬저장소와 B라는 로컬저장소가 같은 깃허브 원격저
장소를 이용해서 작업하고 있다고 가정합니다. 먼저 A에서 a라는 파일을
작업하여 push하였는데, 아직 B가 pull하지 않은 상황이면서 동시에 a라
는 파일을 수정하고 커밋한 상태가 되면 B는 push를 할 수 없는 상황이
되어 버립니다. 그래서 B가 이때 pull을 진행하면 충돌(Conflict)이 발생
하게 됩니다. 충돌을 어떻게 해결할 수 있는지 살펴보기 위해서 그림 한
번 고의로 충돌을 일으켜 보겠습니다.

먼저, 테스트를 위해 [그림 8-90]은 집 컴퓨터에 있는 저장소라고 하고, [그림 8-91]은 회사 컴퓨터에 있는 저장소라고 가정합니다.

[그림 8-75]
고의 충돌
(집 컴퓨터 저장소)

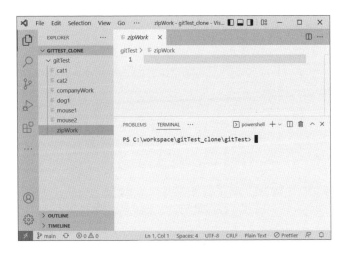

[그림 8-76]
고의 충돌
(회사 컴퓨터 저장소)

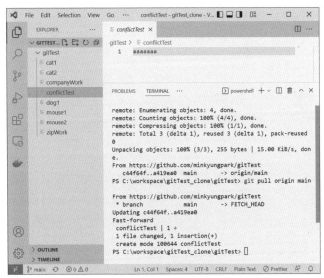

회사 저장소에 conflictTest라는 파일을 하나 생성하고 aaaaaaa이라고 작성한 후, add, commit, push하고 집 저장소에서 pull하여 줍니다. 그러면 회사와 집 저장소 모두 같은 상태가 됩니다.

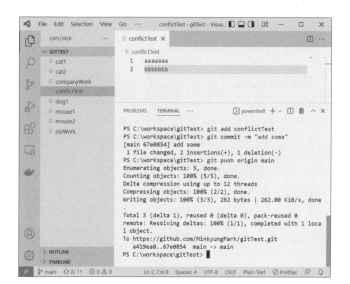

[그림 8-77]
회사 컴퓨터 저장소

그리고 회사 컴퓨터 저장소에 conflictTest 파일에 bbbbbbb를 추가합
니다.

add, commit, push를 진행해 줍니다.

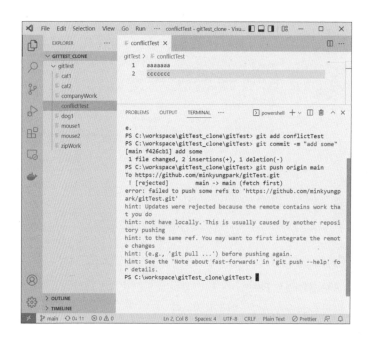

[그림 8-78]
집 컴퓨터 저장소 ①

그리고 집 컴퓨터 저장소에 pull하지 않고 conflicTest파일에는 ccccccc
를 추가합니다.

이후 add, commit, push하려고 하면 이렇게 pull하라는 오류가 표시됩
니다.

[그림 8-79]
집 컴퓨터 저장소 ②

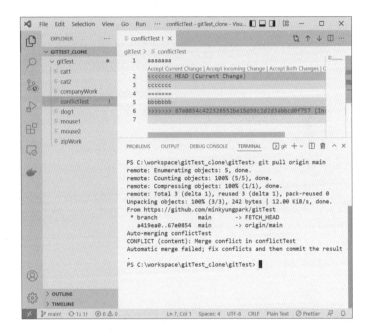

그래서 pull을 하게 되면 이렇게 충돌한 부분이 표시되고 pull이 제대로
되지 않는 것을 알 수 있습니다.

[그림 8-80]
집 컴퓨터 저장소 ③

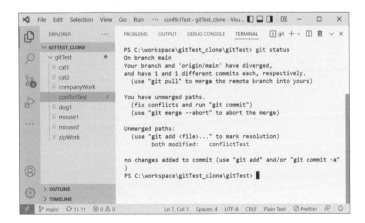

git status로 상황을 확인하면 더 자세히 알 수 있습니다.

둘 중 하나만 선택하고, 저장합니다.

이 후 add, commit하는데 commit 뒤에 옵션을 붙이지 않고 commit만 입력해줍니다.

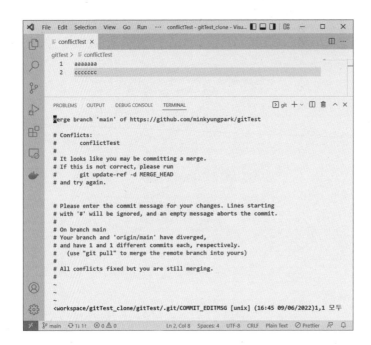

[그림 8-81]
집 컴퓨터 저장소 ④

그러면 이렇게 Merge를 위한 메시지가 뜨는데 〈ESC〉를 누른 후 :wq를 입력하여 저장합니다.

[그림 8-82]

저장하기

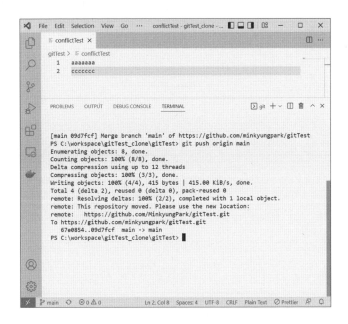

push하여 마무리해 줍니다.

8장을 마치며

깃과 깃허브는 어떤 개발 직군에 속하든 거의 대부분 사용하는 툴이기 때문에 실습을 통해 어떤 식으로 사용하는 지와 기본적으로 꼭 필요한 깃의 기능들에 대해 살펴 보았습니다. 사실 깃의 기능은 어마어마하게 많고, 고급 기능도 많지만, 여기까지 사용할 수 있으면 큰 프로젝트가 아닌 이상 깃을 사용하는 데 무리가 없을 것입니다.

개발자에겐 **상식**
비전공자에겐 **고급지식**

개발자
상식

개발자가 되기 전에
알았어야 할 것들

9장

클라우드와 분산환경

IT 서비스를 하려면 서버도 필요하고, 데이터베이스도 필요하고, 저장소도 필요하고···. 아주 많은 것이 필요합니다. 또, 서비스를 바꾸거나 추가할 때도 여러 환경을 구축해줘야 합니다. 이때, 회사에 하나 혹은 여러 대의 물리적 서버(컴퓨터)를 두고 관리해줄 수도 있습니다. 하지만 항상 서버가 꺼지지 않게 관리해주어야 하고 환경에 맞는 운영체제와 프로그램도 설치해야 합니다. 서버를 관리한다는 것은 참 손이 많이 가는 일입니다. 하지만 직접 컴퓨터를 눈앞에 두지 않고 멀리 있는 컴퓨터의 자원을 가져다 쓸 수 있다면 어떻게 될까요? 이것을 가능하게 하는 기술이 바로 '클라우드 컴퓨팅'입니다. 이름이 의미하는 것처럼 컴퓨팅 자원을 구름과 같이 뭉뚱그려 놓고 구름 저편에서 필요한 것을 받아와 사용하고 다시 구름 저편에 저장해 놓는 것을 '클라우드(cloud)'라고 합니다.

이 장에서는 구름에서 컴퓨터를 가져다 쓰는 클라우드와 평행우주처럼 여러 대의 컴퓨터를 사용할 수 있는 분산환경에 대해 알아보겠습니다.

1. 내 서버가 미국에 있다고?
클라우드 이야기

우리가 프로그램과 서비스를 만들려면 '컴퓨터 자원'이 필요합니다. 프로그램을 실행하기 위해서는 CPU가 만들어주는 연산 능력이 필요하고, 서비스와 관련한 데이터를 저장하기 위해서는 메모리와 같이 저장할 수 있는 공간이 필요합니다. 즉, 컴퓨터 자원이라는 것은 컴퓨터에 내장되어 있는 각종 소프트웨어와 하드웨어 및 저장 매체를 의미합니다. 이런 컴퓨팅 자원을 꼭 컴퓨터나 각종 주변기기를 구매해야만 사용할 수 있는 것일까요? 만약 그렇다면 기업에서 서비스를 운용할 때 트래픽이 늘어나 서버를 증설해야 한다면 컴퓨터를 직접 구매하는 수밖에 없을 것입니다. 그렇게 되면 서비스를 업그레이드하는 데 제한이 생기게 됩니다. 이러한 문제를 '클라우드 서비스'로 해결할 수 있습니다.

기업에서 서비스를 운용하기 위해 클라우드 서비스를 이용하는 것말고도 클라우드는 알게 모르게 우리 삶 전반에 자리잡고 있습니다. 스마트폰의 용량이 부족해 클라우드 저장소에 사진을 올리고 다운받아 사용한 적이 있지 않나요? 이처럼 구름과 같이 잡히지 않는 공간에 여러 자원을 저장하고 사용할 수 있게 하는 것은 바로 '클라우드'가 있기 때문에 가능한 일입니다.

클라우드 컴퓨팅이란?

"데이터와 프로그래밍은 '구름' 속에 있으면 된다. 필요한 것은 브라우저와 인터넷에 대한 액세스뿐."

– 에릭 슈미트

일반 사용자 관점

일반 사용자 관점에서 클라우드 컴퓨팅^{Cloud Computing}이란, 데이터를 컴퓨터 또는 전자기기 자체에 가지고 있는 것이 아니라, 네트워크 서버를 통해 먼 곳에 있는 컴퓨터에 저장하여 사용할 수 있게 하는 환경을 말합니다. 내 기기를 잃어버려도 데이터는 다른 곳에 저장되어 있으니 기기를 바꿔도 언제나 편리하게 내 데이터를 그대로 보존할 수 있게 됩니다. 우리가 돈을 모두 현찰로 가지고 있지 않고 은행에 맡겨 놓고 필요할 때마다 입금하고, 출금하고, 이체하는 금융서비스를 이용하는 것과 비슷합니다. 클라우드의 가장 큰 장점은 바로 이런 '편리함'이라고 할 수 있습니다. 우리가 은행에 돈을 맡기는 것을 당연하다고 생각하는 것처럼 클라우드 서비스에 우리의 정보를 맡기는 것이 점점 당연해지고 있습니다.

개발자 관점

개발자 관점에서 클라우드 컴퓨팅이란, 가상의 서버에 접근해 필요한만큼만 자원을 사용하여 간단하고 빠르게 프로그램 환경을 구축할 수 있는 기술을 말합니다. 컴퓨터의 자원을 유틸리티화(공공 자원화)한다는 뜻입니다. 잡히지 않는 구름 속에서 비와 눈이 내려 땅의 자원이 되고 여러 생명이 살 수 있게 되는 것처럼 구름 속에서 필요한 컴퓨팅 자원을 쏙쏙 뽑아와 사람들이 사용할 수 있는 서비스를 만들어낼 수 있습니다. 클라우드 컴퓨팅을 사용하면 언제 어디서나 물리적인 제약을 받지 않고 서버에 접속해 서비스 환경을 구축할 수 있습니다. 또, 다른 사람과 함께 협업하기에도 편리하고, 서버를 유지하고 관리에 드는 비용도 절감할 수 있게 됩니다. 서비스가 커져서 환경을 더 크게 만들어야 할 때 클라우드 서비스를 이용하면 언제든지 서버 증설이나 업그레이드가 가능하다는 것도 큰 장점입니다.

내 서버가 미국에 있다고?

클라우드가 등장하기 이전까지는 컴퓨터 자원을 사용하려면 컴퓨터의 하드웨어, 소프트웨어, 데이터와 저장소를 직접 구매하여 관리해야 했습니다. 하지만 클라우드가 등장하면서 사용자는 보이지 않는 구름에서 컴퓨터 자원, 인프라와 서버를 가져와 사용할 수 있게 되었습니다. 구름 속에서 서버와 통신하며 인프라를 이용하고 데이터를 분산 처리하며 시스템의 내부적인 구조를 몰라도, 물리적인 컴퓨터를 볼 수 없어도, 클라우드 서비스에서 제공하는 다양한 컴퓨팅 환경을 이용할 수 있습니다. 여기서 말하는 구름 속은 "컴퓨터가 진짜 존재하지 않는다는 의미는 아닙니다." 우리가 빌려온 컴퓨터는 나와 멀리 떨어져 있는 어딘가에는 실물로 존재하고 있습니다.

[그림 9-1]
AWS가 지원되는
리전(지역) 및 국가

지원되는 리전 및 국가

PDF | RSS

현재 Amazon SNS는 다음 AWS 리전에서 SMS 메시지를 지원합니다.

리전 이름	Region	Endpoint	프로토콜
미국 동부(오하이오)	us-east-2	sns.us-east-2.amazonaws.com	HTTP 및 HTTPS
미국 동부(버지니아 북부)	us-east-1	sns.us-east-1.amazonaws.com	HTTP 및 HTTPS
미국 서부(캘리포니아 북부 지역)	us-west-1	sns.us-west-1.amazonaws.com	HTTP 및 HTTPS
미국 서부(오레곤)	us-west-2	sns.us-west-2.amazonaws.com	HTTP 및 HTTPS
아시아 태평양(뭄바이)	ap-south-1	sns.ap-south-1.amazonaws.com	HTTP 및 HTTPS
아시아 태평양(싱가포르)	ap-southeast-1	sns.ap-southeast-1.amazonaws.com	HTTP 및 HTTPS
아시아 태평양(시드니)	ap-southeast-2	sns.ap-southeast-2.amazonaws.com	HTTP 및 HTTPS
아시아 태평양(도쿄)	ap-northeast-1	sns.ap-northeast-1.amazonaws.com	HTTP 및 HTTPS
Canada (Central)	ca-central-1	sns.ca-central-1.amazonaws.com	HTTP 및 HTTPS
Europe (Frankfurt)	eu-central-1	sns.eu-central-1.amazonaws.com	HTTP 및 HTTPS
유럽(아일랜드)	eu-west-1	sns.eu-west-1.amazonaws.com	HTTP 및 HTTPS
Europe (London)	eu-west-2	sns.eu-west-2.amazonaws.com	HTTP 및 HTTPS
Europe (Paris)	eu-west-3	sns.eu-west-3.amazonaws.com	HTTP 및 HTTPS
Europe (Stockholm)	eu-north-1	sns.eu-north-1.amazonaws.com	HTTP 및 HTTPS
Middle East (Bahrain)	me-south-1	sns.me-south-1.amazonaws.com	HTTP 및 HTTPS

AWS(아마존 웹 서비스)^{Amazon Web Service}를 이용하게 되면, 어떤 나라와 리전(지역, region)의 서버를 빌릴 것인지 선택할 수 있습니다. 국가를 미국으로 선택하게 되면, 미국에 있는 컴퓨터를 빌려 사용하게 되는 것입니다.

그리고 엔드포인트^{Endpoint}란 동일한 '리전'에 있는 다른 AWS와 연결하기 위해 사용되는 주소입니다.

클라우드 컴퓨팅에서 제공하는 서비스를 이용하려면, 사용자는 최소한 인터넷으로 다른 컴퓨터에 원격 접속이 가능한 컴퓨터만 갖추고 있으면 됩니다. 사용자가 클라우드에서 개발할 프로그램, 데이터 처리, 서비스 등을 실행하는 컴퓨터는 서비스를 제공하는 클라우드 사업자 측에 설치 되어 서비스되기 때문에 필요한 소프트웨어나 서버, 데이터베이스 등의 구입 비용과 데이터를 축적하는 저장소 등이 사용자 측에서는 더 이상 신 경쓰지 않아도 된다는 의미입니다.

그렇다면 클라우드의 작동 원리는 무엇일까요? 클라우드 서버는 '가상화' 를 통해 구현됩니다. 가상화는 '가상'이라는 말처럼 '척'하는 기술을 말합 니다. 하나의 하드웨어를 여러 개처럼 동작시키거나 반대로 여러 개의 장 치를 묶어 하나의 장치인 것처럼 사용자에게 보여주는 방식입니다.

[그림 9-2]

맥에서 윈도우즈, 리눅스 서버를 사용하기

가상화는 하나의 컴퓨터에서 여러 운영체제가 있는 것처럼 사용할 수 있 게 해줍니다. [그림 9-2]처럼 MacOS에서 가상화를 통해 윈도우즈나 리 눅스 서버를 사용할 수도 있습니다. 창고가 하나 있는데 평소에는 다용도

실로 사용하지만 가끔 그곳에서 그림을 그린다면 원래는 창고이지만 일부 공간을 작업실로 사용할 수 있는 것과 같습니다.

- **하나를 여러 개처럼**

  예 하나의 물리 서버에 여러 가상 서버를 운영한다.

- **여러 개를 하나처럼**

  예 여러 개의 스토리지를 모아 하나의 가상 스토리지 풀을 구성한다.

- **없는 것을 있는 것처럼**

  예 동일 서버에서 가상 벽을 세워 여러 자원이 분리된 것처럼 구성한다.

- **있는 것을 없는 것처럼**

  예 서로 다른 곳에 존재하는 물리적인 네트워크는 우리 눈에 보이지 않는다.

'하이퍼바이저Hypervisor'라는 관리 소프트웨어가 물리적 서버에 설치되어 서버를 연결하고, 가상화하면 가상의 서버를 생성하게 됩니다. 이렇게 만들어진 가상의 서버는 하나의 조직, 또는 여러 조직에서 공동으로 사용할 수 있도록 클라우드를 통해 제공됩니다.

클라우드 서비스가 성숙기에 들어서게 된 이유 중 하나는, 다양한 스타트업의 등장입니다. 스타트업의 특성상 서비스를 자주 바꾸거나 아이디어를 빨리 서비스화해서 출시하는 것이 중요합니다. 아이디어를 사업화하기 위해서는 서버, 운영체제, 스토리지, 라이선스 등에 큰 자본이 필요하며 시스템 설치 및 관리를 위한 인력이 필요합니다. 이렇게 큰 초기 비용은 신생 회사들에게 부담으로 다가올 수 있으며, 이 때문에 좋은 서비스들이 싹도 피워보지 못한 경우가 많았습니다. 하지만 클라우드 컴퓨팅 서비스를 이용해 합리적인 비용으로 일체의 IT 환경을 클라우드에서 확보할 수 있게 되었습니다.

클라우드 서비스 종류

우리가 이용할 수 있는 클라우드 서비스는 서비스 제공자 혹은 개인(클라우드를 구매한 사람)이 직접 관리해야 하는 영역에 대한 차이로 나뉩니다.

On-Site	IaaS	PaaS	SaaS
애플리케이션	애플리케이션	애플리케이션	애플리케이션
데이터	데이터	데이터	데이터
런타임	런타임	런타임	런타임
미들웨어	미들웨어	미들웨어	미들웨어
운영체제	운영체제	운영체제	운영체제
가상화	가상화	가상화	가상화
서버	서버	서버	서버
스토리지	스토리지	스토리지	스토리지
네트워킹	네트워킹	네트워킹	네트워킹

■ 사용자 관리
■ 서비스 제공자 관리

[그림 9-3]
클라우드 컴퓨팅
서비스 종류

출처
https://www.redhat.com/ko/
topics/cloud-computing/iaas-
vs-paas-vs-saas

IaaS: 펜션

IaaS^{Infrastructure as a Service}에서의 인프라^{Infrastructure}는 서비스를 개발하기 위해 물리적으로 구성되는 요소들을 말합니다(네트워크나 데이터베이스, 서버, 클라우드 등). 이름에서 알 수 있듯이 IaaS는 어디까지나 '인프라'만 제공하는 서비스를 의미합니다.

IaaS는 요리를 할 수 있는 가스레인지나 조리도구 등의 기본적인 구성품만 제공하는 펜션과 같습니다. 펜션에 가면 가스레인지나 조리도구 외에 요리를 할 식재료와 양념, 기타 필요한 도구들은 직접 챙겨오고 요리도 직접해야 합니다. 이와 비슷하게 IaaS는 서비스를 할 애플리케이션, 서비스의 데이터, 서비스의 운영체제 등 서비스를 만들 때 필요한 도구들을 개발자가 직접 관리해주어야 합니다. 그 외 서버나 저장소, 네트워크 등이 구축된 컴퓨터를 빌려 쓰게 됩니다. 재료와 도구를 준비하는 사람마다 만들 수 있는 요리가 다양하겠죠? IaaS는 개발자가 직접 바꿀 수 있는 영역이 많아지므로 그만큼 자유도가 높다는 장점이 있습니다. 대표적인 서비스로는 AWS의 EC2가 있습니다.

PaaS: 게스트 하우스

PaaS^{Platform as a Service}는 보통 개발자들이 가장 많이 사용하는 형태의 클라우드 서비스입니다. 운영체제, 서버, 하드웨어, 네트워크 등을 고려할 필요 없이 개발자는 애플리케이션 개발 자체에만 집중할 수 있기 때문입니다. 소스코드만 짜고 빌드하면, 클라우드에서 컴파일하여 결과만 가져오는 방식으로 사용할 수 있는 서비스입니다.

PaaS는 조식을 제공하는 게스트하우스와 비슷합니다. 빵, 시리얼, 계란 등의 식재료가 준비되어 있고 게스트들은 조리만 하면 되는 것처럼 코드만 개발해서 바로 서비스를 올릴 수 있도록 리소스까지 포함되어 있는 플랫폼 형태로 클라우드가 제공됩니다.

대표적인 서비스로는 헤로쿠^{Heroku}, 구글 앱 엔진^{Google App Engine} 등이 있습니다.

SaaS: 호텔

SaaS^{Software as a Service}는 서비스까지 모든 것을 다 제공하는 형태의 클라우드 서비스를 말합니다. 설치조차 할 필요가 없고, 클라우드를 통해 소프트웨어를 제공합니다. SaaS는 세 가지 종류 중 가장 사용자 친화적인 서비스라고 할 수 있습니다. 컴퓨터를 잘 다룰 줄 모르는 사람도 쉽게 서비스를 이용할 수 있습니다. 사용자는 웹에 접속하여 서비스를 사용하기만 하면 되고, 소프트웨어의 유지 보수는 클라우드 제공자에서 모두 처리해주게 됩니다.

우리가 호텔에 가면 음식부터 편의시설(amenity)까지 모두 제공받고, 연박을 하더라도 청소를 해 주는 등 호텔에서 모두 관리해주죠? 이처럼 SaaS도 필요한 특정 기능의 소프트웨어를 통째로 빌려서 사용하는 것을 말합니다.

대표적인 예로는 마이크로소프트 오피스 365^{MS office 365}, 네이버 마이박스 ^{naver MYMOX}, 드롭박스^{Dropbox}, 구글 드라이버^{Google Drive} 등이 있습니다.

구름 속에 숨겨진 위험

클라우드 서비스는 초기 비용이 저렴하고 도입하기 쉬워, 많은 기업이 사용하고 있으며 2019년 통계 기업 등록부 자료에 따르면, 네 기업 중 한 곳은 클라우드 컴퓨팅을 사용하고 있다고 합니다. 클라우드 서비스가 업무의 효율화에 큰 도움을 주고 있다는 것은 누구도 부정할 수 없는 사실입니다. 하지만 클라우드 서비스가 장점만 존재하는 것은 아닙니다. 각종 장점으로 인해 사용률이 점점 높아지고 있는 추세이지만, 몇 가지 고려해야 할 단점이 있습니다.

일단, 많은 사람이 클라우드 컴퓨팅을 이용할 때 우려하는 것 중 하나는 '보안'에 관한 것입니다. 클라우드 서버가 해킹되면, 그 안에 저장된 개인 정보와 데이터가 한꺼번에 유출되는 대형 보안사고로 이어질 수 있기 때문입니다. 하지만 걱정과 다르게 현실적으로 대형 보안사고가 클라우드 서비스 내에서 발생하는 것은 쉽지 않습니다. 오히려 기업이 자체적으로 보안을 유지하는 것보다 아마존, 구글과 같은 대규모 글로벌 기업이 전문적인 인력을 통해 마련한 보안이 더 강력할 수도 있습니다. 클라우드 서비스를 제공하는 기업들은 각국 및 업계 보안 관련 규제를 더 충실히 따르기도 합니다.

클라우드와 일반 서버에서 보안사고는 '열차'와 '자동차' 사고로 비유되곤 합니다. 열차는 사고가 발생하면 대형사고로 이어질 수 있지만, 사고율 자체만으로 봤을 때 사용자 입장에서 자동차를 이용하는 것보다 훨씬 더 안전합니다. 보통 하나의 클라우드 계정에 여러 개의 클라우드가 존재하게 되는데, 하나의 계정을 해킹했다고 해서 그 계정이 가지고 있는 모든 클라우드 서비스를 해킹하기는 어렵습니다. 가상머신 간에도 방화벽이 존재하기 때문입니다.

그렇다면 진짜로 고려해야 할 클라우드 컴퓨팅의 단점에는 어떤 것이 있을까요?

초과 비용

클라우드 서비스는 상대적으로 저렴한 것이 많지만, 이용한 것만큼 비용을 지불하기 때문에 사용량을 잘 조절하지 않으면 직접 서버를 운용하는 것보다 더 많은 비용을 지불해야 할 수도 있습니다. 클라우드를 사용하는 기업에서 직원들이 정책을 무시하고 클라우드에 접속해 새 기기를 가동하고 사용하지 않을 때도 그냥 방치한다면 누적되는 비용이 커질 수 있습니다. 그렇기 때문에 작업을 하는 사람들이 작업을 하지 않을 경우 클러스터나 인스턴스를 끄고 서비스 규모에 맞는 컴퓨팅 자원을 빌려서 사용해야 경제적으로 사용할 수 있습니다.

서버의 안정성

우리가 개발한 서비스의 문제가 아니라, 아마존이나 구글 같이 클라우드를 제공하는 기업 자체에서 장애가 발생할 경우를 생각해봅시다. 실제로 AWS에서는 몇 번의 클라우드 중단 사고가 있었기도 합니다. 한 번은 블랙 프라이데이 직전에 AWS 키네시스 서비스에 장애가 발생해 많은 기업이 손실을 입기도 했다고 합니다. 그렇기 때문에 클라우드 서비스에 너무 의존한 서비스는 클라우드 제공 업체에서 장애가 있을 경우 큰 타격을 받을 수 있습니다. 큰 기업들은 이러한 문제에 대응하기 위해 자체 솔루션이나 API를 개발하여 클라우드에 독립적인 API를 거치도록 서비스를 마련합니다. 이렇게 되면 AWS를 이용하고 있다가 장애가 생기면 구글, 애저 같은 다른 클라우드 업체로 전환이 쉬워지게 됩니다.

서버의 일관성

AWS나 구글 등 클라우드 서비스는 아주 많은 종류의 서비스를 지원합니다. 서버를 담당하는 구성원은 AWS EC2, S3, RDS 등 서버 환경과 데이터 스토리지 관련 서비스를 이용할 수 있고 인공지능 모델링을 담당하는 구성원은 고성능의 컴퓨팅 자원을 빌려 쓸 수 있는 AWS 스팟 인스턴스 서비스를 사용하는 등 담당 부서마다 각기 다른 클라우드 서비스를 이용할 수 있습니다.

이렇게 많은 클라우드 서비스를 이용하고 있는 기업에서는 각 구성원마다 클라우드 서비스를 동일하게 이용할 수 있게 하는 규정 마련 등이 필요합니다. 어떤 문제가 발생했을 때 그것을 추적할 수 있어야 하는데, 많은 클라우드가 운용되고 있을 경우 이것은 쉽지 않습니다. 깃옵스^{GitOps}와 같은 플랫폼을 이용해 누가 서버 환경에 보안을 비활성화했는지, 규정을 준수하지 않았는지 등을 추적할 수 있어야 장애로 인해 소프트웨어가 멈추는 상황을 방지할 수 있습니다.

2. 언제, 어떤 클라우드를 사용해야 할까?

누구나 사용 가능한 클라우드 서비스를 '퍼블릭 클라우드 서비스'라고 합니다. 그리고 2020년 4분기 기준, 클라우드 서비스 시장 점유율은 AWS가 32%, 애저 20%, 구글 클라우드 플랫폼^{GCP, Google Cloud Platform}이 9%로, 위 세 개의 기업이 관련 시장의 대부분을 차지하고 있고 그 외에는 알리바바, IBM, 세일즈포스, 텐센트, 오라클 등의 기업이 클라우드 서비스를 제공하고 있습니다.

[그림 9–4]
AWS vs. 애저 vs. GCP

개인 사용자라면, AWS, 애저, GCP 중 어느 것을 써도 크게 상관은 없습니다. 하지만 각 기업에서 제공하는 클라우드 서비스의 종류가 많고 특징도 다양하기 때문에 언제, 어떤 상황에서 어떤 서비스를 이용해야 하는지 혼란이 올 수 있습니다. 그렇기 때문에 여기서는 세 개의 대표 클라우드 서비스의 특징을 살펴보고 어떤 서비스가 있는지 알아보겠습니다.

AWS vs. 애저 vs. GCP

AWS: "모든 종류의 서비스가 있지만, 각 서비스의 결합이 약하다"

AWS는 점유율 1위를 차지하는 만큼 고객사가 사용할 만한 종류의 서비스, 기술, 리소스를 모두 가지고 있다는 것이 장점입니다. 하지만 각 서비스 간의 결합이 생각보다 쉽고 편하게 되어 있지는 않다는 단점이 있습니다.

애저: "완벽한 end-to-end 솔루션을 공급하지만, 가용 공간이 부족하다"

애저는 오라클, SAP, VM ware 등의 다른 소프트웨어 대기업과 파트너십을 맺고 있는 것처럼 완벽한 end-to-end 솔루션을 제공합니다. 하지만 애저는 코로나19로 인해 용량이 부족해진 적이 있는 만큼 가용성 영역이 조금 부족하다는 단점이 있다고 합니다. 개인 개발자에게는 크게 해당이 되지 않는 단점일 수 있으나 가용 공간이 부족한만큼 개인 개발자에게는 조금 비싸게 느껴지는 건 단점이 될 수 있습니다.

> **end-to-end**
> 서비스 간의 연결을 위해 여러 단계를 거치지 않고 한번에 연결할 수 있는 것을 말한다.

GCP: "구글의 오픈소스 기술을 지원하지만 레거시 관리와 복잡한 플랫폼이 단점이다"

구글은 쿠버네티스, 텐서플로우 등 혁신적인 오픈소스를 개발하고 이를 클라우드 관리형 서비스로 제공합니다. 예를 들어 텐서플로우는 인공지능 모델을 쉽게 개발할 수 있는 프레임워크이며 GCP는 이를 클라우드에서 사용할 수 있도록 '코랩colab'이라는 클라우드 서비스를 제공합니다. 또 GCP는 BigQuery, 데이터프로크와 같은 빅데이터 제품도 클라우드 서비스로 제공하여 고성능 컴퓨터가 없이도 인공지능 및 데이터 분석 작업을 할 수 있게 제공해줍니다. 하지만 오래된 서비스의 관리와 사용하기 복잡한 플랫폼에 대한 가이드가 충분히 제공되지 않는다는 단점이 있습니다.

시장 점유율이 가장 높은 AWS

AWS는 시장 점유율이 가장 높은 클라우드 서비스입니다. 아마존에서 제공하는 서비스이며, 가상 컴퓨터를 제공하는 것을 넘어 컨테이너 기반의 EC2, EKS, 서버리스 컴퓨팅 람다 Lambda 등 다양한 컴퓨터 서비스를 제공합니다. 그리고 데이터 분석, 기계학습부터 데이터베이스, 스토리지, 네트워킹, 블록체인, 양자 컴퓨팅까지 다양한 분야의 서비스까지 제공합니다.

그리고 처음 계정을 만들면 1년 동안 '프리티어'라는 제도를 사용할 수 있게 됩니다. 일종의 평가판 같은 것으로 AWS의 다양한 서비스를 무료로 사용해 볼 수 있습니다.

- 계정 생성 후 1년간 아마존 EC2 t2.micro 750시간/월 무료
- 계정 생성 후 1년간 아마존 S3 5GB 무료
- 계정 생성 후 1년간 아마존 RDS db.t2.micro 750시간/월 무료
- 아마존 다이나모DB 25GB 무료
- AWS 람다 1백만 건/월, 최대 320만 초의 컴퓨팅 시간/월 무료

AWS 서비스 종류

AWS 서비스의 종류는 20개가 넘는 카테고리에 100개가 넘는 서비스가 제공되고 있습니다. 각 서비스는 모두 고유의 기능이 있어 이 서비스들을 조합해 다양한 비즈니스를 설계하고 운영할 수 있습니다. 그 중 대표적인 서비스를 몇 가지 소개하겠습니다.

[그림 9–5]

AWS 서비스 목록

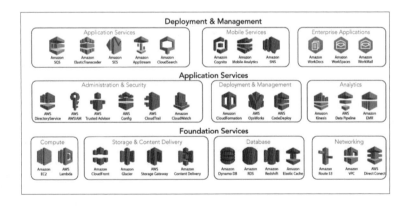

출처
https://ourtechplanet.com/
amazon-web-services-aws-
the-market-leader/list-of-
aws-services/

EC2

EC2^{Amazon Elastic Compute Cloud}는 AWS를 대표하는 컴퓨팅 서비스입니다. 쉽게 말해, 컴퓨터 한 대를 '임대'한다고 생각하면 됩니다. 리눅스, 윈도우즈 운영체제 환경의 컴퓨터 자원을 가상 서버로 제공하는 서비스입니다. 리눅스 서버의 경우 SSH로 직접 접속해 관리하게 되고, 일반적으로 사용하는 서버 컴퓨터 환경과 가장 비슷한 서비스라고 할 수 있습니다. 컴퓨팅 환경을 빌리는 것이기 때문에 필요한 것을 설치해 사용하는 것이 가능합니다. 그리고 네트워크 리소스, 컴퓨팅, 메모리 등의 옵션을 다양하게 제공하고 있기 때문에 서비스의 크기에 따라 필요한 자원만큼 빌릴 수 있다는 장점도 있습니다. 주로 웹 또는 애플리케이션의 '서버'로 많이 사용합니다.

> SSH(Secure Shell Protocol) 네트워크 프로토콜 중 하나로 컴퓨터와 컴퓨터가 인터넷과 같은 Public Network를 통해 서로 통신을 할 때 보안적으로 안전하게 통신을 하기 위해 사용하는 프로토콜이다.

RDS

RDS^{Relational Database Service}는 AWS의 데이터베이스 서비스입니다. 데이터베이스를 클라우드 형태로 제공하며, MySQL, SQL Server, PostgreSQL, 오라클, MariaDB 등 관계형 데이터베이스를 이용할 수 있습니다. 데이터베이스의 백업, 애플리케이션 등의 관리를 AWS가 자동으로 제공하기 때문에 데이터베이스를 쉽게 운영할 수 있다는 장점이 있습니다.

S3

S3^{Simple Stoage Sedrvice}는 AWS의 스토리지 서비스 중 하나입니다. 여러 가지 용도로 사용 가능한 범용적인 스토리지 서비스로 여러 데이터를 보관할 수 있고 정적 웹 사이트 호스팅 및 다양한 형태의 클라우드 서비스로 활용 가능한 만능 스토리지 서비스입니다. EC2 서비스에 스토리지 서버를 함께 두어도 되지만 S3는 특정 변경 없이 무제한 저장이 가능하기 때문에 안정적인 스토리지가 필요할 경우 많이 사용하는 서비스입니다.

키네시스

키네시스Kinesis는 AWS의 데이터 분석 플랫폼 서비스 중 하나입니다. 실시간 스트리밍하는 대량의 데이터를 저장하고, 분류하여 분석해주는 플랫폼 서비스로, 기계학습, 데이터 분석 및 기타 애플리케이션을 위해 비디오, 오디오, 로그, 웹 사이트 클릭 스트림 등에서 발생하는 실시간 데이터를 수집하여 분석할 수 있습니다.

람다

람다Lambda 서버 자체를 구성할 필요 없이, 필요한 코드만 실행할 수 있게 해주는 AWS 서비스입니다. 코드를 업로드하면 람다에서 코드를 실행, 확장하는 데 필요한 부분을 처리해줍니다.

AWS의 다양한 서비스를 조합해 서버 컴퓨터가 없어도 서비스를 개발해 실제로 런칭해볼 수 있습니다. 예를 들어, 개인 포트폴리오 웹을 다른 사람들도 접속할 수 있게 띄워 놓는다고 해봅시다. 개인 노트북이나 컴퓨터를 서버로 사용해도 되지만, 컴퓨터가 항상 켜진 채로 유지해줘야 하고 네트워크가 끊기지 않도록 관리해주어야 하는데 생각보다 쉬운 일이 아닙니다. 이럴 때 EC2 서비스를 한 개 빌려서 포트 4000번에는 백엔드 서버를 올리고 포트 5000에는 프런트엔드 프로그램을, 27017번에는 데이터베이스를 올리면 풀스택 서버를 하나 갖게 되는 것입니다. 하지만 EC2 같은 경우는 서버를 24시간 동안 켜놓게 되는데 그렇게 되면 비용과 자원이 낭비됩니다.

접속자가 적은 개인 홈페이지나 서비스의 경우는 사용자가 접속한만큼만 클라우드를 사용하는 것이 더 이득일 것입니다. 이러한 방식을 '온디맨드on demand'라고 합니다. 이럴 때는 AWS의 람다와 필요한 서비스를 사용해서 내 서비스에서 사용할 API 코드만 올려 서비스를 구성하면 됩니다. 예를 들어 데이터 CRUD 백엔드 역할을 해주는 AWS Appsync로 API 코드를 올리고 회원 인증 부분은 AWS의 Amplify, Cognito 서비스를 사용하는 식으로 서비스를 조합해 풀스택 서버를 구성할 수 있습니다.

3. 데이터 하나가 서버 10대에?
분산 환경 이야기

분산 컴퓨팅 환경을 영화 〈터미네이터〉에 비유하여 살펴보겠습니다. 영화 〈터미네이터〉는 제임스 카메론 감독의 SF 액션 영화입니다. 2029년 LA에 핵전쟁이 일어났다는 배경으로 미래에서 온 기계들과의 싸움을 그렸는데, 인류를 말살하기 위한 기계들과 소탕전을 벌인다는 내용의 영화입니다.

한 개의 로봇, 터미네이터 T-101

첫 터미네이터는 T-101이라는 이름을 가진 로봇이었습니다. 인간의 탈을 쓰고 사람들을 죽이는 역할을 합니다. 터미네이터 T-101은 중앙집중식 파워, 즉 하나의 코어를 가지고 있었습니다. 그렇기 때문에 T-101에 대해 잘 아는 적에게는 패하기 쉽습니다.

모든 것이 하나에 집중되는 중앙집중구조는 중앙(System Core)에 많은 부하가 걸리게 되고, 그 부하의 위험을 극복하고자 중앙을 보강하기 위해 더 많은 기술과 자원이 투자되어야 합니다. 아주 과거의 네이버와 구글 같은 포털 사이트도 한 개의 서버만으로 이루어져 있었습니다. 그렇기 때문에 하나의 서버에 장애가 발생하면 사이트를 통째로 이용할 수 없었습니다.

무한 개의 로봇, 터미네이터 T-1000

T-101 다음 버전의 터미네이터는 무한 개의 로봇으로 이루어진 액체금속 로봇 T-1000입니다. 액체금속 로봇은 어떤 공격에도, 어떤 상황에도 유연하게 대체할 수 있습니다. 그리고 T-1000은 어떤 모양으로도 변

할 수 있었기 때문에 T-1000을 막는다는 것은 거의 불가능했습니다. T-1000을 제거하기 위해서는 T-1000를 구성하는 모든 로봇을 동시에 공격해야 합니다.

[그림 9-6]
영화 속에 등장하는
터미네이터 T-1000

출처
영화 터미네이터의 한장면

만약 어떤 사이트의 서버가 몇 십, 몇 백 대로 이루어져 있다면 한두 개의 서버에 장애가 발생해도 다른 여러 대의 서버가 운영을 도와주기 때문에 서비스가 중지되지 않습니다. 서버를 중지시키려면 모든 서버에 한 번에 장애가 발생해야 하는데 그렇게 되기란 사실상 쉽지 않기 때문에 끊기지 않고 서비스를 운영할 수 있게 됩니다.

분산 컴퓨팅이란?

우리가 구글의 검색 서비스를 이용해서 검색하면 구글은 0.1초만에 우리가 찾고자 하는 내용을 아주 빠르게 결과로 내어줍니다. 검색엔진은 많은 연산을 필요로 하게 되는데, 우리가 검색한 내용을 하나의 컴퓨터에서 연산해서 결과를 내어주는 것이 아니라 여러 대의 컴퓨터가 동시에 내가 검색한 정보를 찾기 위해 고군분투하여 결과를 찾아주기 때문입니다. 그래서 우리는 좋은 결과를 아주 빠른 속도로 얻을 수 있습니다. 만약 검색 결과를 처리하기 위해 한 대의 서비스만 이용한다면, 결과는 좋은 대신 결과를 받는 데까지 걸리는 시간이 매우 길 것입니다. 이렇게 큰 연산량을 아주 빠른 속도로 처리할 수 있게 해주는 것은 '분산 컴퓨팅Distributed computing'이라는 기술이 있기 때문에 가능한 것입니다.

311

가령, 100평의 땅에 모내기를 해야 한다고 생각해 봅시다. 한 명이 10평에 모를 심으려면 한 시간이 걸린다고 한다면, 한 명이 100평에 모를 모두 심으려면 총 10시간이 걸리게 됩니다. 하지만 10명이 모이면 단 한 시간만에 100평의 땅에 모를 심을 수 있습니다. 이처럼 분산 컴퓨팅은 한 대의 컴퓨터가 처리하기에 많은 양의 연산을 여러 컴퓨터에 나누는 것입니다.

분산 컴퓨팅이란, 인터넷에 연결된 여러 컴퓨터의 처리 능력을 이용해 거대한 문제를 해결하는 시스템을 말합니다. 서비스가 있을 때, 서비스를 구성하는 모든 기능과 인프라를 하나의 시스템에 넣는 것은 효율적이지 못합니다. 다른 나라에 있는 사용자의 경우 항상 먼 거리를 통해 집중화된 네트워크에 접근하게 되는데 이는 네트워크 병목현상을 초래할 수 있습니다. 이러한 문제점으로 인해 '분산 처리(또는 병렬처리)'라는 개념이 등장하게 되었습니다.

분산 컴퓨팅이 필요한 이유를 정리해 보자면 다음과 같습니다.

> 병목현상(bottleneck)
> 큰 차로에서 작은 차로로 줄어들 때 발생하는 교통 체증과 같이 담을 수 있는 데이터 양에 비해 많은 양의 데이터가 들어옴으로써 성능이 제한되는 것을 말합니다.

고성능(High-Performance)

한 대의 컴퓨터가 처리하기에 많은 양의 연산을 여러 컴퓨터의 CPU, 디스크, 메모리 등의 자원을 병렬로 연결해 처리하면 성능이 향상됩니다.

장애 허용(Fault Tolerance)

두 개의 컴퓨터가 같은 일을 할 때, 그 중 한 대가 실패했을 경우 다른 한 대가 수행이 가능하기 때문에 일부에 결함 또는 고장이 나더라도 정상적으로 기능을 수행할 수 있게 됩니다.

물리적인 이유(Physical Reason)

여러 나라의 사람이 접속하는 서비스의 경우 여러 나라에 서버를 배치함으로써 병목현상을 막을 수 있습니다.

보안(Security)

보안상에 문제가 발생할 때, 서로 다른 권한, 프로토콜에 따라 다르게 배치할 수 있습니다.

분산 컴퓨팅을 사용하지 않는 이유

하지만 대규모 서비스를 운영하는 환경이 아니라면 분산 컴퓨팅을 구성하지 않는 것이 좋습니다. 어쨌든 분산 컴퓨팅을 사용하게 되면 더 좋은 성능을 경험할 수 있는데 왜 분산 컴퓨팅을 사용하지 말라고 할까요?

분산 컴퓨팅에는 컴퓨터의 각 파트 간에 복잡하게 연결되어 있는 부분이 있습니다. 그리고 시간에 의존적인 기능도 있습니다. 그렇기 때문에 하나의 컴퓨터에서 잘 수행되었던 기능도 분산 컴퓨팅에 올리면 예상하지 못한 부분에서 실패를 겪을 수 있습니다. 또 여러 대의 분산 컴퓨터 중에 몇 개는 성공하고 몇 개는 실패할 수도 있습니다. 그러므로 여러 작업을 동시에 수행할 때 기능적이 부분, 시간에 따른 스케줄링 부분을 섬세하게 고려해주어야 하기 때문에 단일 컴퓨터 프로그램을 만들 때보다 훨씬 더 복잡하고 수고가 많이 들게 됩니다.

순서대로 진행해야 하는 작업의 경우, 즉 순차적인 부분이 많을수록 코어가 아무리 많아도 다른 코어가 끝날 때까지 기다려야 합니다. 그리고 자원을 공유해야 할 경우도 주의해야 합니다. 예를 들어 계좌에 10만 원이 있는데 6만 원을 입금하고 2만 원을 출금하는 작업을 동시에 처리한다고 생각해봅시다. 이 작업을 두 개의 프로세서가 동시에 처리할 때 하나의 프로세서에는 10만 원에 2만 원을 출금해 8만 원이 되고, 다른 프로세서에는 10만 원에 6만 원이 입금되어 16만 원이 됩니다. 원하는 결과는 14만 원인데, 8만 원이나 16만 원 중 결과를 선택해야 하는 상황이 발생합니다. 이러한 상태를 두 프로세서가 자원을 가지려고 경쟁하는 상태^{Race} ^{Condition}가 됩니다. 이 부분을 철저하게 처리하지 않으면 심각한 오류를 야기하게 됩니다.

또 10대의 컴퓨터를 이용한다고 해서 성능이 10배가 좋아지는 것은 아닙니다. 여러 작업을 수행하는 중간중간 지연^{delay}이 생기기 때문입니다. 그리고 분산 컴퓨팅을 위한 프로그램을 잘못 만들면, 싱글 컴퓨터를 사용할 때보다 더 속도가 느려질 수도 있습니다. 자원 공유 등에서 서로 다른 프로세서가 충돌하게 되면 락^{lock}을 거는 등 여러가지 지연 상황이 있고 잘 처리되지 않는다면 부하가 걸리게 되기 때문입니다.

9장을 마치며

인터넷을 사용하는 사용자들의 트래픽이 많아지면서 서버는 트래픽을 감당하기 위해 분산 컴퓨팅을 이용하게 되었습니다. 또, 빅데이터 시대가 도래하면서 사용자들이 생성하는 많은 양의 데이터를 처리하기 위해서도 분산 처리 기술이 사용됩니다. 클라우드가 등장하기 이전에는 TB, PB급 대용량 데이터를 처리하려면 고속 CPU와 대용량 메모리가 탑재된 컴퓨터가 필요하였으나 클라우드를 이용해 데이터를 여러 서버에 나누어 병렬로 처리할 수 있게 되었습니다.

이 장에서 살펴본 것처럼 클라우드의 등장으로 인해 개발자들은 고성능 컴퓨터를 구매할 수 없다거나 서버를 관리하기 힘들거나 하는 등의 물리적인 한계를 넘어 어떤 것이든 개발을 할 수 있게 되었습니다.

```
      content: "";
      content: none;
}
table {
      border>collapse: collapse;
      border~spacing: 0;
}
button, input, select, textarea { margin: 0 }
focus { outline: 0 }
a:link { -webkit-tap~highlight—color: *#FF5E99 l
img, video, object, embed {
      maxwidth: 100%;
      height: auto'important;
}
iframe { max—width: 100% }
blockquote {[
      font-style: italic;
      font-weight: normal;
      font-family: Georgia,Serif;
      font-size: 15px;
      padding: 0 10px 20px 27px;
      position: relative;
      marginvtop: 25px;

blockquote:after {
      position: absolute;
      content: '"-

}
bight: 1.5:
```

콘솔창에 "Hello World!"를 출력하는 것부터 시작해 몇 백, 몇 천 줄의 코드를 작성할 수 있는 프로그래머가 되기까지 꽤나 힘들고 지루한 시간을 견뎌내며 주니어 개발자들은 시니어 개발자로 성장하게 됩니다. 하나의 언어, 하나의 프레임워크, 하나의 직군(프런트엔드, 백엔드, DBA 등)의 사이클을 크게 돌며 어떤 기술을 안다고 말할 수 있을 때까지도 많은 경험과 공부가 필요하게 됩니다.

하지만 개발자들은 그렇게 하나의 사이클을 완수한 후에도 다져 놓은 지식들로 편하게 일하지 않고 또 다시 다른 기술을 공부하며 지식을 습득하곤 합니다. 아주 빠르게 성장하는 IT 시장에서 살아남기 위해 필요한 것은 당장 하나의 기술에 능숙한 것이 아닌, 언제든 새로 배울 수 있는 자세이기 때문입니다. 대체 무엇이 개발자들을 공부하게 하며 쉬지 못하게 만드는 것일까요? 또, 계속 성장하는 개발자가 되려면 어떤 것을 알아야 할까요?

이 장에서는 성장하는 개발자가 되기 위한 마음가짐과 약간의 팁을 알아보겠습니다.

1. 혼자서 개발하는 방법

"소프트웨어는 녹이 슨다."

개발을 잘 알기 전에는 개발하면 끝나는 줄 알았습니다. 클라이언트나 사용자로부터 요구사항을 받아 기능을 구현하면 일이 마무리되는 줄 알았죠. 서버를 끄지 않는 한, 가만히 있는 프로그램이 왜 죽는다고 하는 것일까요? 이와 관련된 아주 좋은 글이 있어 인용해보겠습니다.

이상한 얘기이지만 소프트웨어는 가만 냅두면 녹이 슨다. 소프트웨어 개발자가 이런 얘기를 하다니 정말 전문성이 떨어지는 느낌이다. 하지만 소프트웨어를 냅두면 녹이 슨다고 하면 오히려 소프트웨어 개발자들이야말로 강하게 동감할 것이다.

소프트웨어는 언제나 망가져 있다. 수사적 표현이 아니라, 기술적으로 그러하다. 소프트웨어는 다양한 방법으로 망가질 수 있는데 이는 매우 당연한 것이다. 왜냐하면 소프트웨어는 완전히 망가져 있는 상태에서 약간 덜 망가진 상태로 수리되면서 태어나기 때문이다. 좀더 정확히 말하면, 원래 자연 상태에서는 소프트웨어라는 것이 있지도 않으며 이것이 내가 '완전히 망가진 상태'라고 하는 것이다. 이것이 자연의 디폴트 상태라고 보면 모든 소프트웨어가 언제나 상당히 망가져 있다는 주장은 크게 이상할 것도 없는 얘기다.

언젠가 "가만히 냅뒀는데 왜 서버가 죽어요?"라는 질문도 들었다. 나는 "가만히 냅두니까 죽은 겁니다"라고 대답해 주었다. 스스로 코드를 변경시키는 소프트웨어는 거의 없다. 대부분의 코드는 사람이 직접 짜는 것이다. 소프트웨어는 대량 복제되지만 코드는 대량 생산되지는 않는다. 소프트웨어는 변하지 않아도 그걸 쓰는 사람들은 변한다.

내 소프트웨어는 변하지 않았어도 다른 사람들이 만든 소프트웨어는
자꾸 바뀐다. 소프트웨어 세계는 상호운용성이 중요하므로 가만히 있
으면 소프트웨어는 고장난다. 자고 일어날 때마다 한국어 억양이 계속
바뀐다고 생각해보라. 한 달이 지났더니 나만 서울말을 하고 다른 사람
들은 모두 평양말을 한다. 두 달 지났더니 연변말을 한다. 일 년이 지났
더니 일본어처럼 되었다. 나만 서울말을 한다. 소프트웨어 세상은 그런
식이다. 다만 서울말이 일본어가 된다고 더 좋아질 것도 없는 반면 소
프트웨어 세상의 말, 프로그램 인터페이스는 조금씩 좋아진다. 그걸 잘
따라가면 적은 말로도 많은 것을 더 정확히 할 수 있게 된다.
소프트웨어가 바뀌지 않아도, 소프트웨어의 어디가 망가져 있는지에
대한 정보 역시 업데이트된다. 시간이 지나면 알려진 결함이 쌓인다.
그때그때 얼른 고쳐주지 않으면 마치 사람이 나이가 들며 병이 드는 것
마냥 소프트웨어가 버그가 많아져 쓸 수 없게 되는 것을 볼 수 있다.

"소프트웨어는 녹이 슨다"
– https://blog.hongminhee.org/2014/04/13/82482810330/

사람들은 끊임없이 '더 나은 것' '더 좋은 것' '더 혁신적인 것'을 원합니다.
그렇기 때문에 모든 기술과, 기술의 근간과, 이론이 되는 것은 시대에 맞
춰 변화합니다. 그리고 특히 'IT 산업'은 아주 빠른 속도로 변화하고 있는
시장이기도 합니다. 프로그래밍 언어, 라이브러리, 프레임워크, 그 외 툴
등은 주기적으로 버전을 업데이트하고 지속적으로 개선사항을 반영하고
있습니다. 또 어떤 패러다임을 넘어서는 새로운 기술이 아주 빠르게 등장
하기도 합니다(동시에 빨리 사라지기도 합니다).
이러한 이유로 기술의 변화를 좇지 않으면 인식하지 못하는 사이 도태될
수도 있습니다. 스티븐 코비Stephen Covey의 〈성공하는 사람의 7가지 습관
(2017년)〉이라는 책에서 "침몰하는 배 위에서 갑판 의자만 고치지 마라"
라는 구절이 있습니다. 배가 침몰하는데 갑판 의자를 고치는 사람은 자기
가 타고 있는 배가 어디로 움직이는지에 대해 관심이 없거나 자기가 타고
있는 배가 아주 안전하다고 생각하는 사람이라는 뜻의 구절입니다. 갑판

의자만 고치는 사람이 아니라 침몰하는 배에서 탈출할 수 있는 사람이 되려면 성장을 위해 내 주위 환경과 스스로를 유기적으로 연결할 수 있어야 합니다. 그래야 내가 만든 소프트웨어에 긴 생명을 줄 수 있는 사람이 될 수 있을 것입니다.

개인마다 자기계발을 위한 방법과 스타일이 다를 수 있지만, 주로 많은 개발자가 자기계발을 위해 하는 방법으로는 문서 읽기, 책 읽기, 개발 스터디, 컨퍼런스, 사이드 프로젝트, 블로그, 개발 뉴스 구독 등이 있습니다. 이 장에서 소개할 내용은 어디서부터 어떻게 자기계발을 해야 할지 모르겠다는 분을 위한 이정표가 되어줄 수 있는 내용으로 구성했습니다. 가벼운 마음으로 읽고 당장 실천할 수 있는 것부터 시작해봅시다. 나만의 자기계발을 위한 나만의 방법을 찾으면 더더욱 좋고요.

성장을 위한 필요충분 조건

[그림 10-1]
개발 공부를 위한 이정표

개발 공부를 위한 이정표 1: 목적을 분명하게

일단 어떤 언어를 배우고 어떤 개념에 집중할 것인지를 정합니다. 어떤 언어로 시작하든 크게 상관은 없지만, 분야에 따라 쓰이는 프로그래밍 언어가 다르기 때문에 분야를 좁히는 것부터 시작합니다.

분야에 따른 프로그래밍 종류와 프로그래밍의 특징은 2장을 참고하자.

개발 공부를 위한 이정표 2: 이론을 구현하는 주기는 짧게, 많이

처음 프로그래밍을 시작할 때 책이나 표준 라이브러리 공식 문서를 통해 선택한 언어와 프레임워크에 대한 기본 개념(문법, 라이브러리 사용법, 패턴의 구성요소)을 배우게 됩니다. 두꺼운 책과 방대한 문서를 처음부터 끝까지 읽었음에도 간단한 프로그래밍 하나도 버거움에 당혹스러울 수 있습니다. 우리가 수학 공식을 안다고 해서 바로 응용 문제에 적용할 수 없는 것과 같습니다.

계산기나 문자열 출력 같은 간단한 프로그램도 괜찮습니다. 어떤 개념을 접하면 바로 바로 실체화하는 것이 중요합니다. 튜토리얼을 따라 해보는 것도 좋은데, 튜토리얼을 따라 하면서 내용을 익히고 어떻게 응용해볼 것인지를 생각하면 좋습니다. '하나의 개념을 익히고, 하나의 개념을 구현하는' 과정을 반복하면 책을 덮을 때쯤 만든 프로그램이 별게 아닐지라도 몇 십, 몇 백 개가 쌓여 있는 것을 보며 뿌듯해봅시다. 처음 부분을 까먹었을까 염려하지 않아도 됩니다. 몸으로 익힌 코드는 다시 금방 생각나니까요.

게임을 할 때 이 스킬을 써보고 저 아이템을 써보며 게임을 몸소 익히는 것처럼 프로그래밍을 할 때도 이리저리 시도해봅니다. 사칙연산을 구현하는 예제를 익혔으면 예제나 책을 보지 않고 계산기를 구현해보기도 하고 가계부도 구현해봅시다. 구현되지 않아 끙끙 앓아도 구현해낸 결과물이 동작하는 상태가 될 때까지 시도해봅시다. 이 과정이 한낱 점에 불과해 보여도 점들이 모여 실력의 상승 곡선을 만들어낼 것입니다.

그리고 단순 개념과 기본 문법을 떠나 좀 더 고급 개념을 익힐 때 내용이 바로 읽히지 않을 수도 있습니다. 내가 배운 것은 연산문, 반복문, 조건문 뿐인데 갑자기 객체지향이라는 개념이 나오면 어렵게 느껴질 것은 당연합니다. 어려운 개념이 당장 읽기가 힘들다면 쉽게 정리된 블로그를 통해 이해해도 괜찮습니다. 그리고 나중에 그 개념이 와닿았을 때 정확한 정보를 담은 책이나 표준을 통해 내가 잘 이해했는지 블로그에서 본 내용이 맞는지 점검하는 과정을 가져봅시다.

'복붙'도 이해가 필요하다

개발을 할 때 '구글링'과 '스택오버플로우'만 있으면 막힘없이 개발이 가능하다고 합니다. 완전히 신기술이 아니고서야 나와 같은 고충(버그, 오류 등)을 겪은 사람이 있고 그 사람의 시행착오를 구글링을 통해 알 수 있기 때문입니다. 그리고 정말로 가능합니다. 구글링과 스택오버플로우만 있으면 코딩을 할 수 있습니다. 하지만 이해가 선행되지 않고 '복붙(복사하고 붙여넣기)'한 코드는 나와 팀의 전체 소스코드를 꼬여버린 실타래처럼 만들 수 있다는 것을 기억하고 있어야 합니다. 태엽 하나에 작은 돌멩이가 껴서 전체 태엽이 돌아가지 않을 수도 있는 것처럼요. 스택오버플로우에 나와 같은 버그를 겪고 질문을 올린 사람의 코드가 내 코드의 변수나 모듈 구조가 모두 동일할 순 없으니까요.

어떻게 해결했는지 방법을 읽고, 이해한 뒤 내 코드에 맞게 적용하는 것이 중요합니다. 내가 찾은 방법이 내가 사용하고 있는 언어와 라이브러리의 버전에 사용할 수 있는지도 확인해주어야 합니다. 사용하려는 기능이 이미 Deprecated된 것일 수도 있기 때문이죠(정말 비일비재합니다).

처음 개념을 공부할 때 라이브러리 문서를 보면서 함수와 라이브러리를 '어떻게' 사용할 것인지에 집중할 것입니다. 이후 라이브러리 사용이 익숙해졌으면 다음과 같이 좀 더 고차원적인 개념을 이해하는 데 집중하면 도움이 될 것입니다.

- 이 함수는 내부적으로 어떻게 동작할까?
- 이 라이브러리의 인자는 왜 이렇게 받으며 순서는 왜 이렇게 정해져 있을까?
- 이 라이브러리의 추상화 정도는 왜 이 정도로 정해졌을까?

> **Deprecated**
> 해당 클래스나 메서드 등이 더 이상 사용되는 것을 권장하지 않는다는 것을 의미한다. 버전이 업데이트되면 더 이상 사용하지 못하는 기능이 될 것이라는 뜻이다.

321

개발 공부에 대한 감을 찾자

정보를 얻기 위해, 실력을 쌓기 위해 단순히 마음가짐을 갖는 것만으론 부족합니다. 직접 학교나 학원, 인터넷 강의를 찾아보고 나에게 필요한 공부를 '습관화'하는 것이 중요합니다. 당장은 어디서부터 어떻게 해야 할 지 몰라도 작은 개념부터 하나씩 습득하고 큰 기술을 하나 가져봅시다. 예를 들어 '인공지능' 분야를 공부하고 싶다면 기본 개념으로는 확률과 통계, 선형 대수 등 약간의 수학적 개념이 필요하며 언어는 파이썬을 익혀야 합니다. 그리고 파이썬의 여러 라이브러리(numpy, pandas, scikit-learn)나 텐서플로우, 케라스, 파이토치와 같은 딥러닝 프레임워크를 사용할 수 있고 영어로 딥러닝 관련 논문을 읽을 수 있어야 합니다. 그럼 이후 다른 기술을 배울 때는 이 기술을 위해 어떤 개념을 알아야 하며 어떤 공부부터 시작해야 하는지 알 수 있어 기술을 습득하는 속도가 빨라질 것입니다.

그리고 개발 커뮤니티를 살펴보고, 다른 사람이 개발할 때 어떻게 공부하는지, 어떻게 코드를 작성하는지 등을 보고 개발 문화를 익혀봅시다. 그렇게 되면 어떤 기술에 대한 큰 그림을 그릴 수 있고 필요한 부분이 무엇인지 탐색할 수 있습니다. 기술에 대한 큰 그림을 잡을 수 있게 되면 어려움이 닥쳤을 때 어떻게 해결해야 할지 알 수 있고 필요한 것들을 키워드로 잘 검색하는 방법 또한 알 수 있게 됩니다.

2. 함께 개발하는 방법

개발자에게 네트워킹(인맥)은 중요할까?

개발하는 방법, 오류나 버그 처리 등의 개발 기법에 관해서는 구글링을 하면 됩니다. 굳이 다른 사람을 만나지 않아도 그 부분은 해결이 가능하다는 것입니다. 하지만 사람들은 왜 개발 스터디에 참여하거나 네트워킹이 중요하다고 하는 것일까요?

나와 다른 스타일을 발견하고 생각을 확장할 수 있다

같은 언어로 같은 기능을 구현한 사람일지라도 코드 스타일이 전혀 다를 수 있습니다. 다른 사람의 코드를 서로 공유하고 나와 다르게 생각한 로직을 이해하며 생각을 더 확장할 수 있다는 점에서 다른 사람과 커뮤니티에 참여하는 것은 생각보다 중요합니다. 아직 접해보지 않았거나 나와 다른 개념을 배우는 데도 큰 도움이 될 것입니다. 하나의 언어는 언어 발명자가 만들었거나 그 스타일을 따르는 소수의 사람들이 작성합니다. 가장 그 언어스러운 코드들의 뭉치인 것입니다. 자바로 C와 비슷한 스타일의 코드를 만들 수도 있습니다. 그 언어의 스타일을 따라야 하는 것은 맞지만 언어를 사용하는 사람마다 방법이 다를 수 있다는 이야기입니다. 따라서 다른 사람의 스타일을 살펴보고 나와 어떤 점이 다른 지 비교하면 실력이 향상할 수 있는 기회가 됩니다.

여러 소식을 접할 수 있다

또 정보가 중요한 이 시장에서 여러 소식을 접하기에도 네트워킹만한 것이 없습니다. 오프라인으로 개발 네트워킹에 참여하는 것이 어렵다면, 인터넷의 개발 커뮤니티에 질문을 올리거나 댓글로 토론을 하는 것도 한 방법이 될 것입니다.

견해를 나눌 수 있다

개발을 하다보면, 어떤 개념에 대해 자신만의 가치관이 생기게 됩니다. 예를 들어, 개발을 하다 보니 사용자 모듈을 정의할 때 캡슐화하고 추상화 하는 것이 중요하다는 것을 깨달았다고 해봅시다. 때문에 '동적 언어'를 사용할 때 데이터를 엄격하게 정의하고 유효성 검사를 철저히 하자고 다짐하였는데, 이렇게 생각하는 것이 맞는지 문득 궁금해질 때가 있습니다. 생각한 가치관에 대한 절대적인 답이 없을 때 다른 사람들은 어떻게 생각하고 있는지 의견을 나누면 평소에 궁금했던 점을 해소할 수 있고 내 가치관을 돌아볼 수 있는 계기가 될 수 있습니다. 그리고 자신이 코드를 잘 짜고 있는지, 맞는 가치관을 가지고 있는 것인지 점검해볼 수도 있다는 점에서도 중요합니다. 잘못된 견해를 가지고 있으면 점점 그것이 굳어져 다른 사람과 협업을 할 때 어려움이 있을 수도 있기 때문입니다.

> **동적 언어**
> 컴파일 시 데이터의 타입을 정하는 것이 아니고, 실행 할 때에 지정하는 언어. 따라서 타입 없이 변수를 선언할 수 있다.

함께 개발하는 방법은 무엇인가?

코드 리뷰

내가 코드를 맞게 짰는지, 더 효율적이게 짤 수 없는지 점검을 받고 싶을 때가 있습니다. 그럴 때 다른 사람에게 '코드 리뷰'를 요청할 수 있습니다. 코드 리뷰란, 다른 개발자에게 코드를 점검하고 피드백을 주는 과정을 말합니다. 여기서 피드백이란 오타나 버그 가능성부터, 개발의 표준을 따르고 있는지, 기술적인 지식과 노하우, 로직의 효율성 등에 대한 것을 말합니다. 코드 리뷰를 통해 다른 사람의 피드백을 통해 배울 기회를 얻게 되고, 언어와 프레임워크의 기본 철학을 이해하고 그에 맞는 방식으로 코딩할 수 있는 법을 배우게 됩니다.

도움을 요청할 사람이 없다면, 특정 언어 그룹 커뮤니티나 개발 커뮤니티에 리뷰 또는 깃허브 풀 리퀘스트Pull Request를 요청해 봅시다. 그리고 리뷰를 요청할 때는 내 컴퓨터의 환경, 언어와 라이브러리의 버전 등을 명확하게 명시해 리뷰어에게 제공해야 합니다. 그리고 리뷰를 해주는 입장이

> https://docs.github.com/ 에서 'creating a full request'라고 검색하자.

라면 '로우 컨텍스트 커뮤니케이션Low Context Communication'을 지향하여 리뷰를 해야 합니다. 로우 컨텍스트 커뮤니케이션이란, '내가 알고 있는 것을 상대방도 알고 있을 것이라고 가정하지 않는 것'을 말합니다.

[그림 10-2]
깃허브 풀 리퀘스트의 예

출처
https://www.researchgate.net/
figure/An-example-Github-
pull-request-667-from-junit-
team-junit-edited-for-space-
The_fig1_266656199

온라인 커뮤니티 토론

개발은 광대한 분야이기 때문에 다른 개발자와 커뮤니티를 형성하고 네트워킹을 하는 것이 중요합니다. 혼자서 얻을 수 없는 다양한 정보와 견해를 주고받을 수 있기 때문입니다.

앞서 언급한 것처럼, 다른 개발자와 네트워킹을 통해 개발 관련 최신 정보를 나누고, 서로 다른 견해를 나누거나 코드 리뷰 등의 조언을 얻는 것은 중요합니다. 하지만 현실적으로 직접 사람을 만나는 것이 힘들다면, 온라인 커뮤니티를 통해 다른 개발자와 의사소통과 아이디어, 정보를 교환할 수 있습니다. 또 온라인을 통해서는 전 세계의 개발자와 소통할 수도 있기 때문에 더 다양한 정보와 견해를 얻을 수 있다는 장점도 있습니다. 그렇다면 개발 관련 온라인 커뮤니티에는 어떤 것이 있을까요?

325

스택오버플로우

스택오버플로우는 전 세계의 개발자가 가장 많이 애용하는 개발 커뮤니티입니다. 2021년 기준, 약 470만 명의 개발자가 이용하고 있으며 월 10억 명이 방문하고, 2,100만 개 이상의 질문이 등록되어 있다고 합니다. 자신의 코드에서 문제가 있는 점을 질문하고, 다른 개발자가 이를 답변할 수 있는 커뮤니티입니다.

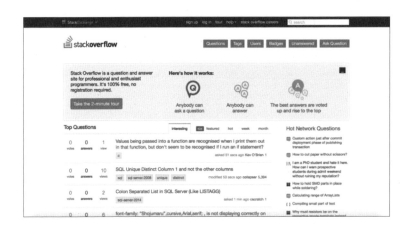

[그림 10-3]
스택오버플로우

출처
https://stackoverflow.com/

안드로이드, 리눅스, 웹, 앱, 게임, 데이터베이스 등 거의 모든 분야에 대해서 Q&A 카테고리가 나누어져 있고 투표, 배지 및 구인 목록 등과 같은 기능도 제공합니다. 아마 개발하면서 내가 겪고 있는 오류를 구글에서 검색하면 상단에 이 사이트가 노출되어 많이 접했을 것이라고 생각합니다. 내 코드와 오류 메시지를 올리고, 환경과 버전을 명시하고 문제를 올리면 다른 개발자가 수정할 사항을 발견하고 답변을 줍니다. 스택오버플로우는 'Pay If Forward' 문화를 지향하고 있는데, 이는 감사 인사 대신 다음에 다른 누군가를 도와주라는 뜻입니다.

[그림 10-4]
스택오버플로우에
올린 질문

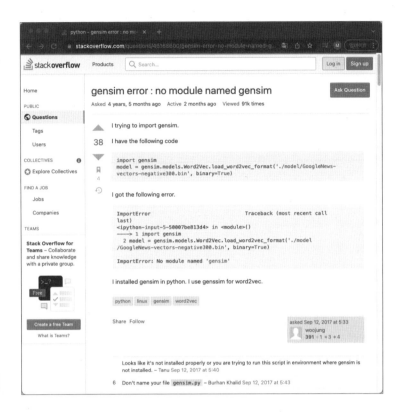

여기서 잠깐!

재미로 보는 스택오버플로우 탄생 일화

스택오버플로우는 2008년에 제프 앳우드(Jeff Atwood)와 조엘 스폴스키(Joel Spolsky)가 프로그래머들에게 길잡이가 되는 사이트를 만들자는 목적으로 시작되었습니다. 헨젤과 그레텔이 길을 잃지 않도록 빵조각을 놓았듯이 프로그래머들이 자신의 실수를 반복하지 않도록 스택오버플로우에 빵조각을 흘려 놓으라는 의미로 만든 것이라고 합니다.

제프 앳우드는 17살때부터 해킹 프로그램을 스스로 만드는 등 소위 말하는 '천재 개발자'였습니다. 당시 제프 앳우드는 '코딩 호러(Coding Horror)'라는 블로그를 운영하고 있었습니다. 블로그에 조엘 스폴스키에 대해 "Has Joel Spolsky Jumped the Shark?(조엘은 한물가기 시작했다?)"라는 등의 비판글도 올렸다고 합니다. 하지만 아이러니하게도 제프 앳우드는 조엘 스폴스키에 대한 비판글을 쓰는 과정에서 오히려 조엘 스폴스키의 생각과 아이디어에 점점 반해버렸다고 합니다.

조엘은 자신의 블로그에, 구글에 모르는 것을 검색해도 제대로 된 답변을 찾기 쉽지 않으며 개발자들이 직접 참여하는 개발 질의응답 사이트가 있으면 어떨까 하는 아이디어를 작성합니다. 이를 보고 제프 앳우드는 곧장 조엘에게 연락을 하고, 2008년 여름 내내 이 사이트를 만들어 8월에 배포하게 됩니다. 그리고 개발자들은 이 사이트를 매우 사랑하게 되었고 현재까지도 개발 커뮤니티라고 하면 가장 먼저 떠올리게 되는 사이트가 되었습니다.

제프 앳우드가 쓴 〈코딩 호러의 이펙티브 프로그래밍(Effective Programming - More Than Writing Code(2013년))〉이라는 책이 있습니다. 스택오버플로우의 가치관과 코드를 대하는 그의 자세를 엿볼 수 있으니 한번 읽어보는 것을 추천합니다.

OKKY

스택오버플로우가 전 세계에서 가장 큰 개발 커뮤니티라고 하면, 국내에서 가장 큰 개발 커뮤니티는 OKKY라고 할 수 있습니다. 일단 한국어로 질문과 답변이 가능하고 다양한 스펙트럼의 개발자들이 답변을 달아줍니다. 질문과 답변 외에도 IT 행사, 포럼, 기술 서적 등의 정보도 얻을 수 있고 모임과 스터디 인원을 구할 때도 이용할 수 있습니다.

[그림 10-5]
OKKY

출처
https://okky.kr/

깃허브 커뮤니티

깃허브는 코드의 버전을 관리하는 곳인데, 커뮤니티 기능도 제공하고 있습니다. 보통 공식 라이브러리나 프레임워크, 프로젝트 소스가 깃허브에 올라와 있는데, 해당 리포지토리에 바로 질문을 등록할 수 있어 많은 개발자가 이용하는 곳입니다. 2017년에 처음 생긴 기능으로 깃허브 커뮤니티는 생긴지 얼마 안 된 커뮤니티지만, 스택오버플로우만큼이나 검색했을 때 많이 등장하는 사이트입니다.

[그림 10–6]
깃허브 커뮤니티

출처
https://github.community/

사이드 프로젝트와 개발자 스터디

개발을 잘 하려면 개발을 많이 해야 한다고들 합니다. 하지만 개발을 많이 할 기회는 어떻게 찾을 수 있을까요? 회사를 다니는 개발자도 회사 업무 외에 개발 역량을 더 쌓기 위해 '사이드 프로젝트'를 따로 하거나 스터디에 참여하는 경우가 많은데요. 사이드 프로젝트에서 얻은 경험치와 스킬을 통해 회사 업무도 더 잘할 수 있게 되며 자신의 가치를 높이는 데도 좋습니다. 또 서비스가 잘 되었을 경우 부가적인 수익(광고, 외주 등)을 얻을 수도 있습니다.

[그림 10-7]
사이드 프로젝트
holaworld.io

사이드 프로젝트를 하는 이유들은 다양합니다. 본업에서 필요한 역량을 키우려고, 다른 직군으로 또는 같은 직군으로 이직할 때 몸값을 올리려고, 단순히 자기 계발을 하려고 등. 하지만 많은 사이드 프로젝트는 결실을 맺지 못하고 끝나기도 합니다. 회사나 학교처럼 데드라인이 없기 때문에 명확한 목적이 없다면 끝까지 완수하는 것은 보통 쉬운 일이 아닙니다. 스터디도 마찬가지입니다. 그렇기 때문에 좋은 팀원을 꾸려 아이디어를 정하고 이를 실현해 나가는 과정을 잘 다듬어야 합니다.

사이드 프로젝트와 개발 스터디를 할 때 지인이나 동료, 동기와 함께 하거나 혼자 하곤 하는데 프로젝트가 서비스 단위라면 다양한 직군의 사람이 필요할 수 있습니다. 그럴 때 스터디 인원을 구할 수 있는 사이트로 아래 세 곳을 소개합니다.

OKKY

로그인하여 스터디 모집 공고 글을 직접 올리거나, 원하는 스터디 글을 찾으면 댓글 또는 오픈 카톡방 링크에 접속해 참여하면 됩니다.

https://okky.kr/articles/
gathering

https://www.inflearn.com/
community/studies

인프런

인프런은 IT 관련 온라인 강의를 들을 수 있는 사이트입니다. 개발 외에도 업무 스킬, 영어 등 다양한 분야의 교육 강의를 제공합니다. 이 사이트에 스터디 메뉴에 접속하면 관심 있는 주제에 대해 스터디 인원을 구하거나 참여할 수 있습니다.

https://holaworld.io/

Hola

OKKY와 인프런은 메인 서비스가 스터디 인원을 구하기 위함이 아니지만 Hola라는 사이트는 오로지 IT 스터디 인원만을 구하기 위해 있는 사이트입니다. 언어별로 모집 중인 스터디와 사이드 프로젝트를 확인할 수 있습니다.

해커톤, 프로그래밍 대회

해커톤 Hackerthon 은 해킹 Hacking 과 마라톤 marathon 의 합성어로 알고리즘, 해킹, 블록체인, 인공지능 등의 문제를 풀거나 기획자, 개발자, 디자이너 등의 직군이 팀을 이루어 제한 시간 내 주제에 맞는 서비스를 개발하는 등의 경진대회를 말합니다. 특히 최근에는 데이터가 주어지고 좋은 성능을 가진 모델을 개발하는 인공지능 해커톤도 많이 열리고 있으니 팀원을 구해 해커톤에 참가하면 좋은 경험이 될 것입니다.

[그림 10-8]
WEVITY 공모전
대외 활동

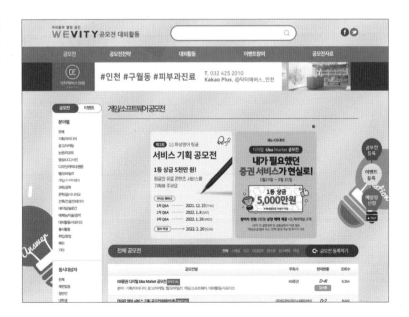

각종 공모전, 해커톤 정보를 얻을 수 있는 사이트는 다음과 같습니다.

- **콘테스트 코리아**

  https://www.contestkorea.com/sub/list.php?Txt_bcode=030220003

- **WEVITY**

  https://www.wevity.com/?c=find&s=1&gub=1&cidx=21

3. 다들 어떻게 개발 관련 뉴스에 빠삭하지?

"기회가 기회인 줄 모르고..."

개발자의 큰 덕목 중 하나는 '개발 트렌드'에 뒤처지지 않고 트렌드에 맞게 개발 역량을 끊임없이 연마하는 것입니다. 개발자가 되면 30살이고 40살이고 계속 공부를 해야 한다는 숙명이 있다는 말을 익히 들어봤을 것이라고 생각합니다.

> "안드로이드 앱을 개발할 때 사용하는 언어가 자바보다 코틀린이 대세래요!"
>
> "자바스크립트와 Node.js(웹 서버를 개발할 때 사용하는 언어와 프레임워크 중 하나)를 대체할 타입스크립트와 데노(Deno)라는 게 나왔대요!"
>
> "서버리스를 사용하면 서버를 관리할 필요 없이 애플리케이션을 빌드하고 실행도 할 수 있다네?"
>
> "일론 머스크의 OpenAI 회사에서 기계가 코딩까지 할 수 있게 해주는 언어모델(GPT-3)을 개발했대!"

하루가 멀다 하고 이전 기술에서 발전된 또는 새로운 기술이 쏟아져 나오고 있어 정말 혼란스럽습니다. 여러분만 그런 것이 아니고, 거의 모든 개발자가 겪고 있는 고민일 것입니다.

운전을 처음 배울 때는 멀리 보지 못합니다. 운전을 잘하게 되려면 속도를 너무 빨리 내거나 천천히 가서도 안 되고, 앞의 차량만 보지 말고 앞, 뒤, 좌우 차량들을 잘 살피고, 도로 위 장애물부터 표지판이 어떤 것이 있는지 주의하는 등 멀리 보고 흐름을 잘 타야 합니다. 흐름을 잘 타는 개발자가 되는 것도 이와 비슷합니다. 개발 시장이 어떻게 움직이고 있는지, 각 기술의 트렌드는 어떻게 변하며, 사람들이 개발 서비스에서 요구하는 것은 무엇인지, 어떤 기술을 대체할만한 기술에는 어떤 것이 있는지, 새로운 기술에는 어떤 장단점이 있는지 등 변화추이를 잘 관찰해야 합니다. IT 시장이 어떻게 달라지고 있으며 어떤 방향으로 변화할 것인지 잘 읽을 수 있어야 기회가 올 때 잘 잡을 수 있는 폭넓은 시야와 사고를 가진 개발자가 될 수 있을 것입니다. 이를 위해 추천하는 방법 중 하나가 '기술 트렌드 읽기'입니다. 개발 관련 소식을 알 수 있는 '기술 트렌드 읽기 방법'에는 크게 세 가지가 있습니다.

개발 소식을 큐레이션 형태로 제공하는 뉴스레터 서비스

많은 양의 정보를 접하면 개발자에게도 병목현상이 생깁니다. 자기 것에도 집중하기 부족한 시간에 불필요한 시간과 에너지를 낭비할 수 있습니다. 그렇기 때문에 너무 많은 정보를 얻기보다는 큐레이션 형태의 뉴스레터를 받고 이 중에서도 필요한 내용만 기억하도록 노력합시다. 개발 소식을 큐레이션 형태로 제공하는 뉴스레터 서비스 종류 몇 가지를 소개하겠습니다.

[그림 10-9]
GeekNews

출처
http://news.hada.io

GeekNews [https://news.hada.io/]

한국어로, 무료, 개발 관련 소식을 전합니다. 개발 관련 뉴스, 기술 관련 새 소식, 스타트업 정보와 노하우 등 개발 기술 관련한 뉴스를 이메일 뉴스레터/트위터/슬랙 봇으로 구독 가능한 서비스입니다.

Daily devlog [http://daily-devblog.com/]

한국어로, 무료, 개발 관련 소식을 전합니다. 이메일을 등록하면 매일 오전 10시에 어제 핫했던 개발 뉴스를 메일로 받아볼 수 있습니다.

Startup Weekly [http://glance.media/]

한국어로, 스타트업 관련 소식을 전합니다.

개발자스럽다 [https://blog.gaerae.com/]

한국어로, 개인 또는 기업의 개발 블로그, SNS에 올라온 개발 소식을 전합니다. 개인 또는 기업의 개발 블로그의 좋은 아티클 또는 SNS에 올라온 개발 관련 소식을 큐레이션 해주는 서비스입니다.

DZone Digest [https://dzone.com/]

영어로, 무료, 프로그래밍, 데브옵스 관련 뉴스를 전합니다. 프로그래밍, 웹 개발, 데브옵스와 관련한 뉴스와 개발 기술 튜토리얼, 툴에 대한 정보를 제공합니다. 가입 후 daily(매일), weekly(주간)로 뉴스레터를 메일로 받아볼 수 있으며 제공하는 뉴스의 질이 좋습니다.

Medium Daily Digest [https://medium.com/]

영어로, 무료, 개발 관련 토픽, 블로그 아티클을 전합니다. Medium은 트위터의 공동 창업자 에반 윌리엄스$^{Evan Williams}$가 설립한 온라인 출판 오픈 플랫폼입니다. 코드를 올리기도 편하고 개발 관련 글을 쓰기 좋기 때문에 개발자들이 많이 사용하는 블로그 중 하나입니다. 미디엄에서 화제가 된 글을 포함한 좋아요(clap)하거나 클릭한 포스트를 기반으로 내 관심분야에 맞춰 포스트를 보내줍니다.

Hacker News [https://news.ycombinator.com/]

영어로, IT 뉴스를 전합니다. 해커뉴스는 '해커와 화가'의 저자 그리고 'Ycombinator'의 창시자 폴 그레이엄이 웹 사이트를 제공하는 IT 뉴스 서비스입니다. 전문적인 영역까지 다루고 있으며 해커 뉴스 내의 각 뉴스들은 '좋아요' 수와 게시된 날짜를 고려해 최상단부터 노출 순서가 정해집니다. 그리고 해당 뉴스를 공유할 수 있는 API까지 제공하고 있습니다.

CIO korea [https://www.ciokorea.com/main/]

한국어로, IT 뉴스를 전합니다. IT 의사결정에 필요한 핵심정보를 전달하는 테크미디어로 전 세계 비즈니스 리더와 기업의 성공 경험을 공유하는 사이트입니다.

거의 매일 뉴스레터를 받아 읽으며 내가 필요한 정보만 솎아 내기란 쉽지 않은데, 저 같은 경우는 출근 길에 가벼운 마음으로 둘러보며 메일 서비스 자체에서 제공하는 라벨링 기능을 사용하여 다시 읽어볼 내용을 분류해 놓습니다. 그리고 점심 시간이나 퇴근 길, 여가 시간에 중요한 뉴스레터는 자세히 읽고 더 공부해야 할 내용을 따로 블로그에 정리하곤 합니다. 그리고 뉴스레터를 받아볼 메일은 카카오 계정, 업무용은 네이버 계정, 개인용은 G메일 계정, 이런 식으로 따로 메일 계정을 분류하는 것도 도움이 됩니다.

IT 기업의 기술 블로그

꼭 책을 사지 않아도 최신 개발 뉴스와 기술의 소개 및 튜토리얼 정보를 볼 수 있는 곳 중 하나는 테크 기업들의 기술 블로그입니다. 해당 기업에서 만든 기술이기 때문에 기술에 대한 자세한 설명을 얻을 수 있고 각 기업에서 주관하는 컨퍼런스에 대한 소식도 받아 볼 수 있습니다. 그리고 해당 기술이 어떤 식으로 비즈니스에 적용되는지 알 수 있기 때문에 앞으로 나아가야 할 방향성을 정하는 데 좋은 길잡이가 되어 주기도 합니다.

[그림 10–10]

Naver D2

또, 기업의 채용 소식과 기업에서 제공하는 교육 서비스에 대한 정보를
받아볼 수 있으니 특히나 관심 있는 기업의 블로그를 주시하면 좋습니다.

- Naver D2(국내) [https://d2.naver.com/home]
- Kakao Tech(국내) [https://tech.kakao.com/blog/]
- NHN Toast Meetup(국내) [https://meetup.toast.com/]
- 우아한형제들(국내) [https://techblog.woowahan.com/]
- 쿠팡 기술 블로그(국내)
  [https://medium.com/coupang-engineering/technote/home]
- 마켓컬리 Tech Blog(국내) [https://helloworld.kurly.com/]
- WATCHA 팀 블로그(국내) [https://medium.com/watcha]
- 당근마켓 기술 블로그(국내) [https://medium.com/daangn]
- Delivery Tech Korea(국내)
  [https://medium.com/deliverytech korea]
- Line Engineering(국내)
  [https://engineering.linecorp.com/ko/blog/]

- Google Developers(해외) [https://developers.googleblog.com/]
- Facebook Engineering(해외) [https://engineering.fb.com/]
- Microsoft Tech (해외)
  [https://techcommunity.microsoft.com/t5/custom/page/page-id/Blogs]
- Linkedin Engineering(해외)
  [https://engineering.linkedin.com/blog]
- Twitter Engineering(해외)
  [https://blog.twitter.com/engineering/en_us]
- Uber Engineering(해외) [https://eng.uber.com/]
- VMWare Tanzu blog(해외) [https://tanzu.vmware.com/blog]
- Amazon Alexa(해외)
  [https://developer.amazon.com/en-US/blogs/alexa]
- Apple Developer(해외) [https://developer.apple.com/]
- THE NETFLIX TECH BLOG(해외) [https://netflixtechblog.com/]

여기서 잠깐!

기술 블로그의 글이나 개인 블로그 글에서 다시 참고할 것 같은 페이지는 북마킹 해놓거나 pocket(https://getpocket.com/en/)과 같이 웹 페이지를 분류할 수 있는 서비스를 이용하면 편리합니다.

기타

그 외에 최신 개발 뉴스와 기술 소개 및 튜토리얼 정보를 볼 수 있는 곳을 소개하면 다음과 같습니다.

커뮤니티 슬랙 [https://slack.com/intl/ko-kr/community]

초보자, 전문가, 개발자, 디자이너 등의 전 세계 사람들과 커뮤니티를 할 수 있는 곳입니다. 궁금한 것을 검색하고, 의견을 내고 다른 사람들에게 영향을 받을 수 있습니다.

밋업 [https://www.meetup.com/ko-KR/]

개발 행사가 많이 열리는 플랫폼입니다. 개발 외에 모든 종류의 사람들을 만날 수 있으며 관심사가 비슷한 사람들을 연결해주는 서비스입니다. 언어 교환, 취미가 동일한 사람들과의 소통, 개발 소모임 등 다양한 모임을 온라인으로 참여할 수 있습니다.

Festa.io [https://festa.io/]

온라인, 오프라인 행사 플랫폼입니다. 밋업과 비슷한 서비스로 이벤트를 만들어 참가자를 모집하거나 이벤트에 참여할 수 있습니다.

단지 개발 관련한 뉴스나 기술 블로그를 구독하고 있다고 해서 트렌드를 잘 따라잡을 수 있는 것은 아닙니다. 기초를 탄탄히 하여, 한 기술을 잘 활용하고 있고 몸소 장단점을 느낄 수 있을 때 비로소 변화하고 떠오르는 기술의 트렌드에 민감하게 반응할 수 있게 되는 것입니다.

사람들은 항상 현재의 것에 만족하지 못하고 변화와 개선을 갈구합니다. 그렇기 때문에 새로운 기술이 계속 등장합니다. 어떻게 하면 코드는 더 간단하고 쉽게 짜면서 많은 기능을 만들 수 있을지, 소프트웨어 아키텍처는 어떻게 만들어야 좋을지, 어떤 라이브러리나 프레임워크를 도입해야 좋을지 등을 직접 기술을 익히며 느끼게 된다면 계속해서 등장하는 새로운 기술 중 나에게 필요하며 트렌드가 될 기술이 무엇인지 알 수 있게 될 것입니다. 기초 능력과 개발 경험을 쌓고, 거기에 현재 시장의 트렌드를 따라갈 수 있는 눈을 가지게 된다면 다가오는 기회를 놓치지 않는 개발자가 될 수 있을 것입니다.

4. 개발자와 이직

개발자의 첫 단추

"내가 잘 할 수 있는 업계를 생각해보자!"

컴퓨터, 소프트웨어 전공이든, 관련 전공이 아니었든 개발과 관련한 곳
으로 처음 구직을 할 때 잘 생각해봐야 할 점이 있습니다. 바로 '업계 선
택'입니다. 일단 프런트엔드, 백엔드, 인프라, 데이터베이스, 데이터 사이언스,
보안, 시스템, 게임 등 분야를 선택했다면 그 이후엔 내가 어떤 업계를 선
택해야 할지 고민해봐야 합니다. 어떤 업계로 취업을 하느냐에 따라 업무
방식, 기술 스택, 기업 문화 등 많은 것이 달라집니다. 예를 들어, 처음
게임 회사에 들어갔다면 이후 이직을 할 때 게임과 다른 업계로 가는 경
우는 많지 않습니다. 경력 이직 시 바로 업무에 투입될 수 있는 스킬을 보
게 되므로, 비슷한 업계로 이직할 수 밖에 없는 경우가 많기 때문입니다.
개발자로 첫 구직을 할 때, 또는 관련 커리어를 쌓을 때, 이직을 할 때 이
부분을 간과하는 경우가 많습니다. 단지 기술 스택과 분야까지만 결정하
기도 하고요. 하지만 생각보다 중요한 부분입니다. 각 업계의 도메인 관
련 지식이 개발자에겐 크게 중요하지 않다고 생각할 수 있습니다. 하지만
관련 업계의 도메인 지식이 곁들여졌을 때 사용자에게 더 좋은 기능을 만
드는 개발자가 될 수 있고 팀원과 디자이너 및 기획자의 협업과 의사소통
이 더 수월해집니다.
예를 들어, 주식에 관심이 많으면 투자 관련 업계를 고려해볼 수 있고 게
임에 관심이 많다면 게임 업계, 진취적인 기업 문화를 원하면 스타트업,
이런 식으로 자신의 관심분야와 성향에 따라 내가 타깃할 회사는 어떤 업

계인지 대기업인지, 중소기업인지, 스타트업인지를 고려해볼 수 있습니다. 자신과 잘 맞는 회사를 다닌다면 좀 더 적극적인 업무가 가능하고 성장하는 속도도 빨라질 수 있습니다.

잡 호핑?

잡 호핑job-hopping 족이란 고액의 연봉이나 경력 개발을 위해 직장을 2~3년 단위로 자주 옮기는 사람을 일컫는 말입니다. 직장을 자주 옮기는 것이 경력에 좋지 않다고 생각할 수 있습니다. 하지만 개발 분야처럼 끊임없이 성장을 요구하는 직군에서는 오히려 잦은 이직이 오히려 발전을 위한 길이라는 인식이 있습니다. 그래서 개발자들은 다른 산업의 직군들보다 이직이 잦은 편이고 그것을 나쁘다고 여기지 않는 문화가 있습니다. 여기서 잦은 이직은 몇 개월, 1년 정도가 아닌 2~3년 주기를 말하지만, 모든 개발자의 이직 주기가 잦은 것은 아닙니다. 이직을 하는 가장 큰 이유는 연봉을 올리기 위해서인데 연봉을 가장 빠르게 올리는 방법은 다들 '이직'이라고 말합니다. 하지만 내가 아직 다른 곳에 이직하여 더 잘해낼 자신이 없거나, 준비가 되어 있지 않거나, 현재 회사에 더 배울 것이 있거나, 연봉 협상이 원활하게 이뤄질 경우에는 해당되지 않습니다.

이직의 또 다른 장점은 다양한 직장과 팀원, 기업 문화를 경험하고 그 경험을 통해 자신이 어떤 것을 하고 싶고 잘 하는지, 자신만의 일하는 방식을 깨달을 수 있다는 점입니다. 하지만 무작정 이직을 하기보다는 방향성과 목표를 정확하게 갖고 가는 것이 다음 이직에도 도움이 됩니다.

> "인생은 초콜릿 상자와 같은거야. 네가 무엇을 고를지 아무도 모른단다."
>
> – 영화 〈포레스트 검프〉 中에서

우리가 이직을 했다고 해서 현재 상황보다 좋아질지, 내가 더 많은 성장의 기회를 좇을 수 있을지는 아무도 모릅니다. 마치 초콜릿 상자에서 어떤 초콜릿을 고르게 될지 모르는 것과 같습니다. 딸기 초콜릿을 고르려고 분홍색 초콜릿을 선택했더라도 그 속은 다크 초콜릿일 수도 있는 것입니다. 그리고 원하는 초콜릿을 고르지 못했다고 계속 초콜릿을 고르면 결국 상자 안에 있는 초콜릿은 남지 않게 됩니다. 이직이 실패했다고 해서 다른 방안으로 계속해서 이직할 경우 결국 시간만 낭비하는 악순환의 굴레에 빠질 수도 있습니다. 그렇기 때문에 성공적인 이직을 위해서는 이직의 이유를 분명히 하고 준비를 철저하게 하는 것이 중요합니다.

다음과 같이 성공적인 이직을 위한 마음가짐을 가져봅시다.

- 이전 직장에서의 프로젝트, 개인 사이드 프로젝트, 공모전 경험, 논문 발표 경험 등의 경험과 경험에서 얻은 것을 명확하게 하자.
- 내가 누구이고, 왜 이 일을 하고 싶고, 나의 어떤 능력이 회사에 어떤 도움이 될 수 있는지를 정리하자.
- 내가 지원한 직군의 기술을 처음부터 끝까지 점검하고, 기술 질문에 잘 대답할 수 있도록 준비하자.

> 예 프로젝트에서 사용한 기술, 스토리, 결과물과 성취(정량적인 성과), 역할, 문제 상황과 해결 과정 속에서 내가 행하고 깨달은 것 등

어필 포인트를 만들자

구직을 하기 위해서, 이직을 하기 위해서 나만의 어필 포인트를 만들어 놓아야 합니다. 공통적으로 해야 하는 것(기본 개념 공부, 관련 도메인 공부, 회사에 대한 정보 조사) 외에 나만의 스택을 쌓는 것이 중요한데 내가 보는 나의 매력과 다른 사람이 보는 나의 매력을 맞추기 위해서라도 이 부분을 중점적으로 가다듬는 것이 좋습니다.

매력 포인트 쌓기

1. 어떤 개념에 대해 구현할 수도, 개념을 설명할 수도 있어야 한다

예

> A: 자바스크립트로 이러 이러한 것을 개발했습니다.
>
> (답변 후)
>
> Q: 자바스크립트에서 클로저의 개념이 뭔가요?
>
> → 대답하지 못할 경우 자바스크립트를 쓸 줄은 알아도 알지는 못한다고 생각할 수 있습니다.

2 사용하는 기술 스택은 일관적이게, 하지만 배움에는 열려 있어야 한다

예

> A: 안드로이드, 웹 프런트, 백엔드, 데이터베이스를 모두 다룰 수 있습니다! (X)
>
> → 다 못한다고 생각할 수 있습니다. 앱이면 앱, 웹이면 웹, 데이터베이스이면 데이터베이스 하나만 정통하기도 힘들다라는 인식이 있을 수 있기 때문입니다.
>
> A: 리액트 네이티브를 주로 사용하지만 사이드 프로젝트로는 플러터를 사용해 앱을 개발하고 있습니다. (O)
>
> → 리액트 네이티브와 플러터는 둘다 하이브리드 앱 개발을 위해 사용하는 프레임워크입니다. 그렇기 때문에 둘은 결이 같으나 다른 언어이기 때문에, 이때는 두 가지 다 사용해본 경험이 장점으로 작용할 수 있습니다.

3. 오픈소스에 기여해보자

유명한 라이브러리에 기여자(Contributor)라는 경험이 있으면 많은 곳에서의 이직이 유리합니다. 그리고 오픈소스에 기여하면서 기술 스킬을 업그레이드할 수도 있습니다.

4. 깃허브와 블로그를 꾸준히 하자

깃허브와 블로그를 꾸준히 관리한 개발자는 성실하고 협업을 잘 할거라는 이미지를 만들기에 좋습니다.

5. 내 스택과 장점, 스킬을 한 번에 볼 수 있도록 포트폴리오를 만들어보자

포트폴리오를 꾸준히 업데이트한다면 포트폴리오에 무언가를 업데이트하기 위해서라도 스스로 공부하고 사이드 프로젝트를 관리하게 됩니다.

6. 개발자 커뮤니티를 통해 각종 팁을 얻자

다른 사람들과 지식을 공유하며 내가 몰랐던 꿀팁을 얻어봅시다.

7. 사이드 프로젝트, 외주 등의 경험을 갖자

일단 사이드 프로젝트나 외주 경험이 많으면 개발 스킬이 좋다는 인식과 더불어 협업을 잘한다는 인식을 가질 수 있어 중요합니다. 모든 회사는 협업이 수월한 개발자를 원하기 때문입니다.

위에서 언급한 모든 것을 해야 되는 것은 아닙니다. 내가 할 수 있는 일 또는 내 경력에 꼭 필요한 것들부터 시작하면 됩니다.

자기 PR을 위해 직접 구직을 하고 면접에 참여해야 한다고 생각할 수 있지만 온라인에 내 이력을 올려놓는 것만으로도 네트워킹하거나 구직을 할 수 있습니다. 그리고 실제로 유명한 테크기업들에서는 공채를 줄이는 대신 추천을 통해 사람을 구인하거나 인사 담당자가 링크드인을 둘러보고, 뽑는 직군과 스택이 일치하는 사람에게 제안을 보내는 경우가 상당히 많습니다. 그렇기 때문에 깃허브와 링크드인에 자신의 이력을 꾸준히 업데이트하는 것은 좋은 환경으로의 이직의 기회를 잡는 데 도움이 됩니다.

[그림 10-11]
깃허브 프로필 예

출처
https://www.wearedevelopers.com/magazine/4-reasons-to-start-or-update-your-github-profile

[그림 10-12]
링크드인 프로필 예

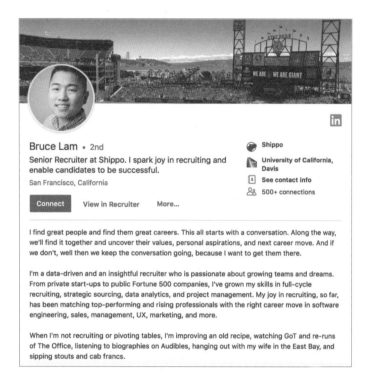

출처
https://www.linkedin.com/
business/talent/blog/
product-tips/linkedin-profile-
summaries-that-we-love-and-
how-to-boost-your-own

깃허브와 링크드인에 자신의 프로필과 이력을 꾸준히 등록해 놓으면 향후 이직할 때 도움이 됩니다. 그리고 다른 사람과 네트워킹을 할 수 있는 가능성이 생기고, 항상 자신의 코드나 이력을 되돌아보기 때문에 나에게 지금 필요한 것이 무엇인지 생각해볼 수 있습니다.

10장을 마치며

여기까지 성장하는 개발자가 되기 위한 몇 가지 팁을 살펴보았습니다. 이 팁은 어디서부터 어떻게 사기계발을 시작해야 할지 모르는 초심자들을 위해 준비한 이정표입니다. 절대적인 것은 아닙니다. 개개인마다 자기계발을 하는 속도와 방법이 모두 다르기 때문에 자신의 페이스와 성향

345

에 맞게 선택하면 됩니다. 하지만 공통적으로 중요한 점은 바로 '꾸준함' 입니다. 모두 꾸준함이 중요하다는 점은 알지만 실천하기 쉽지 않을 것입니다. 그때마다 보는 영상이 있는데 "Tim Urban−Inside the mind of a master procrastinator"라는 테드 강연입니다.

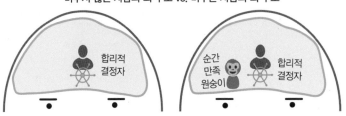

[그림 10-13]
합리적 결정자와
순간 만족 원숭이

출처
https://youtu.be/arj7oStGLkU

이 강연의 내용은 우리의 뇌에는 '합리적 결정자'와 '순간 만족을 위한 원숭이'가 산다고 합니다. 이성적인 판단을 하는 '합리적 결정자'는 지금 이 일을 하지 않으면 며칠 뒤에 고생할 '나'와 퀄리티가 나오지 않는 '결과물'을 상기하며 당장 일을 해야 한다고 말합니다. 하지만 '순간 만족 원숭이'는 지금 닥친 만족에 집중하자며 합리적 결정자를 부추기며 쉽고 재밌는 일을 부추긴다고 합니다.

[그림 10-14]
패닉 몬스터

출처
https://youtu.be/arj7oStGLkU

그러다 마감일이 다가오면 '패닉 몬스터'가 나타나, 순간 만족 원숭이가 도망가고 가까스로 이성적인 판단을 통해 일을 마무리할 수 있다고 합니다. 급하면 효율성이 99%가 되는 이유기도 합니다. 팀 어번은 이 내용을 블로그에 포스팅하자 아주 높은 학위를 가진 고학력자, 유명인 등 이미 높은 사회적 지위를 가진 사람이 메일을 보내왔다고 합니다. 거기서 팀 어번이 느낀 점은 일을 미루지 않는 사람은 존재하지 않는다는 점이었습니다. 미루기는 단지 우리 뇌의 메커니즘일 뿐이고, 내 의지력 부족이 아니라는 것입니다. 그렇기 때문에 꾸준하지 않다고 자책하지 않고 미루는 것을 정신력의 부족, 무능함과 연결하여 자책하지 않아도 됩니다. 처음부터 욕심 내지 않고, 당장의 나의 이력이 초라해 보일지라도 나만의 작은 순간 순간을 만들어봅시다.

11장 AI, 메타버스, 블록체인, 미래의 개발자는?

여러 산업에서 인공지능을 접목하고, 가상현실과 현실 세계를 융합하는 메타버스가 등장했으며, 블록체인 기술과 암호화폐는 본격적인 산업 적용 단계에 진입했다는 소식이 여기저기서 들리고 있습니다.

몇 년 전만 해도 개발자라고 하면 웹이나 앱 등의 서비스 개발자를 떠올렸지만 이제는 더 다양한 직군을 선택할 수 있는 기로에 놓이게 되었습니다. 게임 개발도 점점 저물 것이라는 추측이 난무했지만 메타버스의 등장으로 게임 개발자들 대다수가 가상현실(VR) 직종으로 이직하는 경우가 생기고 서비스 개발자들이 인공지능 분야로 뛰어들기도 합니다. 이처럼 개발자들이 선택할 수 있는 직군이 점점 다양해지고 있기 때문에 미래에는 어떤 산업이 유망할지 잘 지켜봐야 합니다.

이 장에서는 다가오는 미래에 블루오션이 될 여러 산업에 대한 간략한 소개와 내가 선택할 수 있는 직군에는 어떤 것이 있는지 알아보겠습니다.

1. AI와 빅데이터의 시대?

2021년 1~6월, 잡코리아에 등록된 '업직종 채용공고' 분석에 따르면 전년 대비 증가율이 높은 직무 1위가 빅데이터와 AI로 증가율이 무려 57%에 해당한다고 합니다. 2~3년 전만 해도 "빅데이터 기술이 정말 필요한 기술일까?" 하는 의문이 있었습니다. 하지만 몇 년 사이 빅데이터, AI가 업무 효율화, 생산성 향상, 신사업 발굴을 위한 필수 도구로 업무 곳곳에 적용되고 있는 추세가 되며 핫한 직군으로 떠오르게 되었습니다.

과거에도 사용자들이 서비스를 사용하며 남기는 로그 데이터, 수많은 트래픽을 쌓은 데이터가 많았지만 이를 실질적으로 처리할 수 있는 인력이나 컴퓨팅 파워가 부족했습니다. 하지만 최근에는 컴퓨팅 파워의 향상, 여러 기술의 등장으로 빅데이터를 처리하는 것이 한결 쉬워졌습니다. 그렇기 때문에 기업들이 빅데이터를 실제로 기업에서 활용할 수 있는 가치가 비약적으로 증가하게 된 것입니다.

IT직군은 크게 '개발', '데이터 분석', '보안'으로 나눌 수 있습니다. 가장 수요가 많고 비전공자들이 많이 지원하는 부분은 '개발' 직군이라고 할 수 있고 개발 쪽에서도 특히 웹의 프런트엔드와 백엔드가 수요와 인기가 많은 분야입니다. 이 파트에서는 상대적으로 '데이터 분석' 직군에 대한 정보가 부족한 것 같아 이 부분을 중심으로 소개했습니다.

최근 대량의 데이터를 활용하여 탄생하는 서비스들이 많아졌고 데이터 관련 직군의 수요가 증가하고 있는 추세입니다. 데이터 직군은 컴퓨터와 데이터 관련 지식 외에도 다양한 도메인에 대한 이해를 필요로 하는 직군이기 때문에 오히려 비전공자들이 준비하기에 적합한 직군입니다. 정보가 부족해 데이터 직군으로 지원을 망설이는 분이 있다면 이 파트에서 소개하는 데이터 직군이 하는 일과 머신러닝과 인공지능 직군이 어떤 일을 하는지에 대해 함께 알아봅시다.

빅데이터, 인공지능으로 무엇을 할 수 있을까?

빅데이터는 사실 정의가 명확하지 않습니다. "대략 100,000건 이상이면 빅데이터라고 부르자!" "데이터가 10GB 이상이면 빅데이터라고 부르자!" 하는 기준이 없습니다. 그렇기 때문에 '빅데이터'라고 하면 모호하게 받아들여지는 경우가 많습니다. 빅데이터는 과거 아날로그 환경에서 생성된 데이터에 비해 규모가 크고, 생성 주기도 짧고, 텍스트, 이미지, 영상 등 다양한 모양의 데이터를 포함하는 많은 양의 데이터쯤이라고 생각하면 됩니다. 전 세계의 디지털 환경 속에서 매일 생성되는 데이터양은 약 2.3헥사바이트 정도라고 하는데, 해리포터 책 6,500억 권에 해당하는 양입니다.

사람들이 웹 서비스를 이용하는 시간이 길어지면서 쌓이는 데이터가 많아지고 이를 통해 다양한 가치를 창출해낼 수 있게 되었습니다. 예를 들어, 쇼핑 서비스의 경우 사용자가 상품을 둘러본 데이터, 장바구니에 넣거나 찜한 데이터, 구매한 기록, 구매한 상품의 별점, 리뷰 등 다양한 데이터가 쌓이게 됩니다. 이러한 데이터들을 분석하고 모델링하여 사용자의 성향은 어떤지, 판매 실적을 높이거나 웹 사용을 늘리려면 어떤 기획을 해야 하는지, 어떤 사용자가 어떤 제품에 관심이 있을지 추출할 수 있게 됩니다. 이처럼 다양한 산업에서 생성되는 빅데이터 속에서 패턴을 추출해 미래의 일을 예측하고 기획하는 의사결정 수단을 마련하는 등의 일을 하는 것이 데이터 직군이 하는 일이라고 할 수 있습니다.

이러한 빅데이터를 가공, 모델링하기 위해 '머신러닝' '인공지능'이라는 기술이 사용됩니다. 인공지능과 관련한 영화나 2016년에 등장한 '알파고'와 같은 인공지능 기술들이 널리 알려지면서 인공지능이 마치 해리포터의 마법과 같은 기술처럼 느껴질 수 있으나 사실 머신러닝과 인공지능이 전혀 새로운 기술인 것은 아닙니다. 머신러닝과 인공지능은 '통계학'에 기반을 두고 있고 초고속 컴퓨팅 연산 수준이 증가함에 따라 과거에 몇 백, 몇 천 명이 모여야 할 수 있는 일을 컴퓨터가 대신 계산해 줄 수 있게 되어 발전하게 되었을 뿐입니다. 인공지능이 사람의 지능을 모방했다고 해서 사람처럼 생각을 하고, 지능을 가지고 뇌에서 생각하는 원리와 비슷하게 무언가 만들어지는 것이라고 인식이 된 것 같기도 합니다. 하지만 인공지능이 정말 '지능'이냐는 질문에는 자신있게 "아니오"라고 대답할 수 있습니다. 현재의 인공지능은 많은 사람이 모여서 머리를 맞대고 생각할 수 있는 일을 빠르게 계산해 내거나, 사람이 직접 추출할 수 없는 패턴을 발견하는 것을 기계가 대신할 수 있는 정도라고 할 수 있습니다.

[그림 11-1]
바둑의 '경우의 수'

경우의 수 = 361

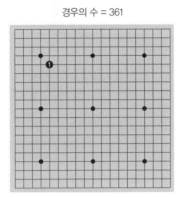

경우의 수 = 361×360×359×358×357×⋯

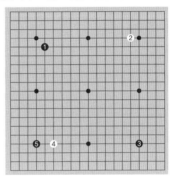

2016년 구글 딥마인드에서 개발한 바둑 인공지능 '알파고'가 프로기사 이세돌을 이긴 사건은 인공지능이 본격적으로 유명해지기 시작한 계기가 되었습니다. 알파고는 어떻게 프로기사를 이길 수 있었을까요? 원리는 알파고가 바둑에 대한 많은 '경우의 수'를 학습했기 때문이라고 볼 수 있습니다. 사람의 경우 아주 많은 '경우의 수'를 생각할 수 있다고 하더라도 그 한계가 존재합니다. 하지만 컴퓨터의 경우 컴퓨터 시스템의 용량과 자원에 따라 사람보다 훨씬 더 많은 데이터를 축적할 수 있습니다. 그렇기 때문에 바둑과 같이 미리 규칙이 정해져 있어 많은 '경우의 수'를 학습할 수 있는 경우는 인공지능이 잘 활용될 수 있습니다.

하지만 우리 현실세계에서는 어떤 일에 대해 정확하게 규칙이 정해져 있고 예외가 없는 경우는 많이 존재하지 않습니다. 그렇기 때문에 인공지능 기술이 좀 더 상용화되기까지는 시간이 걸리겠지만 다양한 산업에서 생산성을 향상시켜주는 일에는 빠른 시일 내에 널리 활용될 것이라는 추측을 해봅니다.

빅데이터를 활용한 사례들	인공지능을 활용한 사례들
• 서울시 심야버스 노선 정책 • 국민 건강 서비스 정책 • 고객 맞춤형 제품 개발 • 파리바게트의 기상 데이터 분석을 통한 생산관리 • 일본 맥도날드의 고객 구매 이력 분석을 통한 판매 전략 • 유권자 정보 분석을 통한 선거 전략 • 건강주의 예보 안내 시스템 • 쇼핑, 콘텐츠 서비스의 추천 시스템	• 아마존의 드론 택배 서비스 • 가정 생활 안정 서비스 • 우버와 구글의 자율주행차 • 아마존의 무인 편의점 • 고객 맞춤형 커피 추천 서비스 로봇인 '페퍼' • 미래 기후 변화 예측 • 창고 정리 자동화 시스템 • 로봇이 투자를 도와주는 로보 어드바이저 • 항공기 제조업체 에어버스의 생산공정에 왓슨 투입 • 의료기기 업체 및 의료 기술에 왓슨 활용

[표 11-1]
빅데이터와 인공지능을
활용한 사례

데이터 관련 직군

데이터 관련 직군은 최근에서야 구체적으로 역할이 나누어지고 있습니다. 그렇기 때문에 정확한 명칭과 하는 일의 경계가 명확하지는 않아 혼란스러울 수 있습니다.

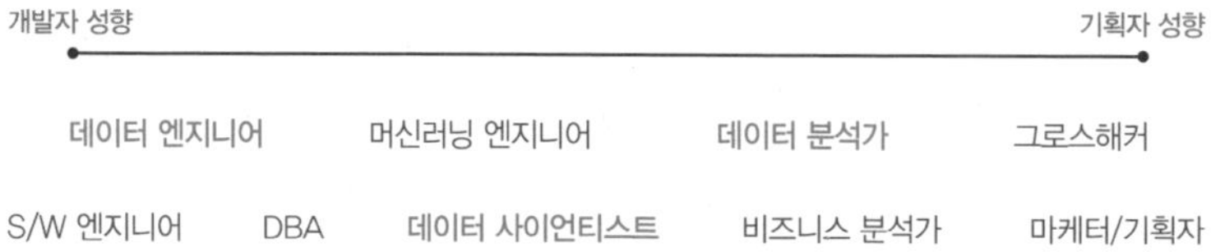

개발자 성향   기획자 성향

데이터 엔지니어   머신러닝 엔지니어   데이터 분석가   그로스해커

S/W 엔지니어   DBA   데이터 사이언티스트   비즈니스 분석가   마케터/기획자

[그림 11-2]
데이터 직군

데이터 관련 직군은 크게 '데이터 엔지니어', '데이터 사이언티스트', '데이터 분석가'로 나눌 수 있습니다. 하지만 데이터 사이언티스트가 데이터 분석 일을 맡는다거나, 백엔드 개발자가 데이터 엔지니어가 하는 일을 하는 등 회사마다 업무가 조금씩 겹칠 수는 있습니다.

데이터 엔지니어: 농부

데이터를 식재료라고 생각해봅시다. 농부들이 식재료를 어떻게 생산하고, 잘 관리하여 유통할지를 관리하는 것처럼 데이터를 잘 수집하고 쌓아 관리할지 설계하는 역할을 하는 직군을 '데이터 엔지니어Data Engineer'라고 합니다. 데이터 엔지니어는 언급한 세 직군 중 개발직군과 가장 연관이 많은 직군입니다. 데이터를 사용하여 결과를 추출하기 위해 데이터를 잘 마련해주는 일을 주로 담당합니다. 데이터를 여러 군데서 수집하는 길을 '데이터 파이프라인'이라고 하는데, 데이터 파이프라인을 구축하고 데이터 플로우를 자동화하며 많은 양의 데이터를 잘 처리할 수 있도록 성능을 최적화하는 등의 업무를 주로 담당합니다.

데이터 엔지니어는 경우에 따라 DBA나 소프트웨어 개발자가 해당 업무를 담당하게 되기도 합니다. 많은 양의 데이터는 한 컴퓨터에서 한 번에 처리하기 힘든 경우가 많습니다. 그렇기 때문에 데이터를 여러 컴퓨터에 나누어 처리하는 '분산 빅데이터 플랫폼'을 사용해야 하는 경우가 많아 하둡Hadoop, 하이브Hive, 스파크Spark와 같은 플랫폼을 사용하게 됩니다.

데이터 분석가: 요리사

농부들이 잘 마련해 놓은 식재료로 요리를 만들어내는 요리사처럼, 데이터 엔지니어가 사용하기 쉽게 마련해 놓은 데이터를 재료 삼아 데이터를 분석하는 업무를 하는 사람을 '데이터 분석가Data Analysist'라고 합니다. 데이터 분석가는 '비즈니스 분석가' 또는 '통계 전문가'라고 하기도 합니다. 통계적인 지식을 바탕으로 데이터를 정량, 정성적으로 분석해 결과 보고서를 내고 이를 비즈니스에 개선하거나 인사이트를 도출할 수 있도록 도움을 줍니다.

그렇기 때문에 마케팅과 기획에 필요한 해당 산업에 대한 기본 도메인 지식을 가지고 있어야 하는 직군이기도 합니다. 도메인에 대한 전문성이 있어야 의사결정을 위한 문제 정의부터 분석, 해결책을 마련할 수 있기 때문입니다. 예를 들어 "광고 횟수와 매출액이 상관이 있는가? 상관이 있다면 얼마나 상관이 있는가?"라는 가설을 정의하고 광고 송출에 관한 데이터와 사용자의 트래픽에 관한 데이터를 분석하여 해당 가설이 맞는지 입증하는 보고서와 시각화 자료를 작성하는 것이 데이터 분석가가 하는 일입니다.

데이터 분석가는 주로 R, 파이썬, SQL, 구글 애널리스틱^{google analytics} 언어를 사용하게 되며 통계 분석 프레임워크나 시각화 프레임워크를 다루게 됩니다.

데이터 사이언티스트: 요리 연구가

데이터 분석가가 요리를 만드는 사람이라면, '데이터 사이언티스트^{Data Scientist}'는 요리를 좀 더 전문적으로 연구하여 만드는 사람을 말합니다. 그리고 데이터 엔지니어가 개발 직군에 치중되어 있고 데이터 분석가가 기획 직군에 조금 치중되어 있는 편이라면, 데이터 사이언티스트는 데이터 전담 조직에 속하는 경우가 많습니다. 주로 해당 산업 내에서 비즈니스에 적용할 수 있는 머신러닝, 딥러닝 모델을 연구 개발하고 해당 모델을 적용하는 역할을 담당합니다.

데이터 사이언티스트의 경우 머신러인, 딥러닝 모델을 필요한 상황에 따라 잘 적용하기 위해 통계, 수학, 컴퓨터 공학 지식을 필요로 합니다. 아직까지 데이터 분석가와 데이터 사이언티스트에 대한 경계가 모호한 편이지만 데이터 사이언티스트의 경우, 좀 더 연구자적 성향이 있으며 데이터 분야에 대한 연구를 바탕으로 비즈니스에 접목시키거나 서비스를 개선하는 역할을 합니다.

데이터 사이언티스트는 모델 구현을 위해 주로 파이썬과 딥러닝 프레임워크(Scikit-learn, pandas, tensorflow, pytorch 등)을 사용하게 됩니다.

인공지능, 머신러닝, 딥러닝

인공지능과 머신러닝, 딥러닝의 차이점은 아래와 같습니다. 가장 포괄적인 인공지능 분야 안에 머신러닝이 속해 있고, 머신러닝 분야에 딥러닝 분야가 속해 있다고 보면 됩니다.

[그림 11-3]
인공지능 〉 머신러닝
〉 딥러닝

- **인공지능**^{Artificial Intelligence}: 인간의 지능을 모방한 기능을 갖춘 컴퓨터 시스템을 뜻하며, 인간의 지능을 기계 등에 인공적으로 구현한 것입니다.
- **머신러닝**^{Machine Learning} 혹은 **기계학습**: 인공지능의 한 분야로, 컴퓨터가 학습할 수 있도록 하는 알고리즘과 기술을 개발하는 분야입니다.
- **딥러닝**^{Deep Learning}: 여러 비선형 변환 기법의 조합을 통해 높은 수준의 추상화를 시도하는 기계학습 알고리즘의 집합입니다.

추상화
다량의 복잡한 자료들에서 핵심적인 내용만 추려내는 작업

일반적인 프로그래밍의 경우 데이터와 알고리즘을 주고, 결과를 내는 방식으로 동작합니다. 하지만 머신러닝의 경우 데이터와 출력값을 주고 어떻게 이런 결과가 나올 수 있었는지에 대한 알고리즘을 유추하게 됩니다.

일반 프로그래밍

[그림 11-4]
전통 프로그밍 방식과
머신러닝의 차이

머신러닝(중 지도학습)

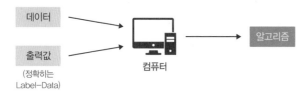

그러면 어떤 원리로 데이터와 출력값 사이의 알고리즘을 유추해낼 수 있는 것일까요?

$$y = ax + b$$
$$f(x) = ax + b$$

[그림 11-5]
머신러닝의 원리

$$H(x) = wx + b$$
$\quad$ Hypothesis $\quad$ Weight $\quad$ Bias

$$y = w_1 x_1 + w_2 x_2 + w_3 x_3 + \cdots + w_n x_n + b$$

머신러닝과 인공지능의 원리를 아주 간단하게 설명하자면, $y=ax+b$라는 일차 방정식을 풀 때 x, y 해를 알고 있다면 계수 w를 추정할 수 있다는 원리를 이용한 것입니다. $y=ax+b$와 같은 선형 방정식을 아주 많이 쌓으면, 세상 대부분의 현상을 표현할 수 있게 됩니다. 어떻게 이렇게 간단한 수식이 알파고와 같은 인공지능이 될 수 있는 것일까요?

폐암이 발병할 확률을 y(결과)라고 가정하고, x(입력)는 폐암을 일으킬 수 있는 다양한 원인들 변수라고 생각해봅시다. x는 나이, 체지방률, 식습관, 흡연 여부 등이 될 수 있습니다. 나이, 흡연 여부, 수면 시간, 세 개의 변수를 통해 폐암이 발병할 확률을 예측하는 머신러닝을 만든다고 할 때,

다음과 같은 수식으로 표현할 수 있게 됩니다.

$$y = w1 \times 1 + w2 \times 2 + w3 \times 3$$

여기서 $w1$, $w2$, $w3$은 가중치(weight)라고 하며 각 변수가 결과에 얼마나 큰 영향을 미치는지 판단하는 매개변수가 됩니다. 우리는 y와 x를 알고 있으니, w만 알게 되면 특정 환자의 나이($x1$), 흡연 여부($x2$), 수면 시간($x3$)을 통해 환자가 폐암에 걸릴 확률을 예측할 수 있게 됩니다. 따라서 아주 많은 환자의 나이, 흡연 여부, 수면 시간과 폐암에 걸렸는지에 대한 데이터를 가지고 가중치(weight)를 추출하게 됩니다. 이렇게 도출해낸 가중치를 통해 새로운 환자 데이터가 들어왔을 때 폐암에 걸릴 확률이 얼마나 되는지 예측할 수 있게 되는 것입니다. 이렇게 x(요인 변수, 입력값)와 y(결과값) 데이터를 가지고 w(가중치)를 도출해나가는 과정을 '학습(train)'이라고 합니다.

사람이 직접 많은 양의 데이터를 손수 계산하여 적절한 가중치를 찾아내는 것도 불가능하지는 않습니다. 하지만 아주 많은 시간이 걸리고 어떤 조합으로 구성해야 정확한 결과가 나오는지 알아내기도 쉽지 않습니다.

[그림 11-6]
좀 더 복잡한 머신러닝

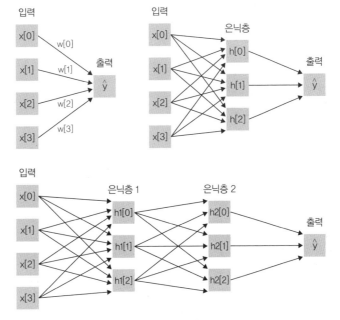

359

하지만 이 작업을 컴퓨터(기계)가 할 수 있도록 하는 것이 바로 머신러닝입니다. 즉, 머신러닝은 $H(x)=wx+b$와 같은 기본 가설식을 설정하고 무수히 많은 횟수의 실험을 반복하여 정답에 근접한 가중치(w)를 기계가 찾아내도록 하는 것을 말합니다.

앞에서 설명한 것처럼 머신러닝은 입출력 값 사이의 가중치를 도출하는 작업을 의미합니다. 그리고 딥러닝은 $H(x)=wx+b$와 같은 수식을 아주 많이 계산하여 훨씬 복잡한 연산도 가능하게 하는 것을 말합니다. 쉽게 말하면 머신러닝의 복잡한 버전이라고 생각하면 됩니다. 딥러닝은 사람이 계산할 수 없을 정도로 많은 연산을 통해 입력과 출력값 사이의 관계를 도출해 냅니다. 모델을 복잡하게 구성할수록 어떻게 모델이 그런 결과를 도출해냈는지 사람의 능력으로는 알 수 없게 됩니다. 따라서 알파고와 이세돌이 대국을 할 때 알파고가 왜 예측하지 못한 방법으로 수를 두는지 의도를 파악할 수 없는 것도 이러한 딥러닝의 특징 때문입니다.

데이터 분석과 모델링, 딥러닝, 인공지능에 대해 좀 더 알아보려면 많은 배경지식이 필요하나 이 책은 '개발 직군'을 위해 좀 더 치중되어 있어 많은 부분을 생략했습니다. 개발 직군과 마찬가지로 데이터 직군도 굉장히 매력적인 직업입니다. 아직 구체적인 진로를 선택하지 못했다면 위 내용들을 토대로 데이터 직군 분야를 알게 되고 관심을 가지게 되는 계기가 되었으면 좋겠습니다.

2. 메타버스와 웹 3.0

지금 현재 우리가 사용하는 '웹'은 네이버, 유튜브, 구글 등의 기업에서 제공하는 형태의 콘텐츠나 플랫폼을 이용하는 방식입니다. 콘텐츠가 '기업'이라는 곳에 중앙 집권되어 있는 형태입니다. 기술적으로 봤을 때 기업의 서버에 정보를 요청하고, 그에 따른 응답을 받는 형식으로 웹을 이용하게 됩니다. 우리가 PC와 웹 브라우저를 통해 이용하는 형태가 웹 1.0 단계이고 환경이 PC에서 모바일로 바뀐 형태를 웹 2.0 단계라고 합니다.

최근 메타(이전 페이스북) CEO 마크 저커버그는 "웹 3.0은 '메타버스'다"라고 언급하였는데요. 즉 메타버스가 모바일 인터넷의 후계자이며 웹을 이용하는 형태가 PC에서 스마트폰(모바일)로 바뀌었듯 메타버스로 발전할 것이라고 주장하고 있습니다.

웹 3.0이 창조하는 새로운 생태계

[표 11-2]
웹의 생태계

구분	웹 1.0	웹 2.0	웹 3.0
플랫폼	WWW	모바일	메타버스
디바이스	PC	스마트폰	VR/AR 기기

메타버스에서 웹을 이용하는 모습이 된다면 지금까지 기업이 주도하였던 웹 환경에서 사용자가 직접 웹의 콘텐츠를 생산하는 '탈중앙화'된 모습을 띨 것이라고 합니다. 지금 유튜브도 유튜브라는 기업이 플랫폼을 제공하지만 그 안의 콘텐츠는 이용자가 생산하니 비슷한 형태라고 할 수 있습니다. 웹 3.0이 주도하는 세상이 오면 탈중앙화는 더 심해져 기업이 주도적으로 생산하는 콘텐츠보다 이용자가 직접 생산하는 콘텐츠가 더 우세할 것이라는 이야기도 있습니다.

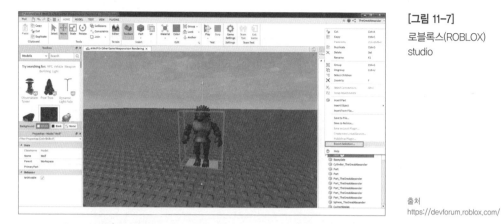

[그림 11-7]
로블록스(ROBLOX)
studio

출처
https://devforum.roblox.com/

내 아바타로 즐기는
또다른 세상

[그림 11-8]
제페토

출처
https://zepeto.me/

과거에는 코딩 기술이 뛰어난 개발자들만 프로그램이나 게임을 만들 수 있었는데, 메타버스가 지배하는 세상이 오면 이 허들이 낮아질 것이라고 합니다. '로블록스'라는 회사는 이미 게임 개발자가 아니라도 직관적으로 쉽게 게임을 개발하고, 내가 개발한 게임을 판매할 수 있게 하는 플랫폼 을 제공하고 있습니다.

그리고 '제페토'라는 회사는 메타버스에서 사용하는 3D 아이템을 쉽게 제작하여 다른 사람들에게 판매할 수 있는 플랫폼을 제공합니다. 로블록스의 경우 게임 개발자에게 게임 판매 수익은 70%를 분배하고 아이템 판매 수익은 30%를 분배해준다고 합니다. 개인 참여 개발자에게 분배한 수익이 2019년에는 3980만 달러(약 466억 원), 2021년에는 1억2970만 달러(약 1517억 원)이며 현재 로블록스에서 전업 게임 개발자로 활동하는 개발자의 수는 약 127만 명이나 된다고 합니다.

그렇기 때문에 기술보다는 '아이디어'가 더 중요해질 것이라는 전망도 있습니다. 그렇다면 "다른 사람이 개발을 쉽게 할 수 있도록 하는 플랫폼을 개발하는 아주 고급 기술을 가진 개발자가 될 것이냐" "쉽게 개발할 수 있는 환경을 가지고 나만의 아이디어를 독창적으로 뽐낼 것이냐" 하는 등의 문제를 어떻게 받아들여야 할지 한 번쯤 고민해봐야 합니다.

현재는 웹, 앱 시장은 과열되어 있고 개발자의 수요가 공급보다 많습니다. 특히 모바일 앱 시장은 레드오션되어 있어 많은 앱이 나오지도 못하고 저무는 게 현실이라고 합니다. "내가 만든 앱이 성공할 것이라는 과신은 대부분 실패한다"라는 말이 있을 정도로 1인 개발자로 성공하기 쉽지 않은 상황입니다. 웹 3.0시대에는 웹 생산자가 개인이 되면서 1인 개발자도 회사에 들어가지 않고도 개발을 할 수 있게 될 것이라는 생각이 듭니다. 그렇게 되면 지금은 허황처럼 느껴지는 **디지털 노마드족**도 지금보다 더 많아질지도 모르겠네요.

디지털 노마드족
인터넷, 스마트폰, 태블릿 PC, 노트북 등의 IT 기기를 통해 전 세계를 여행하며 일하는 사람들을 뜻하는 말이다.

3. 블록체인, NFT

코로나19 팬데믹으로 각 세계에서 비트코인, 메타버스, NFT의 유동성이 급증하며 가상현실 관련한 규모가 점점 확장되고 있습니다. "기존의 블록체인 기술은 거래비용과 진입장벽이 높아 사람들이 쉽게 접근하지 못해 거품이 아니냐" 하는 의문들도 있었습니다. 하지만 실제 블록체인 기술이 점점 상용화되고 가상현실과 메타버스의 규모가 커지면서 블록체인이 기존 산업과 시너지를 내며 새로운 분야를 개척 가능한 기술이 된다는 것이 점점 증명되고 있는 것 같습니다.

블록체인

지금은 기업이나 은행에서 개인의 데이터와 자산을 독점하고 있습니다. 하지만 블록체인 기술을 상용화한다면 네트워크에 참여하는 모든 사용자가 모든 거래 내역 등의 데이터를 분산, 저장할 수 있어 중앙화를 막을 수 있습니다. 블록체인은 기술의 한 종류를 말하는데 한마디로 하면, '데이터 분산 처리 기술'입니다.

'블록체인Block-chain'에서 '블록'은 개인과 개인의 거래의 데이터가 기록되는 장부가 됩니다. 이런 블록들은 시간이 지나 여러 거래가 쌓이면 흐름에 따라 순차적으로 연결된 사슬chain 구조를 가지게 됩니다. 연결된 모든 사용자가 다른 사용자의 모든 거래내역을 보유하고 있어 거래내역을 확인할 때는 모든 사용자가 보유한 장부를 대조하고 확인하는 과정을 거치게 됩니다.

지금은 은행을 통해 금전 거래를 해야 하고, 인터넷에서 어떤 서비스를 이용할 때 기업을 거치게 됩니다. 그렇기 때문에 은행이나 기업이 해킹 등의 공격에 위협받으면 서비스를 이용하는 모든 사람이 피해를 입게 됩니다. 하지만 블록체인은 블록으로 나눠 저장한 데이터를 모두 연결해 확인해야 하기 때문에 위조와 변조가 어렵습니다. 그리고 위조와 변조를 위해 모든 참여자를 공격해야 하기 때문에 해킹도 이론적으로는 불가능하다고 여겨집니다.

비트코인과 같은 가상화폐가 등장하게 된 것도 블록체인 기술이 있기 때문에 가능해졌습니다. 중앙기관인 은행이 없이도 비트코인을 원하는 사람들이 직접 채굴을 통해 금전적 가치가 있는 코인을 발행할 수 있는 것입니다. 이는 중앙은행이 없어도 화폐를 발행하고 유통하고, 금전 거래가 가능하다는 것을 보여줬습니다.

하지만 아직까지 중앙기관의 관리나 정부의 제제없이 금전 거래를 한다는 것은 조금 어렵습니다.

[그림 11-9]
블록체인 거래 방식

출처
www.software.kr

NFT

2021년 여러 경매에서 디지털 아트 작품이 NFT^Non-Fungible Token로 경매되어 많은 화제가 되었고 NFT가 큰 화두에 떠오르게 되었습니다. NFT는 디지털 작품의 원본을 소유할 수 있게 해주는 수단이라고 할 수 있으며 공식적으로는 블록체인에 저장된 '디지털 등기권리증'입니다. 그리고 NFT를 통해 암호화폐와 자산을 결부해 디지털 창작물 거래가 가능합니다.

NFT의 뜻은 'Non-Fungible Token' 즉 '대체 불가능한 토큰'이라는 뜻입니다. 비트코인이 다른 사람이 가진 코인과 1:1로 교환할 수 있는 것과는 다르게 등기권리증과 같은 성격을 가지고 있어 다른 사람의 NFT와 맞교환하는 것이 불가능합니다.

[그림 11-10]
NFT

출처
https://ko.wikipedia.org/wiki/
대체_불가능_토큰

원래의 등기권리증은 물건의 주소나 정보, 건물의 구조나 면적, 소유자의 이름과 주민등록 등이 표시되어 있는 '증'입니다. 이와 비슷하게 NFT는 디지털 콘텐츠의 원본이 저장된 주소와 소유자의 신원 정보 그리고 디지털 콘텐츠에 대한 간단한 정보가 들어 있습니다. 블록체인에 저장되어 있기 때문에 삭제나 수정이 불가능하며 원하는 사람은 누구나 그 내용을 확인할 수 있다는 특징이 있습니다.

NFT는 '미디어 데이터', '메타 데이터', '스마트 계약' 이렇게 세 부분으로 나누어져 있습니다.

- **미디어 데이터**: 원본 디지털 콘텐츠 자체를 의미하고 블록체인이 아닌 외부 저장소에 보관됩니다.
- **메타 데이터**: NFT 미디어 데이터의 제목과 이에 대한 설명, 생성자에 대한 정보, 실제 데이터가 저장되어 있는 곳의 인터넷 주소 등으로 이루어져 있습니다.
- **스마트 계약**: 소유권에 대한 확인과 양도, 로열티 지급에 관한 내용, NFT 메타 데이터가 보관돼 있는 인터넷 주소 등으로 구성되어 있습니다.

메타 데이터와 스마트 계약은 인터넷 주소가 코딩되어 있는 프로그램으로 블록체인에 직접 저장되어 있습니다.

그렇다면 왜 실체도 없는 디지털 작품이나 미디어, 데이터 등을 사람들은 NFT로 거래를 하는 것일까요? 레오나르도 다빈치의 모나리자 그림을 우리는 구글 검색을 통해 또는 여러 복제된 작품을 쉽게 접할 수 있는데 사람들은 모나리자의 원본을 보러 파리의 루브르 박물관까지 갑니다. 그리고 가치가 있는 예술 작품을 소유하고 싶어합니다. 이와 마찬가지로 인터넷에서 생성되는 작품을 'NFT'를 통해 가치를 인정받고, 그것의 복제가 아닌 원본을 소유하고 싶은 사람들은 이를 구매하게 됩니다.

[그림 11-12]는 Crypto Punks라는 1만 개 정도의 독특한 픽셀로 표현된 캐릭터들이며 각각 이더리움 블록체인에 저장됩니다. 사람들은 20만 달러 이상을 주고 이 그림을 구매합니다. 언뜻 보기에 별것 아닌 것처럼 보일 수 있지만 사람들은 점점 개인의 취향에 맞는 희소성을 가진 작품을 소유하고 싶기 때문에 큰 금액을 주고서라도 작품의 원본을 소유하고 싶어합니다. 그것이 설령 실체가 아닐지라도요.

[그림 11-12]
NFT로 거래된 캐릭터들

출처
https://www.larvalabs.
com/cryptopunks/
topsales?sortByUSD=true

암호나 기술 분야에 일가견이 있는 사람이 아니라면 단순 디지털 데이터를 사기 위해 엄청난 돈을 지불한다는 이런 현상이 굉장히 허무맹랑해 보일 수 있습니다. 하지만 작품의 가치를 눈 여겨 보고 희소한 작품을 소유하려고 있는 사람이 많아질수록 NFT의 가치도 올라가게 될 것입니다.

그리고 NFT는 메타버스와 결합될 경우 더욱 빛을 발하게 됩니다. 명품, 한정판 옷과 신발은 그 자체를 복제품과 구별할 수 있게 하는 일련번호와 보증서가 있습니다. 이처럼 디지털 콘텐츠나 아이템, 작품을 NFT를 통해 원본과 복제본을 구별 가능하게 해서 메타버스 생태계의 아이템의 원본을 소유할 수 있게 해줍니다. 이렇게 되면 누구나 참여자가 될 수 있다는 웹 3.0의 취지에 걸맞게 누구든 디지털 굿즈를 만들고 전 세계 사람과 공유하는 세상이 될지도 모릅니다. 그렇게 되면 지금처럼 기업이 독점하지 않고도 여러 사람이 참여하며 인터넷 생태계의 품질을 높이는 선순환이 이뤄질 수 있을 것입니다.

블록체인, 메타버스 개발자?

메타버스와 블록체인 개발자라고 하면 마이너한 분야를 개척하는 사람이라고 생각할 수 있지만 최근에도 블록체인 개발과 메타버스 개발자를 뽑는 공고도 간간히 보이고, 이를 위한 교육과정도 많이 생겨나고 있습니다. 블록체인과 메타버스 같은 신기술을 처음 배우려고 생각하면 덜컥 두렵다는 생각이 들 수 있지만 사실 개발의 큰 틀은 크게 바뀌지 않습니다. 그렇기 때문에 신기술의 경우 신입 개발자가 처음부터 뛰어드는 경우는 많이 없고 경력 개발자가 분야를 여는 경우가 많습니다.

[그림 11-13]
한 기업의 메타버스 및
블록체인 개발자 공고

◆ 모집내용

모집분야	담당업무	자격요건 및 우대사항
NFT 개발자 및 블록체인 개발자	- NFT 게임을 위한 스마트 계약 개발 - 블록체인 환경의 아키텍처, 설계 및 디자인에 기여 - 빠른 프로토타입을 만들고 빠르게 진행되는 프로젝트에서 작업 - 기존 프로토타입을 생산 품질 코드로 가져와 새로운 제품과 오퍼링 제작	[자격요건] - 개발경력 2년 이상 - 이더리움 동작방식에 관한 높은 이해 - YFI,Aave,Compound 등 DeFi 프로젝트 전반에 대한 이해 - Web 등을 이용한 DApp Web Application 개발 경험 - 블록체인 서비스 개발 운영 또는 참여 경험 [우대사항] - 실제 분산 시스템 구현 경험 - Solidity 등을 이용한 이더리움 스마트컨트렉트 개발 경험 - 대안을 연구하고 건축/설계/사업의 독립적 결정 - Java, PL/SQL, MySQL, C++에 능숙

"블록체인 개발, 인공지능 개발, 가상 현실 개발이 뜬다는데 나는 웹 개발이나 앱 개발을 배우면 시대에 뒤쳐지는 것이 아닐까?" 하는 생각은 하지 않아도 됩니다. 신기술은 신기술일 뿐 다른 개발 직군의 판도가 크게 바뀐다거나 풀이 작아진다거나 하는 경우는 없습니다. 오히려 이미 많은 사람이 몸 담고 있는 분야에서 시작을 해야 도움을 얻을 곳도 많고 생태계도 크기 때문에 기술을 더 빨리 습득할 수 있습니다. 다만, 신기술의 흐름과 동향이 어떻게 되는지 동태를 잘 살펴보고 관심을 가지고 있으면 이직을 할 때나 분야를 바꿀 때 더 수월하게 기회를 가질 수 있습니다.

사실 개발자인 우리는 이미 메타버스에 탑승하고 있다고 봐도 과언은 아닙니다. 우리가 만들어내는 것은 실체가 없는 디지털로 이루어지는 프로그램과 인터넷 세계라고 할 수 있고 텍스트에 불과한 소스코드로 여러 기능과 실제 사람들을 즐겁게 해주는 프로그램을 만들고 그 세계를 구축하는 사람들이기 때문입니다.

속한 직군에 따라 우리의 메타버스는 운영체제가 될 수도 안드로이드 스튜디오 같은 개발 IDE가 될 수도 있습니다. 코드와 버전의 형상 관리를 하는 것도 눈에 보이지 않는 어떤 세계를 관리하는 것으로 볼 수도 있겠네요. 개발이라는 이 메타버스 세계의 큰 그림을 읽고 앞으로 나아갈 방향이 무엇인지 꿰뚫는 구성원이 되기 위해서는 이 세계를 깊이 이해하고 다른 개발자들과 친밀한 유대를 갖으며 생태계를 구축해 나가야 합니다. 그렇기 때문에 너무 신기술을 좇기보단 이 세계가 낳는 작은 마을들(웹, 앱, 메타버스 등)을 들여다보는 것부터 시작해보는 것은 어떨까요?

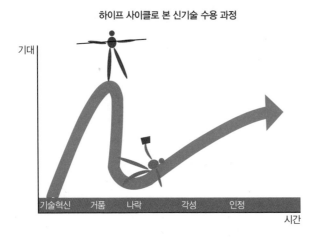

하이프 사이클로 본 신기술 수용 과정

기대

기술혁신 　거품　 나락 　　각성　 인정

시간

[그림 11-14]
신기술 수용 과정

출처
https://weekly.donga.com/
List/3/all/11/3036723/1

[그림 11-14]는 신기술이 시장에 수용되는 과정을 '하이프 사이클'로 표현한 것입니다. 새로운 기술이 등장하고, 이에 대한 시장의 기대가 정점을 찍었다가, 여러 문제들로 실패에 빠지고, 일부 기업이 실현 가능성과 사업성을 깨닫게 되며 이내 주류 기술이 된다는 모델입니다. 블록체인과 암호화폐도 탈중앙화 거래가 가능하다는 기대치로 인해 대중적 인지도가 높아졌다가 기술 자체의 활용가치보다 투기 수단으로 전락하게 되어 거품이 아니냐는 의견이 분분했습니다. 하지만 최근에는 여러 산업에 적용해 의미 있는 성과를 도출한 사례가 많아지기 시작한 것을 보면 하이프 사이클을 따르고 있는 것으로 볼 수 있겠네요.

11장을 마치며

여러 신산업들과 앞으로 등장할 여러 신기술이 떠도는 이야기들처럼 대세가 될지는 사실 아무도 모릅니다. 15년 전, 웹 2.0의 경우도 '열린 인터넷'이라는 슬로건을 걸고 공유, 개방, 참여라는 세 가지 핵심 가치를 통해 사용자들이 자발적으로 참여해 정보와 콘텐츠를 공유한다는 기대가 컸습니다. 하지만 지금은 구글, 아마존, 페이스북 등의 거대한 기업들이 중앙집권하고 있는 형태입니다. 이러한 시대의 흐름을 너무 비관하지도 방관하지도 않고 우리가 기대하는 산업의 흐름에 일조하는 개발자가 되어야 하지 않나 하는 생각을 해봅니다. 그 속에서 나의 길을 찾을 수 있으면 더 좋고요.

개발자에겐 상식
비전공자에겐 고급지식

개발자
상식
개발자가 되기 전에
알았어야 할 것들

부록

개발용어 정리

4차 산업혁명
정보통신기술(ICT)을 기반으로 디지털, 바이오, 물리학 등의 기술영역 경계가 융합되는 기술혁명으로 기술을 통해 현실세계와 가상세계가 융합되는 새로운 기술 혁신이다.

가비지 컬렉션(Garbage Collection)
메모리 관리 기법 중 하나로 프로그램이 동적으로 할당했던 메모리 영역 중에서 필요없게 된 영역을 해제하는 기능이다.

가상 머신(VM, Virtual Machine)
실재하는 컴퓨터상에 소프트웨어를 이용해 논리적으로 만들어낸 컴퓨터다.

가상화(Virtualization)
하나의 물리적 서버에서 여러 운영체제와 애플리케이션을 실행할 수 있도록 하는 소프트웨어 기술이다.

객체(Object)
클래스에서 정의한 것을 토대로 메모리(실제 저장공간)에 할당된 것으로, 프로그램에서 사용되는 데이터 또는 식별자에 의해 참조되는 공간이며, 이름(name)과 값(value)으로 구성된 프로퍼티(property)의 정렬되지 않은 집합이다.

객체지향(Object-Oriented)
데이터와 기능을 '객체'로 만들어 사용하는 프로그래밍 방법으로 객체들을 상호작용하는 것으로 프로그램을 바라보는 입장이다.

게임 엔진(Game Engine)
게임 개발을 위해 필요한 것들을 미리 생성해 둔 프레임워크다.

고급 언어(High-Level Programming Language)
사람이 잘 이해할 수 있고 사람에게 친숙한 프로그래밍 언어다.

공간 복잡도(Space Complexity)
프로그램의 성능을 나타내는 지표 중 하나로, 작성한 알고리즘이 얼마나 많은 공간(메모리)을 차지하는지를 나타내는 방법이다.

관계형 데이터베이스(RDB, Relational DataBase)
가장 많이 사용되고 있는 데이터베이스 종류로, 데이터의 종속성을 관계로 표현하고 테이블과 키, 값으로 관계를 나타낸다.

구문(Syntax)
프로그래밍 언어의 문법이다.

그래프(Graph)
노드(정점), 에지(간선)로 이루어진 자료구조를 말하며 그래프의 한 종류인 비선형 계층적 자료구조다.

기술 부채(Technical Debt)
리팩토링이나 설계 조정의 지연, 다음 업데이트까지 라이브러리나 빌드 도구의 업데이트를 미루는 것, 혹은 로깅이나 디버깅을 대충 처리한 부분을 합리화한 것이다.

깃(Git)
소스코드 및 프로젝트의 변경을 관리하는 버전 관리 소프트웨어다.

깃허브(Github)
깃(git)을 사용하는 프로젝트를 지원하는 웹 호스팅 서비스로, URL을 통해 여러 사람의 코드를 언제 어디서든 볼 수 있다.

나스(NAS, Network Attached Storage)
USB나 CD처럼 컴퓨터에 직접 연결하지 않고, 네트워크, 즉 인터넷을 통해 데이터를 주고받는 저장 장치다.

네이티브 앱(Native App)
모바일 기기에 최적화된 네이티브 언어(개발 언어)로 개발된 앱이다.

네임 서버(Name Server)
도메인 이름과 IP의 상호변환을 가능하게 해주는 서버다.

노이즈(Noise)
시스템에서 전기적, 기계적 이유로 발생하는 불필요한 신호다.

다운타임 비용(Downtime Cost)
시스템이 다운되는 동안 손실된 금액이다.

단위 테스트(Unit Test)
응용 프로그램에서 테스트 가능한 가장 작은 소프트웨어를 실행하여 예상대로 동작하는지 확인하는 테스트다.

데드락(Deadlock)
'교착 상태'라고 하며 프로세스가 자원을 얻지 못해 다음 처리를 하지 못하는 상태를 말한다.

데몬(Daemon)
리눅스 시스템이 처음 가동될 때 실행되는 백그라운드 프로세스의 일종이며, 메모리에 상주하면서 특정 요청이 오면 즉시 대응할 수 있도록 대기 중인 프로세스를 말한다.

데브옵스(DevOps)

DevOps는 Development(개발)와 Operations(운영)의 합성어로 소프트웨어 개발자와 정보 기술 전문가 간의 소통, 협업, 통합을 강조하는 개발환경이다.

데이터 사이언티스트(Data Scientist)

데이터를 관리하고 분석하여 비즈니스 문제를 해결하기 위한 다양한 기술 및 도메인 기반 기술을 필요로 하는 직업이다.

데이터 파이프라인(Data Pipeline)

데이터를 여러 군데서 수집하는 방법이다. 데이터를 추출하고, 변경하고, 결합하고, 검증하고, 적재하는 과정을 자동화하는 것을 의미한다.

데이터베이스(DB, DataBase)

여러 사람이 공유하여 사용할 목적으로 체계화해 통합, 관리하는 데이터의 집합이다.

도메인(Domain)

IP는 사람이 이해하고 기억하기 어렵기 때문에 이를 위해서 각 IP에 이름을 부여할 수 있게 한 것이다.

도커(Docker)

리눅스 컨테이너를 기반으로 하여 특정한 서비스를 패키징하고 배포하는 데 유용한 오픈소스 프로그램이다. 가상으로 다양한 환경을 빠르게 구성할 수 있다는 장점이 있다.

동적 타입 언어(Dynamic Typed Language)

변수의 타입을 명시하지 않는 언어로 실행 후(런타임 시) 자료형이 결정된다.

동적 할당(Dynamic Memory Allocation)

프로그램이 실행되는 런타임 동안 사용자가 메모리에 직접 공간의 크기나 시점을 결정하는 것이다.

디버거(Debuger)

디버깅 작업을 도와주는 툴이나 솔루션이다.

디버그(Debug)

개발 단계에서 발생하는 버그를 찾아내고 수정하는 과정이다.

디자인 패턴(Design Pattern)

프로그램 설계 방식을 명명해 '패턴'으로 지정하고 어떻게 프로그램과 소스코드를 설계해야 하는지에 대한 방법론이다.

디지털 노마드족

인터넷, 스마트폰, 태블릿 PC, 노트북 등 IT 기기를 통해 전 세계를 여행하며 일하는 사람들을 의미한다.

딥러닝(Deep Learning)

인간의 뇌에서 신경 세포를 사용하는 방식과 유사한 알고리즘을 사용하는 머신러닝의 하위 분야로, 많은 레이어를 쌓아 데이터에서 일반적인 규칙을 얻는 과정이다.

라우팅(Routing)

어떤 네트워크 안에서 데이터를 최적의 경로로 선택하는 과정이다.

라이브러리(Library)

프로그램 개발을 위해 특정 기능들을 미리 만들어 놓은 것으로, 주로 함수나 API 형태로 제공된다. 대부분의 개발자는 처음부터 모든 기능을 만들지 않고, 라이브러리 함수를 사용해 개발을 하게 된다.

라즈베리파이(Raspberry Pi)

영국의 라즈베리 파이(Raspberry Pi) 재단에서 만든 초소형/초저가의 컴퓨터다. 교육용 프로젝트의 일환으로 개발되었다.

랜딩 페이지(Landing Page)

링크가 있는 모든 웹 페이지를 말하며 사용자가 검색엔진, 광고, 소셜미디어 등의 온라인 채널에 포함된 하이퍼링크를 클릭했을 때 최초로 도착해서 보게 되는 웹 페이지를 의미한다.

러닝커브(Learning Curve)

무언가를 습득하는 데 드는 시간(학습 비용)이다.

런타임(Runtime)

프로그램이 실행되는 때 존재하는 환경이다. 예를 들어, 자바스크립트의 런타임은 브라우저다.

레거시(Legacy)

더이상 쓰기 힘들거나 오류나 버그가 발생되는 오래되거나 나쁜 코드다.

렌더링(Rendering)

분야마다 의미가 조금 다르지만, 웹에서 렌더링을 한다는 의미는 브라우저가 코드를 바탕으로 클라이언트에게 시각적으로 볼 수 있는 페이지를 구성하는 작업으로 말한다.

로그(Log)

시스템 동작 시 시스템 상태, 작동 정보를 시간의 경과에 따라 기록한 것이다.

리눅스(Linux)

컴퓨터 운영체제 중 하나이며, 다중 사용자, 다중 작업(멀티태스킹, 다중 스레드)을 지원하는 네트워크 운영체제(NOS)로 유닉스와는 별개이며 오픈소스로 개발되었다.

리액티브 프로그래밍(Reactive Programming)

주변의 환경과 끊임없이 상호작용을 하는 데 있어 프로그램이 주도하는 것이 아니라 환경이 변하면 이벤트를 받아 동작하는 방식이다.

리팩토링(Refactoring)

이미 작성한 소스코드에서 구현된 기능, 로직 변경 없이 코드의 가독성과 유지보수성을 높이기 위해 내부 구조를 변경하는 것이다.

린 스타트업(Lean Startup)

애자일 방법론 중 하나로 전통적인 경영 방식인 엄밀한 시장 조사, 치밀한 사업 계획을 통해 제품을 만드는 것이 아닌 혁신적인 제품을 좀 더 빨리 개발해 시장에 내놓는 것이다.

마이그레이션(Migration)

'이주'라는 단어 뜻 그대로 새로운 하드웨어나 소프트웨어 혹은 둘 모두가 바뀌는 환경을 의미한다.

마이크로 서비스(Micro Service)

소프트웨어를 구축하기 위한 아키텍처이자 하나의 접근 방식으로, 애플리케이션을 상호 독립적인 최소 구성 요소로 분할하는 것이다.

마일스톤(Milestone)

프로젝트 진행 과정에서 특정할 만한 일이나 표 또는 프로젝트에서 특기할 만한 분기점이다.

마크업(Markup)

마크(또는 태그)로 둘러싸인 언어이며 태그를 통해 데이터의 구조를 명기한다.

머신러닝(Machine Learning)

인공지능의 한 분야로 데이터의 수학적 모델을 사용해 명령 없이도 컴퓨터가 데이터의 패턴을 발견하고 학습하도록 하는 분야다.

메타 태그(Meta Tag)

문서의 정보를 담고 있는 태그를 의미하며, HTML을 통해 만든 웹페이지를 브라우저가 개괄적으로 판단할 수 있도록 해준다.

메타버스(Metaverse)

가상, 초월을 뜻하는 단어 '메타(Meta)'와 우주를 뜻하는 '유니버스(Universe)'의 합성어로, 현실세계와 같은 사회, 경제, 문화 활동이 이루어지는 3차원의 가상세계다.

명령형 프로그래밍(Imperative Programming)

문제를 해결하는 절차를 기술하는 프로그래밍 방법이다. 프로그램은 수행할 명령어로 구성되어 있고 명령어들은 주로 프로그램의 상태를 변경하는 데 사용된다.

모니터링(Monitoring)

프로덕션 시 문제점을 즉시 발견할 수 있도록 서비스의 상태 및 성능에 대한 데이터를 스트리밍하여 확인하는 것을 말한다.

모달(Modal)

사용자의 이목을 끌기 위해 사용하는 화면전환 기법을 의미한다. 사실, 화면을 전환한다기보다는 이목을 집중해야 하는 화면을 다른 화면 위로 띄워 표현하는 방식이다.

문맥교환(Context Switching)

CPU가 현재 작업 중인 프로세스에서 다른 프로세스로 넘어갈 때 지금까지의 프로세스의 상태를 저장하고, 새 프로세스의 저장된 상태를 다시 적재하는 작업이다.

뮤텍스(Mutex)

운영체제에서 쓰이는 동기화 기법으로 프로세스의 순차적인 처리를 위해 하나의 프로세스 혹은 스레드 경쟁을 막아 원활한 공유자원을 가능하게 한다.

미들웨어(Middleware)

응용 소프트웨어가 운영체제로부터 제공받는 서비스 이외에 추가적으로 이용할 수 있는 서비스를 제공하는 컴퓨터 소프트웨어로, 양 쪽을 연결하여 데이터를 주고받을 수 있도록 중간에서 매개 역할을 한다.

미디어 쿼리(Media Query)

디스플레이의 해상도, 스캔방식, 디바이스 크기에 따라 화면이 잘 출력될 수 있도록 CSS 처리를 다르게 해서 다양한 디바이스에 따라 최적화된 화면을 구성할 수 있도록한 기법이다.

바벨(Babel)

자바스크립트의 컴파일러로, 크로스 브라우징 이슈를 해결하기 위해 최신 ES 버전의 자바스크립트 코드를 구버전의 코드로 바꿔주는 역할을 한다.

반응형 웹 디자인(RWD, Responsive Web Design)

하나의 웹 사이트에서 PC, 스마트폰, 태블릿 PC 등 접속하는 디스플레이의 종류에 따라 화면의 크기가 자동으로 변하도록 만든 웹 페이지 접근 기법이다.

방화벽(Fire Wall)

외부 사용자(WAN)가 내부 네트워크(LAN)에 접근하지 못하도록 하는 일종의 내부 네트워크 방어도구다.

배열(Array)

데이터가 많아지고 속성이 같은 데이터들을 그룹으로 관리할 필요가 있을 때 사용하는 선형 자료구조다.

배포(Release, Deploy, Distribute)
프로그래머가 작성한 소스코드로 이루어진 프로그램을 사용자들이 사용할 수 있도록 하는 작업이다. 웹 개발의 경우 개발한 웹 사이트를 URL을 통해 접속하여 이용할 수 있게 하는 것을 말한다.

백엔드(BE, Back End)
사용자가 보이지 않는 로직들을 컨트롤하는 소스코드를 만드는 포지션이다. 서버 개발이라고도 한다.

버그(Bug)
소프트웨어에서 발생하는 예상치 못한 오류다.

병렬 컴퓨팅(Parallel Computing)
동시에 많은 계산을 하는 연산의 한 방법으로 여러 일을 동시에 더 빨리 처리하는 방식 분산 시스템과 큰 차이는 없지만 분산 시스템은 하나의 일을 처리, 병렬 처리는 여러 개의 일을 처리한다는 점이 다르다.

병목현상(Bottleneck)
전체 시스템의 성능이나 용량이 하나의 구성 요소로 인해 제한을 받는 현상이다.

보일러 플레이트 코드(Biler Plate Code)
최소한의 변경으로 여러 곳에서 재사용되며, 반복적으로 비슷한 형태를 띄는 코드다.

부트스트랩(Bootstrap)
웹사이트를 쉽게 만들기 위한 CSS 클래스 스타일시트와 자바스크립트 플러그인 라이브러리다.

분기문(Decision Making)
프로그램 중 참(True) 또는 거짓(False)을 반환하는 조건식의 결과에 따라 프로그램을 어떠한 경로로 실행할지를 결정하는 분기문이나 조건문이다.

분산 시스템(Distributed System)
사용자 입장에서는 하나의 시스템으로 보이지만, 여러 개의 독립적인 컴퓨터들의 집합이다.

블록체인(Block-Chain)
블록에 데이터를 담아 체인 형태로 연결한 뒤 수많은 컴퓨터에 이를 동시에 복제, 저장하는 분산형 데이터 저장 기술이다.

비동기 프로그래밍(Asyncronous Programming)
특정 함수 또는 코드의 실행 완료와 상관없이 다음 코드 및 함수를 실행하는 방식이다.

비정형 데이터(Unstructured Data)
소셜 미디어 데이터, 영상, 이미지, 음성 등의 정해진 규칙이 없는 데이터로 연산되지 않는다.

비즈니스 로직(Business Logic)
백엔드 쪽에서 작성하는 로직이자 프로그램을 만들 때 필요한 논리적인 흐름이다.

비즈니스 사이클(Business Cycle)
일정 기간 동안의 경제 활동의 변동성을 나타낸다. 새로운 제품이 출시되고 트렌드가 넘어가는 주기다.

빅오(Big-O) 표기법
알고리즘의 시간 복잡도를 계산할 때 최악의 경우를 계산하는 방식이다.

빌더(Builder)
빌드를 쉽고 빠르게 개발할 수 있게 해주는 툴이나 솔루션이다.

빌드(Build)
많은 양의 소스코드와 파일들을 하나의 소프트웨어로 배포하기 위해 특정 형태로 압축하거나 변경하는 과정이다.

사이드 프로젝트(Side Project)
본업 외에 하고 싶은 일을 지속적으로 하여 나만의 결과물을 만들어내는 프로젝트다. 프로젝트 중에서도 소규모, 비공식, 개인적인 성격을 지니는 프로젝트를 말한다.

사이드 이펙트(Side Effect)
함수가 함수 외부의 어떤 영향 때문에 의도한 결과가 의도한대로 나오지 않는 현상이다.

상속(Extends)
클래스에서 상속이란, 물려주는 클래스(Parent Class, Super Class)의 내용(속성과 메서드)을 물려받는 클래스(Child Class, Sub Class)가 가지게 되는 것이다.

서드파티(Third Party)
플러그인이나 라이브러리 등을 만드는 회사를 말하며 제조사와 사용자 이외의 외부 생산자를 가리키는 뜻이다.

서버사이드 렌더링(SSR, Server-Side Rendering)
동적인 데이터를 서버의 자원을 이용해 미리 html 포맷으로 바꿔 렌더링한 후 클라이언트에게 보내주는 방식을 말한다.

서블릿(Servlet, Server + Applet)
동적 웹 페이지(Dynamic Web Page)를 만들 때 사용되는 자바 기반의 웹 애플리케이션 프로그래밍 기술이다.

선언형 프로그래밍(Declarative Programming)
명령형 프로그래밍과 반대되는 개념으로 목표만 명시하고 알고리즘을 명시하지 않는 프로그래밍 방법이다.

세마포어(Semaphore)
운영체제에서 쓰이는 동기화 기법으로, 프로세스의 순차적인 처리를 위해 여러 프로세스 혹은 스레드 경쟁을 막아 원활한 공유자원을 가능하게 한다.

세션(Session)
사용자가 웹 브라우저를 통해 웹 서버에 접속한 시점으로부터 웹 브라우저를 종료하여 연결을 끝내는 시점까지, 같은 사용자로부터 오는 일련의 요청을 하나의 상태로 보고, 그 상태를 일정하게 유지하는 기술이다.

소켓 프로그래밍(Socket Programming)
소켓을 사용하고 조작하여 소프트웨어 간 통신 연결을 만드는 프로그래밍이다.

셸(Shell)
사용자와 운영체제 간에 대화를 가능하게 해주는 명령어 해석기 역할을 하는 프로그램이다.

스레드(Thread)
프로세스 내에서 실행되는 여러 흐름의 단위다.

스코프(Scope)
변수에 접근할 수 있는 범위이자 변수가 영향을 미치는 범위다.

스코프체인(Scope Chain)
일종의 리스트로서 전역 객체와 중첩된 함수, 스코프의 레퍼런스를 차례로 저장하고, 의미 그대로 각각의 스코프가 어떻게 연결(chain)되고 있는지 보여주는 것이다.

스크럼(Scrum)
반복적이고 점진적인 개발 방법으로, 소프트웨어 개발 반복 주기가 종료될 때마다 부분적인 결과물이 만들어지는 방법이다. 이 반복주기를 스프린트(sprint)라고 하며 주로 1~4주로 구성된다.

스택 영역(Stack Memory)
컴퓨터 메모리에서 함수의 호출과 관계되는 지역변수와 매개변수가 저장되는 영역이다.

스택(Stack)
리스트 자료구조에 포함되지만 조금 특별한 경우로, 마지막에 들어온 데이터가 가장 먼저 나가는 LIFO(Last In First Out) 구조를 가진 선형 자료구조다.

스택오버플로우(Stack Overflow)
블록에 남은 공간이 없기 때문에 특정 메모리 블록에 데이터를 쓰려는 시도가 실패하는 프로그래밍 오류를 의미하기도 하고 프로그래밍에 대한 다양한 주제에 대한 질문과 답변을 받을 수 있는 개발 커뮤니티 이름이기도 하다.

스프린트(Sprint)
매우 크지 않은 작업을 적당한 기간동안 집중해서 업무를 수행하는 것이다.

슬랙(Slack)
각각의 대화방별 주제에 맞게 업무를 하거나 의사소통을 할 수 있는 메신저다.

시간복잡도(Time Complexity)
프로그램의 성능을 나타내는 지표 중 하나로, 특정 알고리즘이 어떤 문제를 해결하는 데 걸리는 시간이다.

싱글톤 패턴(Singletone Pattern)
해당 클래스에 한 개의 인스턴스만을 갖게 하고 전역 범위에서 이 인스턴스에 접근할 수 있도록 사용하는 패턴이다.

알고리즘(Algorithm)
어떤 문제를 해결하기 위해 정해진 일련의 절차나 방법을 공식화한(일반화한) 형태로 표현한 것을 의미한다.

애자일(Agile)
짧은 주기의 개발 단위를 반복하여 하나의 큰 프로젝트를 완성해 나가는 방식이다.

어셈블리어(Assembly Language)
기계어를 사람이 이해하기 쉬운 기호와 1:1로 매핑해서 기호화한 프로그램 언어다.

에러(Error) 또는 오류
에러는 시스템에 비정상적인 상황이 생겼을 때 발생하는 것으로 시스템이 종료되어야 할 수준의 심각한 문제를 의미한다.

연결 리스트(Linked List)
데이터를 저장할 때 데이터를 저장하는 공간과 함께 그 다음에 나올 데이터가 저장된 공간을 가리키는 주소 값을 동시에 가지고 있는 선형 자료구조다.

예외(Exception)
오류가 발생할 가능성을 미리 예상하고 프로그램이 비정상적으로 종료되지 않게 하는 것이다.

오버라이드(Override)
메서드의 이름은 물론 파라미터의 개수나 타입도 동일해야 하며, 주로 상위 클래스의 동작을 상속받은 하위 클래스에서 변경하기 위해 사용한다.

오버로드(Overload)
메서드의 이름은 같고 매개변수의 개수나 타입이 다른 함수를 정의하는 것을 의미한다. 반환 값만 다르게 갖는다면 작성할 수 없도록 하여 동일한 이름의 메서드가 두 개 이상 존재하지 못하게 한다.

오프프레미스(Off-Premise)

온프레미스의 반대 개념으로 SaaS 또는 클라우드 형태로 서비스를 구축하는 형태다.

오픈 그래프(OG, Open Graph)

어떤 HTML 문서의 메타정보를 쉽게 표시하기 위해서 메타정보에 해당하는 제목, 설명, 문서의 타입, 대표 URL 등 다양한 요소들에 대해서 사람들이 통일해서 쓸 수 있도록 정의해놓은 프로토콜이다.

오픈소스(Open Source)

공개된 소스코드를 의미하며, 일반적으로 자유롭게 사용, 복제, 배포, 수정할 수 있다. 다방면으로 필요한 소스들을 공개된 소스코드를 통해 확인할 수 있다.

오픈소스 문화(Open Source Culture)

여러 사람이 쌓은 개발 지식을 누구나 볼 수 있고, 서로 공유하며 고도화하는 것이다.

온프레미스(On-Premise)

자사에 데이터센터를 두고 시스템 구축부터 운영까지 수행하는 형태다.

와이어프레임(Wireframe)

제품을 구성하는 서로 다른 레이아웃을 정적인 상태로 재현한 것으로, 간단한 모양만을 사용해 인터페이스를 시각적으로 묘사한 것을 말한다.

요청(Request), 응답(Response)

요청은 클라이언트가 서버로 특정 데이터를 받아올 수 있게끔 보내는 메시지이며, 응답은 요청에 대한 서버의 답변으로 요청 받은 문서나 데이터 등을 클라이언트로 전송한다.

운영체제(OS, Operating System)

시스템 자원들을 관리하는 역할을 하는 선장과 같은 존재 자원들을 사용자가 잘 사용할 수 있도록 환경을 제공하는 여러 프로그램의 모임이다. 좁은 의미로는 커널(Kernel)이라고도 한다.

웹 서버(Web Server)

HTTP를 통해 웹 브라우저에서 요청하는 HTML 문서나 오브젝트(이미지 파일 등)를 전송해주는 서비스 프로그램이다.

웹 앱(Web App)

웹 페이지, 즉 홈페이지와 같은 웹을 스마트폰 화면 크기로 줄인 것이다.

웹 퍼블리싱(Web Publishing)

웹 화면에서 디자인 시안에 맞게 시각적인 면을 만드는 작업을 말한다. 주로 HTML, CSS를 다루게 된다.

웹 호스팅(Web Hosting)

외부의 서버를 빌려서 기능을 사용하는 것으로 호스팅 업체에서 보유하고 있는 서버의 일부를 빌리는 것이다.

웹팩(Webpack)

최신 프런트엔드 프레임워크에서 가장 많이 사용되는 모듈 번들러(Module Bundler)다.

위지윅(WYSIWYG, What You See is What You Get)

문서를 편집하는 과정에서 화면에 보이는 문장이나 글 맵시 등을 출력물과 동일하게 화면에 그리는 방식이다.

유닉스(Unix)

미국 벨(Bell) 연구소에서 개발한 운영체제로, 프로그램 대부분이 C 언어로 수정되면서 이식성이 높아지고 동시 다중 사용자 및 다중 작업의 실행을 지원하는 대화형 소프트웨어로, 주로 서버용 컴퓨터에서 사용하는 운영체제다.

유효성 검사(Validation)

어떤 데이터 값이 유효한지, 타당한지 확인하는 것으로, 사용자가 폼 페이지에서 입력한 데이터 값이 서버로 전송되기 전 특정 규칙에 맞게 입력되었는지 검증하는 방법이다.

인덱스(Index)

데이터베이스에서 인덱스란 추가적인 쓰기 작업과 저장 공간을 활용해 데이터베이스 테이블의 검색 속도를 향상시키기 위한 자료구조다.

인수 테스트(Acceptance Test)

사용자 스토리(시나리오)에 맞춰 수행하는 테스트다.

인자(Argument)/매개변수(Parameter)

인자는 함수 호출 시 함수에게 전달하는 값을 의미하며, 매개변수는 함수 호출 시 전달되는 인자를 받아들이는 변수를 의미한다.

인터페이스(Interface)

사물과 사물 또는 인간과 사물 사이의 경계에서 상호간 소통을 위해 만들어진 모든 매개체를 의미한다.

인터프리터(Interpreter)

프로그래밍 언어의 소스코드를 바로 실행하는 컴퓨터 프로그램 또는 환경이다.

인프라(Infra)

Infrastructure를 줄인 말로 하드웨어, 운영체제, 네트워크, 미들웨어 등의 개발이나 서비스를 위한 환경과 관리해야 하는 자원을 의미한다.

일렉트론(Electron)
자바스크립트, HTML, CSS를 이용하여 데스크톱 애플리케이션을 만드는 프레임워크다.

임베디드(Embedded System)
전체 장치의 일부분으로 구성되며 제어가 필요한 시스템을 위한 두뇌 역할을 하는 특정 목적의 컴퓨터 시스템이다.

자료구조(Data Structure)
자료(데이터)에 대한 처리를 효율적으로 수행할 수 있도록 자료를 구분지어 표현한 것이다.

재귀(Recursive)
자신을 재참조하는 함수를 뜻하며 어떤 문제를 해결하기 위해 동일한 문제의 조금 더 작은 경우를 해결함으로써 문제를 해결하는 방법이다.

저급 언어(Low-Level Programming Language)
컴퓨터가 이해하기 쉬운 기계어/어셈블리어와 가까운 언어다. 컴파일 시간이 빠르므로 빠른 속도가 중요한 개발에 적합하다.

전역 변수(Global Variable)
어느 위치에서든 호출하면 사용이 가능한 변수로, 함수 밖에 선언하여 클래스 전체에서 사용이 가능한 변수다.

절차지향 프로그래밍(Procedural Programming)
물이 위에서 아래로 흐르듯 순차적인 처리가 중요한 프로그래밍 방법이다. 객체지향이 '현실 세계를 모델링'하는 관점이라면 절차지향은 '프로그램이 어떤 작업을 하는지'에 초점에 둔다.

정적 타입 언어(Static Typed)
변수의 타입을 명시하는 언어로 컴파일 시 변수의 타입이 결정된다.

정적 할당(Static Memory Allocation)
프로그램마다 사용할 메모리 크기를 고려해 컴파일 시 메모리를 할당하는 것이다.

정형 데이터(Structured Data)
엑셀, 관계형 데이터베이스, 스프레드 시트 등 테이블에 넣을 수 있게 구조화된 데이터다.

제어 플래그(Control Flag)
상태를 기록하고 처리의 흐름을 제어하기 위한 불린(Boolean)형 변수다.

젠킨스(Jenkins)
여러 개발자가 하나의 프로그램을 개발할 때 버전 충돌을 방지하기 위해 각자 작업한 내용을 공유 영역에 있는 저장소에 업로드해서 지속적 통합(CI)을 가능할 수 있도록 제공하는 툴이다.

종속성(Dependency)
프로그램의 구조가 데이터 구조에 영향을 받는 것이다.

지라(Jira)
프로젝트 관리 툴로 이슈 중심의 프로젝트 관리와 협업을 가능하게 해주는 툴이다.

지역 변수(Local Variable)
특정 구역(중괄호 { }) 내에서 생성되어 그 구역에서만 사용가능한 변수다. 다른 말로 함수 속에 선언되어 해당 함수 속에서만 사용이 가능한 변수라고도 할 수 있다.

최적화(Optimization)
주어진 조건이나 범위 내에서 최대의 효율을 발휘하게 만드는 것을 의미하며 메모리 사용량의 절감과 함께 최상의 성능을 구현하기 위한 과정이다.

추상 클래스(Abstract Class)
하나 이상의 추상 메서드를 포함하는 클래스로, 인터페이스의 역할도 하면서 클래스의 기능도 가지고 있는 클래스다.

추상화(Abstraction)
소프트웨어에서 추상화란 인터페이스에 의존하고 구체적인 구현에는 의존하지 않는 것을 의미한다. 기본적인 추상화 방법으로 함수를 사용한다.

카오스 엔지니어링(Chaos Engineering)
운영 환경에서도 갑작스러운 장애를 견딜 수 있는 시스템을 구축하기 위해 시스템을 실험하는 분야다.

캐시(Cache)
자주 사용하는 데이터나 값을 미리 복사해 놓는 임시 장소다.

커밋(Commit)
버전 관리에서 파일 및 폴더의 추가, 변경 사항들에 대해 기록하는 것을 말하며 이러한 변경사항을 저장소의 최상위 리비전(head revision)의 일부분으로 만들어준다.

컨트리뷰션(Contribution)
오픈소스 프로젝트에 참여하고 기여하는 모든 활동(오타 수정, 소스코드 수정, 가이드 작성, 번역 등)이다.

컴파일(Compile)
소스코드를 컴퓨터가 이해할 수 있는 0과 1로 이루어진 기계어로 번역하는 작업이다.

컴포넌트(Component)
프로그래밍에 있어 재사용이 가능한 각각의 독립된 모듈로 여러 개의 프로그램 함수들을 모아 하나의 특정한 기능을 수행할 수 있도록 구성한 기능적 단위를 의미하기도 한다.

코딩 컨벤션(Coding Convention)

읽고, 관리하기 쉬운 코드를 작성하기 위한 코딩 스타일 규약이다.

쿠버네티스(Kubernetes)

도커에서 컨테이너화된 애플리케이션의 배포, 확장 및 관리를 자동화할 수 있도록 해주는 툴이다.

쿠키(Cookie)

http의 일종으로, 웹 사이트 방문 시 그 사이트가 사용하고 있는 서버에서 사용자의 클라이언트에 저장하는 기록 데이터 파일이다.

쿼리(Query)

관계형 데이터베이스에서 데이터를 요청하고 관리하기 위해 사용하는 질의문을 말한다.

큐(Queue)

리스트 자료구조에 해당하지만 조금 특별한 경우로 처음 들어간 데이터가 가장 먼저 나가는 FIFO(First In First Out) 구조를 가진 선형 자료구조다.

크로미움(Chromium)

구글의 크로미움이라는 오픈소스 프로젝트에서 만든 브라우저다.

크로스 컴파일(Cross Complie)

하나의 시스템에서 만들어져 사용되는 프로그램이나 소스 등을 다른 시스템에서 사용되도록, 운용환경을 바꿔서 실행되도록 하기 위한 절차다.

크로스 플랫폼(Cross Platform)

특정 소스를 플랫폼(예 윈도우즈, 리눅스)에 묶이지 않고 자유롭게 사용할 수 있도록 지원하는 역할을 하는 플랫폼이다.

크롤링(Crawling)

컴퓨터 소프트웨어 기술로, 웹 사이트에서 원하는 정보를 추출하는 것을 의미한다.

클라우드 서비스(Cloud Service)

타사 제공업체가 호스팅하여 인터넷을 통해 사용자에게 제공하는 인프라, 플랫폼 또는 소프트웨어다.

클라우드 인스턴스(Cloud Instance)

클라우드 서비스에서 인스턴스란 가상 서버를 말하며 한 대의 클라우드 컴퓨터를 의미하는 단위다.

클라우드 클러스터(Cloud Cluster)
클라우드 서비스에서 클러스터란, 작업이나 서비스의 논리적인 그룹을 말하며 EC와 같은 클라우드의 가상 서버(인스턴스)의 묶음을 의미한다.

클라이언트(Client)
네트워크를 이용하여 서버 시스템에 연결된 PC나 스마트폰 등을 말한다.

클라이언트 측 렌더링(CSR, Client-Side Rendering)
서버로부터 페이지를 다운받은 후 클라이언트의 자원(CPU, Memory)을 이용해 동적인 데이터를 렌더링하는 방식이다.

클래스(Class)
객체를 정의하는 틀 또는 설계도와 같은 의미다. 현실세계에 빗대어 말하자면 동일한 속성과 행위를 수행하는 객체의 집합이라 할 수 있다.

클린코드(Clean Code)
다른 사람도 쉽게 코드를 이해할 수 있고, 수정이 쉬운 코드다.

통합 테스트(Integration Test)
단위 테스트보다 더 큰 동작을 달성하기 위해 여러 모듈을 모아 의도하는 대로 동작하는지 확인하는 테스트다.

트래픽(Traffic)
홈페이지에 방문자가 접속을 하면 방문자에게 전송되는 데이터양이다.

트랜잭션(Transaction)
데이터베이스의 상태를 변환시키는 하나의 논리적 기능을 수행하기 위한 작업 단위 또는 한꺼번에 모두 수행되어야 할 일련의 연산 단위다.

트렐로(Trello)
웹 기반 프로젝트 및 일정 관리 툴이다.

트리(Tree)
데이터를 노드(정점)로 표현하고 연결된 관계를 에지(간선)로 표현한 비선형 계층적 자료구조다.

파싱(Parsing)
하나의 프로그램을 런타임 환경이 실제로 행할 수 있는 내부 포맷으로 분석하고 변환하는 것을 의미한다.

퍼블리셔(Publisher)
디자이너가 작업한 화면을 개발할 수 있게 퍼블리싱하는 역할로, 그림을 소스코드에 반영하기 위한 스타일 가이드를 작성하고 직접 코딩을 하기도 한다.

펌웨어(Firmware)
하드웨어 장치의 제어를 제공하는 컴퓨터 소프트웨어다.

포트 포워딩(Port Forwarding)
컴퓨터들에게 특정 포트를 개방함으로써 서로 통신이 되도록 하는 것을 의미하며 통신하는 목적
지, IP 주소와 포트 번호를 내부 호스트에 다시 매핑하는 방식을 사용한다.

포트(Port)
운영체제 통신에서의 종단점을 의미하며 다른 장비와 연결하기 위한 논리적인 접속장소를 말
한다.

풀 리퀘스트(Pull Request)
깃허브(Github) 저장소에 있는 소스코드 변경사항을 다른 개발자에게 알리는 것이다. 코드 리
뷰나 오픈 소스 프로젝트에 기여할 때 사용한다.

풀스택(Full-Stack)
프런트엔드 개발과 백엔드 개발을 총칭하는 영역이다.

프레임워크(Framework)
라이브러리는 개발자가 작성한 프로그램에 가져와 쓰는 형태라면, 프레임워크는 특정 형태의 소
프트웨어가 기본적으로 틀이 갖춰져 있는 것을 말한다. 기본으로 제공되는 기능 위에 개발자가
소스코드를 추가적으로 덧붙여 프로그램을 만들 수 있다(예 스프링, 장고, 리액트 등).

프로세스(Process)
컴퓨터에서 연속적으로 실행되고 있는 컴퓨터 프로그램이다.

프로토콜(Protocol)
컴퓨터나 원거리 통신 장비 사이에서 메시지를 주고받는 양식과 규칙의 체계다.

프로토타이핑(Prototyping)
본격적으로 서비스나 제품 개발, 생산에 들어가기 전에 간단히 핵심 기능만 넣어 제작한 기본 모
델을 만드는 것을 말한다.

프런트엔드(FE, Front End)
웹 화면 또는 모든 소프트웨어의 화면(GUI)을 만드는 포지션이다.

프리 소프트웨어(Free Software)
자유롭게 사용하고 복사하고 배포 및 개선을 할 수 있는 소프트웨어다.

플러그인(Plug-in)
컴퓨터, 브라우저 등에 추가 프로그램을 설치하여 특정 기능을 수행할 수 있도록 하는 소프트웨
어다.

하드코딩(Hard Coding)

데이터를 코드 내부에 직접 입력하는 것이다. 기술적으로는 데이터가 실행 바이너리(웹 파일 등)에 합쳐져 있는 상태를 말한다.

하이브리드 앱(Hybrid App)

겉으로 보기에는 일반 어플로 보이지만 실제로는 웹을 기반으로 만들어진 앱이다.

함수형 프로그래밍(Functional Programming)

프로그래밍을, 자체 값을 가지지 않는 순수 함수들의 연속으로 보는 프로그래밍 방법이다.

해커톤(Hackerthon)

해킹(Hacking)과 마라톤(marathon)의 합성어로 알고리즘, 해킹, 블록체인, 인공지능 등의 문제를 풀거나 기획자, 개발자, 디자이너 등의 직군이 팀을 이루어 제한 시간 내 주제에 맞는 서비스를 개발하는 등의 경진대회다.

호스트(Host)

네트워크에 연결되어 있는 컴퓨터들을 의미하며 인터넷에서 호스트는 인터넷을 통해 다른 컴퓨터들과 쌍방향 통신이 가능한 컴퓨터를 말한다.

환경변수(Environment Variable)

소프트웨어가 돌아가는 환경마다 특정 변수명에 지정된 값이다(웹 자바가 설치된 경로를 'JAVA_HOME'이라는 환경변수에 담는다).

힙 영역(Heap Memory)

개발자가 직접 관리하는 메모리 영역으로 개발자에 의해 할당되고 해제되는 메모리 영역이다.

A/B 테스트

웹이나 앱 서비스에서 특정 기능의 두 버전을 서로 비교하여 어떤 버전이 더 효과적인지 판단하는 테스트이자 여러 시나리오 중 최적안을 선정하기 위한 시험 방법이다(웹 A: 메뉴바를 상단에 배치, B: 메뉴바를 측면에 배치).

AJAX(Asynchronous Javascript and XML)

자바스크립트를 사용해 브라우저가 서버에게 비동기 방식으로 데이터를 요청하고, 서버가 응답한 데이터를 수신하여 웹 페이지를 '새로고침'하지 않고 필요한 부분만 렌더링하는 프로그래밍 방식이다.

API(Application Programming Interface)

응용 프로그램에서 사용할 수 있도록, 운영체제나 프로그래밍 언어가 제공하는 기능을 제어할 수 있게 만든 인터페이스로, 함수나 클래스 형태로 제공된다.

ASO(App Store Optimization)
모바일 앱과 게임을 iOS 앱 스토어와 구글플레이 스토어 내의 상위 랭킹에 진입시키기 위해 최적화하는 작업이다.

AR(Augmented Reality)
VR(Virtual Reality)의 한 분야로 실제로 존재하는 환경에 가상의 사물이나 정보를 합성해 원래 환경에 존재하는 사물처럼 보이도록 하는 컴퓨터 그래픽 기법이다.

ASP(Active Server Page)
마이크로소프트가 인터넷 정보 서비스(IIS)에서 동적 웹 페이지 생성 용도로 사용할 것을 목적으로 제작한 서버 측 스크립트 엔진이다.

AWS(Amazon Web Service)
아마존에서 만든 클라우드 서비스다. 점유율 1위를 차지하고 있으며 아주 많은 종류의 서비스와 기술 리소스 등을 클라우드 형태로 제공한다.

Azure
마이크로소프트에서 만든 클라우드 서비스다. 다양한 기업과 파트너십을 맺고 있어 완벽한 end-to-end 클라우드 서비스를 제공하는 것이 특징이지만 가용성 영역이 조금 부족하다는 단점이 있다.

BA(Business Analyst)
업무의 요구사항을 정확하게 분석하는 역할로, 해당 분야의 도메인 지식을 많이 필요로 한다.

CDN(Content Delivery Network)
지리적 제약 없이 전 세계 사용자에게 빠르고 안전하게 콘텐츠를 전송할 수 있는 콘텐츠 전송 기술이다.

CI/CD(Continuous Integration/Continuous Deployment)
CI는 빌드/테스트 자동화 과정을 의미하고 CD는 배포 자동화 과정을 의미한다. CI/CD는 애플리케이션 개발 단계를 자동화하여 애플리케이션을 좀 더 짧은 주기로 고객에게 제공하는 방법이다.

CRUD(Create, Read, Update, Delete)
대부분의 컴퓨터 소프트웨어가 가지는 기본적인 데이터 처리 기능인 Create(생성), Read(읽기), Update(갱신), Delete(삭제)를 묶어서 일컫는 말이다.

CTO(Chief Technical Officer)
회사 내에서 기술과 관련된 의사 결정 전과정을 책임지는 직무다.

Curl/Wget
리눅스에서 파일 및 웹 페이지를 다운받을 수 있는 라이브러리다.

Deprecated
소프트웨어에서 deprecated란, 클래스나 메서드 등이 사라지게 될 것이므로 사용하지 않는 것을 권장할 때 사용되는 단어다.

DNS(Domain Name System)
호스트의 도메인 이름을 호스트의 네트워크 주소로 바꾸거나 그 반대의 변환을 수행할 수 있도록 하기 위한 것이다.

DOM(Document Object Model)
웹 페이지에 대한 인터페이스다. 기본적으로 여러 프로그램이 페이지의 콘텐츠 및 구조, 그리고 스타일을 읽고 조작할 수 있도록 API를 제공한다.

DR(Developer Relations)
개발 문화를 의미하기도 하고, 개발자를 대상으로 회사의 개발 문화와 기술을 알리고 홍보하는 활동을 의미하기도 한다.

DRY(Don't Repeat Yourself)
소프트웨어 개발 원리의 하나로, 모든 형태의 정보 중복을 지양하는 원리다.

ELK(ElasticSearch, Logstash, Kibana) 스택
데이터 분석 및 저장 기능을 담당하는 ElasticSearch, 데이터 수집 기능을 하는 Logstash, 이를 시각화하는 Kibana를 함께 사용하는 스택으로 서비스에서 발생하는 데이터 로그를 모니터링하고 분석할 수 있게 해주는 스택을 말한다.

ERD(Entity Relationship Diagram)
직역하자면 개체-관계 모델로 테이블 간의 관계를 설명해주는 다이어그램을 의미한다.

ERP(Enterprise Resource Planning)
회사의 재무, 공급망, 운영, 상거래, 보고, 제조, 인적자원 활동 등 비즈니스 프로세스를 통합 관리하는 소프트웨어다.

ES 스크립트(ES, ECMAScript)
Ecma 인터내셔널의 ECMA-262 기술 규격에 정의된 표준화된 스크립트 프로그래밍 언어다. 자바스크립트를 표준화하기 위해서 만들어졌으며 꼭 자바스크립트가 아니더라도 어도비 플래시를 사용하는 소프트웨어에서 사용하는 액션스크립트, 마이크로소프트의 인터넷 익스플로러에 쓰이는 J스크립트 등 다른 구현체들까지 포함한다.

FTP(File Transfer Protocol)
인터넷으로 연결되어 있는, 멀리 떨어져 있는 서버로 파일을 올리거나 가져오기 위해 필요한 프로토콜이다.

FTPS(FTP Secure)
FTP 서비스에 TLS를 결합해 HTTPS 방식과 마찬가지로 공개키 암호화 방식을 사용하는 파일 전송 서비스다.

GCC(GNU Compiler Collection)
가장 많이 사용되는 C/C++ 컴파일러다.

GCP(Google Cloud Platform)
구글에서 만든 클라우드 서비스다. 쿠버네티스, 텐서플로우 등 혁신적인 오픈 소스를 개발하고 이를 클라우드 관리형 서비스로 제공하는 것이 특징이다.

GNB, LNB, SNB, FNB
영역별 내비게이션 메뉴바를 정의하는 용어다.

- GNB(Global Navigation Bar): 사이트 최상위 전체 공통 내비게이션
- LNB(Local Navigation Bar): 현재 서비스 영역에만 해당되는 내비게이션
- SNB(Side Navigation Bar): 메인 메뉴와 서브 메뉴를 제외한 나머지 사이드 메뉴바
- FNB(Foot Navigation Bar): 하단 메뉴바, 하단 로고, 주소, 카피라이팅 영역

GraphQL
API를 위한 쿼리 언어이며, 타입 시스템을 사용하여 쿼리를 실행하는 서버 측 런타임을 의미한다.

GUI(Graphic User Interface)
사용자가 그래픽을 통해 컴퓨터와 정보를 교환하는 작업 환경이다.

HTML(Hyper Text Markup Language)
웹 페이지를 만들기 위한 언어로 웹 브라우저 위에서 동작하는 언어다.

HTTP(Hyper Text Transfer Protocol)
인터넷에서 데이터를 주고받을 수 있는 프로토콜이다.

HTTPS(HTTP Secure)
HTTP에 암호화(Secure Socket)가 추가된 보안 통신망 프로토콜이다.

I/O(Input/Output)
컴퓨터 및 주변장치에 대하여 데이터를 전송하는 프로그램, 운영 혹은 장치를 일컫는 말이다.

IaaS, PaaS, SaaS

모두 가상 환경에서 제공받는 서비스를 의미한다.

- IaaS(Infrastructure as a Service): 서비스를 개발하기 위한 여러 인프라를 가상 환경에서 이용할 수 있는 형태
- PaaS(Platform as a Service): 서비스 환경과 그 환경을 이용하는 플랫폼까지 제공받는 형태
- SaaS(Software as a Service): 클라우드 환경에서 동작하는 응용 프로그램을 서비스 형태로 제공받는 형태

IDE(Integrated Development Environment)

개발할 때 사용하는 공통적인 기능을 하나로 모아둔 도구이며, 개발자를 위한 종합 프로그램이다.

Immutable

객체가 생성된 이후에 객체나 변수, 클래스의 상태가 변경될 수 없다는(값이 변경될 수 있는) 뜻이다.

JDBC(Java Database Connectivity)

자바 프로그램이 데이터베이스와 연결되어 데이터를 주고받을 수 있게 해주는 프로그래밍 인터페이스다.

JPA(Java Persistence API)

자바 진영에서 ORM(Object-Relational Mapping) 기술 표준으로 사용되는 인터페이스의 모음이다.

JSON(JavaScript Object Notation)

데이터를 저장하거나 전송할 때 많이 사용되는 경량의 데이터 교환 형식이다.

JSP(Java Server Pages)

HTML 코드에 자바 코드를 넣어 동적 웹 페이지를 생성하는 웹 애플리케이션 도구다.

JVM(Javascript Virtual Machine)

자바 가상 머신을 의미하며 자바 바이트 코드(Java Byte Code)를 운영체제에 맞게 해석해주는 역할을 한다.

JWT(Json Web Tokens)

JSON 포맷을 이용하여 사용자에 대한 속성을 저장하는 Claim 기반의 웹 토큰(Web Token)이다.

LAN(Local Area Network)

근거리 통신망을 의미하며 건물, 사무실 또는 가정과 같은 하나의 물리적 위치에 함께 연결된 장치의 모음이다.

Log4j(Log for Java)

프로그램을 작성하는 도중에 로그를 남기기 위해 사용되는 자바 기반 로깅 유틸리티로, 디버그용 도구로 주로 사용된다.

MEAN 스택

MongooseDB + Express + Angular.js + Node.js를 의미하며 MongoDB로 데이터베이스를 구성하고, Node.js 런타임 위에서 동작하는 JS의 Express 프레임워크로 백엔드를 구성하고, 프런트엔드를 Angular.js 프레임워크로 구성하는 스택이다.

MERN 스택

MongooseDB + Express + React.js + Node.js를 의미하며 MongoDB로 데이터베이스를 구성하고, Node.js 런타임 위에서 동작하는 JS의 Express 프레임워크로 백엔드를 구성하고, 프런트엔드를 React.js 프레임워크로 구성하는 스택이다.

MEVN 스택

MongooseDB + Express + Vue.js + Node.js를 의미하며 MongoDB로 데이터베이스를 구성하고, Node.js 런타임 위에서 동작하는 JS의 Express 프레임워크로 백엔드를 구성하고, 프런트엔드를 Vue.js 프레임워크로 구성하는 스택이다.

ML옵스(Machine Learning Operations)

기존 데브옵스가 서비스에서 발생하는 로그나 오류를 관리하는 것이라면 MLOps는 데브옵스(DevOps)보다 더 깊은 영역에서 ML 과정에서 발생하는 오류나 데이터를 관리해 자동화해주는 것이다.

Mutable

객체가 생성된 이후에 객체나 변수, 클래스의 상태가 변경될 수 있다는(값이 변경될 수 있는) 뜻이다.

MVC(Model-View-Controller) 패턴

Model, View, Controller의 머리글자로 하나의 프로젝트를 구성할 때 그 구성 요소를 세 가지 역할로 구분한 패턴이다.

MVP(Model-View-Presenter) 패턴

MVC 패턴의 Controller 대신 Presenter를 사용하는 패턴이다. Presenter는 View에서 요청한 정보로 Model을 가공하여 View에 전달해주는 역할을 한다.

MVVM(Model-View-ViewModel) 패턴

ViewModel은 View의 추상화 계층으로 View를 나타내기 위해 데이터를 처리하는 모델이다.

NFT(Non-Fungible Token)

블록체인에 저장된 디지털 등기권리증이다. 디지털 작품의 원본을 소유할 수 있게 해주는 수단으로 암호화폐와 자산을 결부해 디지털 창작물 거래가 가능하게 해준다.

NIH(Not Invented Here)

자신이 만든 것이 아닌 것을 배척하는 행동 및 태도다.

NoSQL

현대적인 애플리케이션 구축을 위한 유연한 스키마를 갖추고 있는 데이터 관리 언어로 주로 SQL 이외의 다른 데이터 베이스 관리 프로그래밍 언어를 의미한다.

ORM(Object-Relational Mapping)

객체와 관계형 데이터베이스의 데이터를 자동으로 매핑(연결)해주는 것이다.

OSI(Open Systems Inter-Connection)

모든 시스템의 네트워크 연결에 있어서 문제가 생기지 않도록 표준을 만든 것이다.

PL(Project Leader)

프로젝트 관리자의 아래 포지션이며 각 개발 영역의 리딩을 책임지고 해당 영역의 팀원이 업무를 잘 수행할 수 있도록 이끄는 역할을 한다.

PM(Project Manager)

프로젝트의 큰 그림을 관리하는 책임을 가진 프로젝트 총괄로, 의사결정을 주도하고 일정, 예산, 리스크, 각 팀의 역할 등을 관리한다.

PMO(Project Management Office)

큰 규모의 프로젝트에서 PM이 모든 관리를 총괄할 수 없을 때 프로젝트를 관리하는 조직이다.

PWA(Progresive Web App)

모바일 사이트에서 네이티브 앱과 같은 사용자 경험을 제공하는 기술이다.

QA(Quality Assurance)

소프트웨어뿐만 아니라 다양한 분야에서 제품이나 서비스의 품질을 확보하기 위해 테스트하는 직무다.

RESTAPI

자원을 이름(자원의 표현)으로 구분하여 해당 자원의 상태(정보)를 주고받는 모든 것을 REST(Representational State Transfer)라고 하는데 이러한 REST 아키텍처 스타일을 따른 API를 의미한다.

RSS(Really Simple Syndicaton)

웹사이트나 블로그에서 제공하는 RSS 주소를 리더에 등록만 하면 직접 방문하지 않아도 자동으로 자료가 업데이트되어 쉽게 새로운 콘텐츠(날씨, 글, 쇼핑 등)을 확인할 수 있는 인터넷 기술이다.

SDK(Software Development Kit)

개발에 도움이 될 개발 도구 프로그램, 디버깅 프로그램, 문서, API 등이 포함된 소프트웨어 개발 도구 모음이다.

SEO(Search Engine Optimize)

'검색 엔진 최적화'라고 하며 웹 페이지를 구글, 네이버, 다음 등 검색 엔진이나 포털사이트의 기준에 맞게 구성하는 작업을 말한다. 웹 페이지가 잘 검색될 수 있도록 키워드를 잘 배치하고 웹 표준을 따르도록 만든다.

SOAP(Simple Object Access Protocol)

HTTP(S), SMTP 등을 사용해서 XML 기반의 메시지를 컴퓨터 네트워크상에서 쉽게 교환할 수 있도록 해주는 프로토콜이다. 웹 서비스에서 기본적인 메시지를 전달하는 기반이 된다.

SPA(Single Page Application)

어떤 웹 사이트의 전체 페이지를 하나의 페이지에 담아 동적으로 화면을 바꿔가며 표현하는 것이다.

SQL(Structured Query Language)

SQL은 관계형 데이터베이스 관리 시스템(RDBMS)의 데이터를 관리하기 위해 설계된 특수 목적의 프로그래밍 언어다.

SSH(Secure Shell Protocol)

네트워크 프로토콜 중 하나로, 컴퓨터와 컴퓨터가 인터넷과 같은 Public Network를 통해 서로 통신을 할 때 보안적으로 안전하게 통신을 하기 위해 사용하는 프로토콜이다.

SSL(Secure Socket Layer)

암호화 기반 인터넷 보안 프로토콜이다.

SW 아키텍트(SW Architect)

소프트웨어 개발의 큰 그림을 그리고 고수준의 설계적 결정을 수행하고, 코딩 표준, 도구, 플랫폼 등의 표준을 지시하는 역할을 한다.

SW 유지보수

이미 구축되어진 시스템을 운영 및 개선, 관리를 하는 것이다.

TDD(Test Driven Development)
테스트 주도 개발이다. 매우 짧은 개발 사이클을 반복하는 소프트웨어 개발 프로세스다.

TELNET
인터넷이나 로컬 영역 네트워크 연결에 쓰이는 네트워크 프로토콜이다.

TLS(Transport Layer Security)
강력한 버전의 SSL로 인터넷에서 정보를 암호화해서 송수신하는 프로토콜이다.

URI, URL, URN
인터넷의 우편물 주소 같은 것으로, 정보 리소스를 고유하게 식별하는 인터넷 주소 포맷이다.

UX/UI(User eXperience, Interface)
사용자가 경험하게 될 전반을 디자인(UX)하는 것과 실제로 사용자가 접하는 시각적인 부분을 디자인하는 것(UI)이다.

VR(Virtual Reality)
현실에서 존재하지 않는 환경에 대한 정보를 디스플레이 및 렌더링 장비를 통해 사용자가 볼수 있게끔 하는 기술이다.

W3C(Word Wide Web Consortium)
World Wide Web Consortium(월드 와이드 웹 컨소시엄)의 약자로, 월드와이드웹(WWW) 기술을 발전시켜 나가기 위한 국제적인 오픈 커뮤니티다.

WAS(Web Application Server)
동적 콘텐츠를 제공하기 위해 만들어진 애플리케이션 서버다(데이터베이스 조회, 로직 처리가 요구되는 콘텐츠).

WSL(Windows Subsystem for Linux)
윈도우즈에서 리눅스를 사용하기 위한 도구다.

WWDC(The Apple Worldwide Developers Conference)
애플이 주최하는 개발자들을 위한 새로운 소프트웨어와 기술을 공개하는 전세계적인 행사다.

XML(eXtensible Markup Language)
W3C에서 개발된, 다른 특수한 목적을 갖는 마크업 언어를 만드는 데 사용하도록 권장하는 다목적 마크업 언어다.

찾아보기